法人融資手引シリーズ

債権・動産担保実務

第3版

旗田　庸
トゥルーバ グループ ホールディングス
［編著］

一般社団法人 金融財政事情研究会

第3版はしがき

　本書は預金担保にスペースを割いているが、それは、担保価値や評価にとらわれず、担保提供者・預金者の認定、担保提供意思の確認、対抗要件としての通知・承諾と確定日付、相殺との関係等々、担保実務の基本が豊富に含まれているからである。特に他行預金担保にも注視し、これにより債権担保実務の法的側面をしっかり身に着けていただきたい。そして、売掛金・請負金等の代金債権担保、入居保証金・ゴルフ会員権等の特殊債権担保、知的財産権等々へ、さらに、将来債権、集合債権とスパーンは広がるが、債権担保の基本は預金にある。一方、動産担保は、譲渡担保の理解、特に占有改定の利用を、そのうち営業用は処分禁止なものとして、商品は処分前提となっている点に注意しよう。

　平成8年9月に初版を、さらに平成17年10月改訂版を出して以来9年。この間の立法は、①犯罪による収益の移転防止に関する法律、②電子記録債権法、③社債、株式等の振替に関する法律、そして、④保険法と整備された。一方この間の判例は、①ユーザーの民事再生手続開始の申立てをリース契約の解除事由とする特約の効力を認めず（最三小判平20・12・16）、②集合物譲渡担保権の効力は構成する動産が滅失した場合に支払われる損害保険金に及ぶ（最一小決平22・12・2）、③取立委任を受けた約束手形につき、同会社の再生手続外での行使を認める（最一小判平23・12・15）、④保険料の払込みがなされない場合に履行の催告なしに保険契約が失効する旨の約款は、消費者の利益を一方的に害するものに当たらない（最二小判平24・3・16）、⑤非嫡出子の相続分を1／2とする民法の規定は違憲（最大決平25・9・4）、などがあげられる。

　記述にあたっては、判例を多用した。現実に発生した問題であり、かなり古いものも、昔から同じような事態が生じていた、と理解を深めていただけ

はしがき　　1

れば幸いである。図書館やインターネット等で原典に当たっていただければ理解も深まることと確信する。

　今回の改訂にあたっても、本書第2編において債権・動産の担保評価について、トゥルーバ グループ ホールディングス株式会社の皆さんに最新実務を解説していただいた。

　本書が、第一線で働いておられる融資担当者の方々にとって多少でもお役に立てば幸いである。最後に、本書第1編の校正段階において島田法律事務所の島田邦雄弁護士、小山内崇弁護士に有益なアドバイスをいただいた。また、一般社団法人金融財政事情研究会出版部の伊藤雄介氏には、本書の出版で非常にお骨折りをいただいた。ここに心から感謝の意を表する。

　平成27年8月

旗田　　庸

はしがき（改訂版）

　平成8年9月、融資実務手引書の一環として「債権・動産担保実務の手引」を刊行した。以来9年、この間の金融機関の債権・動産担保実務に関し特筆すべきことは、非常に多く立法がなされ、判例が生まれたことである。

　立法面では、①指名債権譲渡の対抗要件に登記制度を導入した「債権譲渡の対抗要件に関する民法の特例等に関する法律」（平成10年10月施行）とそれに動産譲渡登記制度をも取り入れて発展した「動産及び債権の譲渡の対抗要件に関する民法の特例等に関する法律」（平成17年10月施行）、②数次にわたる民法の改正（最終平成17年4月施行）、特に平成16年4月1日施行の債権証書の交付を質権の効力発生要件とはしなくなった民法363条の改正、③平成15年1月「金融機関等による顧客等の本人確認等に関する法律（本人確認法）」（平成14年法律第32号）の施行、その他、④和議法の廃止と民事再生法の施行（平成12年4月施行）、破産法の改正（平成17年1月施行）、会社更生法の改正（平成15年4月施行）等々。

　判例の面でも、次々と重要な判断が示された。①抵当権の物上代位による差押えについて、抵当権者は物上代位の目的である債権が第三者に譲渡され、その対抗要件が具備された後であっても、自らその債権を差し押えて物上代位権を行使することができる（最小判平10・2・10）。債権について一般債権者による差押えと抵当権者の物上代位権による差押えが競合したときは、前者の差押命令の第三債務者への送達と後者の抵当権設定登記の先後によって優劣を決すべきである（最小判平10・3・26）。②破産となった代金取立手形について、破産宣告後に入金となった代金取立手形代金を破産債権に充当できると金融機関の主張を認めた（最三小判平10・7・14）。③将来発生すべき集合債権について、その発生原因や譲渡に係る額等をもって特定される必要があるとの基準を示したうえ、将来8年3カ月にわたって発生すべき

診療報酬債権の譲渡を有効と認め（最三小判平11・1・29）、また当初の指名債権譲渡の対抗要件の効力がその後に具体的に発生する将来債権についても及ぶ（最一小判平13・11・22）。④一括支払システム契約における代物弁済条項は国税には対抗できない（最二小判平15・12・19）。⑤対抗要件を留保しながら否認に対抗するために編み出した予約型（最三小判平13・11・27）ないし停止条件型（最二小判平16・7・16）債権譲渡担保契約は否認権行使の対象となる。⑥債権譲渡禁止特約のある売掛金債権を譲り受け、債権譲渡登記の方法によって対抗要件を備えた銀行に重大な過失がある（最一小判平16・6・24）等々。

　これら新法と新判例が債権・動産担保実務に与える影響は甚大であるので、全面的に本書の内容を見直すこととし、知的財産権担保等も新たに加えて、今般、改訂版の発刊に踏み切ったものである。

　今回の改訂にあたっては、債権・動産の担保評価について、グループ子会社で日本ではまだ珍しい動産評価・処分を専門に取り扱うトゥルーバ グループ ホールディングス株式会社の皆さんに解説していただいた。債権・動産の担保取得に際しては、不動産にもまして、処分シナリオも想定した評価が大きな要素となると思われるので、あわせてご活用いただきたい。

　本書を、日夜第一線で働いておられる融資担当者の方々が、確実かつ効率的な実務を進めるうえで多少なりとも役立てていただければ幸いである。最後に、㈳金融財政事情研究会出版部の竹崎巌氏には、本書の出版で非常にお骨折りをいただいた。ここに心から感謝の意を表する。

平成17年10月

旗　田　　庸

はじめに（初版）

　本書のそもそもの生い立ちは、十数年前、第一勧業銀行の石井眞司顧問のご指導のもとに共著として公刊した、社団法人金融財政事情研究会ニューバンキング通信教育の「貸出管理回収講座」第2回配布のテキスト『債権担保・動産担保』に始まる。また、この「貸出管理回収講座」自体が古い歴史を有し、上記共著に至るまで幾多の諸先輩の手を経て受け継がれたものであって、本書は全面的にこれらに負っており、実質的にはそれらの改訂版となっている。ここに、上記講座にかかわられた方々、また有益な助言を賜った方々に心から御礼申し上げたい。

　本書は、第1章の預金担保に紙数を割いている。債権担保の基礎は預金担保、特に他行預金担保にあり、そこには、担保目的債権の特定、担保権設定契約の締結、担保提供意思の確認、対抗要件の具備、担保の管理、担保権の実行等々、売掛金・請負代金等の一般代金債権担保から入居保証金・建設協力金等の特殊債権担保までに共通する、金融機関の債権担保実務の要点が豊富に含まれている。担保実務の入門と位置づけたうえ、預金担保の事務とその法的意味を理解し、さらに高度な担保実務に入っても動揺しないような基礎を築くことから始めるためである。

　執筆にあたっては、表現を平易にし、判例も最新のものを取り上げるように努めた。また、担保実務の流れを述べるとともに、なぜそうなるのか実務の裏付を重視するよう心がけた。たとえば、なぜ代金債権担保取得にあたって第三債務者の承諾が必要なのか、手形担保ではなぜ質権ではなく譲渡担保権の設定を受けるのか、といった点を理解しなければ、正確な担保実務にあたれないはずであり、事案を掲げて判例の説明をしているのもそのためである。

　債権担保・動産担保は不動産担保に比べて軽視されがちだが、なかには高

額かつ換価容易なものもあり、債権回収にあたって意外な効果を上げることがある。ゴルフクラブ会員権はその代表的な例であり、添え担保のつもりでいたのが回収面で多大な貢献をしてくれた経験をもつ向きも多いであろう。また、平素から債権担保・動産担保に目を向けることにより、貸出先の実態、特に資産の内容を幅広く把握するのにも役立つものであり、その意味でも債権担保・動産担保を軽視するようなことがあってはならない。

本書が第一線で働いておられる融資担当者の方々にとって多少でもお役に立てば幸いである。最後に、株式会社きんざい出版事業部の堤英紀氏には、本書の出版で非常にお骨折りをいただいた。ここに、心から感謝の意を表する。

平成8年9月

旗 田　庸

■編著者紹介■

〔第1編〕

旗田　庸（はただ　よう）
昭和16年6月23日生まれ。
昭和41年4月、日本勧業銀行（現みずほ銀行）入行。御徒町支店、内幸町営業部、調査部、審査部、法人企画部、融資部次長、融資部審査役、本店審議役、東京リース法務室長を経て、同法務室シニアマネージャー
〔監修〕
『営業店でできる管理・回収講座』テキスト1・2・3（平成27年）
〔著書〕
『抵当権実行の実務』（昭和57年）
『相殺と支店実務』（昭和59年）
『新融資管理・回収に強くなる本』（平成22年）
『実践講座　債権管理・回収』1・2・3（平成26年）
『債権回収（第2版）』（平成27年）
〔共著〕
『不渡処分一問一答』（昭和50年）
『担保法大系』（昭和59年）
『現代銀行取引法』（昭和62年）
『バブル崩壊下の貸金管理の手引き』（平成4年）
『金融実務手続双書』（平成4年）
『営業店の融資事故対策200選』（平成6年）
『執行妨害対策の実務』（平成7年）
『貸出管理回収実務手続双書』（平成10年）
『リースの法務Q&A100』（平成13年）
『銀行窓口の法務対策3300講』（平成16年）
『貸付契約及び債権管理』（平成21年）
『条件緩和先企業の管理回収の実務』（平成23年）
ほか多数。

〔第2編〕

TRUVA　トゥルーバ グループ ホールディングス株式会社
　　　　TRUVA Group Holdings, Inc.（URL：http://www.truva-gh.com）
平成15年4月設立。アセット・ベースト・レンディング（ABL）に関する高い

ノウハウと豊富な経験をベースに、金融機関がABLを実施するための体制構築から案件組成、評価、さらには案件実行後の管理（モニタリング）、回収までを一貫してサポートする総合ABLコンサルティングファーム。

小野　隆一（おの・りゅういち）

昭和62年第一勧業銀行（現みずほ銀行）入行。平成11年GEキャピタル（コマーシャル・ファイナンス部門）、12年福銀リース代表取締役COOを経て、15年トゥルーバグループホールディングスを設立、代表取締役社長。

江口　英樹（えぐち・ひでき）

昭和59年福銀リース入社、平成15年グループ企業GEキャピタルリーシングへ転籍。16年トゥルーバグループホールディングス入社、営業担当取締役。

川上　恭司（かわかみ・きょうじ）

昭和58年第一勧業銀行（現みずほ銀行）入行。平成13年GEキャピタルリーシング、15年日本振興銀行設立準備会社を経て、16年トゥルーバグループホールディングス入社、金融法人担当部長。

安部　直典（あべ・なおのり）

昭和60年福銀リース入社。コレクション部チームリーダー、福岡営業部長を経て、平成17年トゥルーバグループホールディングス入社、ABL関連業務担当部長。

田中　博之（たなか・ひろゆき）

平成2年日立ソフトウェアエンジニアリング（現日立製作所）入社。20年ガリアプラスを経て、23年トゥルーバグループホールディングス入社、ソリューション事業企画・開発担当部長。

上原　稔（うえはら・みのる）

平成元年住銀リース（現三井住友ファイナンス＆リース）入社。20年キャタピラー・ファイナンスを経て、21年トゥルーバグループホールディングス入社、動産・売掛債権評価業務担当。

末岡　ゆり（すえおか・ゆり）

平成14年ガリアプラス入社。23年トゥルーバグループホールディングス入社、金融機関向けサービス企画業務担当。

菅原　　毅（すがわら・たけし）
　平成9年第一勧業銀行（現みずほ銀行）入行。22年トゥルーバグループホールディングス入社、金融機関向けコンサルティング業務担当。

吉木　威雄（よしき・たけお）
　平成11年日本興業銀行（現みずほ銀行）入行。22年トゥルーバグループホールディングス入社、動産評価業務担当。

目 次

第1編 ◆ 担保実務

第1章　預金担保

第1節　序　説 ……………………………………………………………… 4
  1　預金担保の利用状況と担保としての適格性 …………………………… 4
  2　預金の正式担保取得と相殺 ……………………………………………… 4
  3　預金担保のメリット ……………………………………………………… 6

第2節　預金担保の設定 ……………………………………………………… 7
  1　担保の目的となる預金の選択 …………………………………………… 7
    (1)　預金および預金証書・通帳の性質 …………………………………… 7
    (2)　預金の種類と選択 ……………………………………………………… 8
    (3)　金融機関の本人確認義務 …………………………………………… 10
  2　預金担保差入証の徴求 ………………………………………………… 10
    (1)　質権設定契約の締結 ………………………………………………… 10
    (2)　預金者の認定 ………………………………………………………… 12
    (3)　担保差入意思の確認 ………………………………………………… 17
  3　預金証書・通帳の交付 ………………………………………………… 19
  4　対抗要件の具備 ………………………………………………………… 20
    (1)　対抗要件とは何か …………………………………………………… 20
    (2)　預金質権の対抗要件 ………………………………………………… 21
    (3)　自行預金担保と確定日付 …………………………………………… 22
    (4)　確定日付の効用の検討 ……………………………………………… 23
  5　物上保証人との保証契約の締結 ……………………………………… 25
    (1)　相殺の利用 …………………………………………………………… 25
    (2)　物上保証人の保証限度 ……………………………………………… 26

	6　担保品預り証の発行 ……………………………………………	*27*
	7　他行預金の担保取得 ……………………………………………	*27*
	(1)　預金担保差入証および預金証書・通帳の徴求 ………………	*27*
	(2)　他行の承諾書の徴取 …………………………………………	*29*
	(3)　確定日付の徴取 ………………………………………………	*33*

第3節　預金担保の管理 …………………………………………… *35*

	1　質権の担保する債権の範囲 ……………………………………	*35*
	2　質権の効力の及ぶ目的物の範囲 ………………………………	*36*
	3　質権の質入預金に対する拘束力 ………………………………	*37*
	(1)　拘束力一般 ……………………………………………………	*37*
	(2)　質入定期預金の書替 …………………………………………	*38*
	(3)　質入れ後の預入れ ……………………………………………	*39*
	4　特殊な預金担保 …………………………………………………	*40*
	(1)　2年定期預金等 ………………………………………………	*40*
	(2)　期日指定定期預金 ……………………………………………	*42*
	(3)　譲渡性預金 ……………………………………………………	*43*
	(4)　定期積金 ………………………………………………………	*44*
	(5)　外貨預金 ………………………………………………………	*45*
	5　預金証書・通帳の保管 …………………………………………	*46*

第4節　預金担保の実行 …………………………………………… *47*

	1　債権質の実行方法 ………………………………………………	*47*
	2　質入自行預金の直接取立て ……………………………………	*47*
	3　質入他行預金の直接取立て ……………………………………	*48*
	(1)　質権者であることの立証 ……………………………………	*48*
	(2)　被担保債権額の立証 …………………………………………	*49*
	(3)　質入他行預金の弁済期の到来 ………………………………	*49*
	(4)　対抗要件の具備と取立ての実施 ……………………………	*49*

目次　11

第2章　代金債権担保

第1節　代金債権担保の特色 …………………………………… *52*
　1　金融取引と債権担保 ……………………………………… *52*
　2　電子記録債権について …………………………………… *53*
　3　担保の対象となる指名債権 ……………………………… *53*
　4　債権担保の取得方法 ……………………………………… *56*
　5　代理受領 …………………………………………………… *56*
　　(1)　意　　義 ……………………………………………… *56*
　　(2)　方　　法 ……………………………………………… *57*
　　(3)　法的性質 ……………………………………………… *58*
　　(4)　代理受領の効力 ……………………………………… *58*
　6　振込指定 …………………………………………………… *63*
　7　一括支払システム ………………………………………… *65*
　　(1)　一括手形システム …………………………………… *65*
　　(2)　一括支払システム …………………………………… *66*
　　(3)　問　題　点 …………………………………………… *66*

第2節　売掛代金担保・請負代金担保 ………………………… *68*
　1　調査事項 …………………………………………………… *68*
　　(1)　債権の内容 …………………………………………… *68*
　　(2)　第三債務者の支払能力・信用状態 ………………… *69*
　　(3)　権原調査と権限調査・意思確認 …………………… *69*
　2　代金債権担保の設定 ……………………………………… *70*
　　(1)　担保差入証 …………………………………………… *70*
　　(2)　債権証書の交付の意味 ……………………………… *72*
　　(3)　担保・保証の随伴 …………………………………… *73*
　　(4)　対抗要件 ……………………………………………… *73*
　　(5)　対抗要件の留保と予約型ないし停止条件型譲渡担保の終焉 …… *79*
　3　代金債権担保の管理と実行 ……………………………… *81*

12

第3章　保険担保

第1節　火災等の損害保険担保
1　質　　権 …… 84
(1) 質権の設定 …… 84
(2) 質権の効力と抵当権の物上代位との関係 …… 89
(3) 質権の管理 …… 90
(4) 質権の実行 …… 92
2　抵当権者特約条項 …… 93
3　債権保全火災保険 …… 94

第2節　生命保険担保
1　担保権の設定 …… 98
2　担保の管理 …… 99
3　担保の実行 …… 99

第4章　特殊債権担保

第1節　入居保証金・建設協力金担保
1　入居保証金・建設協力金と敷金・権利金 …… 102
2　担保権の設定 …… 103
(1) 債権内容等の調査 …… 103
(2) 担保権の設定手続 …… 104
3　担保としての問題点 …… 106

第2節　ゴルフクラブ会員権担保
1　社員会員制・株主会員制・預託金会員制 …… 108
2　担保権の設定 …… 109
(1) ゴルフ会員権の調査 …… 109
(2) 設定の手続 …… 110
3　担保権の実行 …… 112
4　預託金返還請求訴訟 …… 113

第 3 節　診療報酬債権担保 ………………………………………… 115
　　1　診療報酬債権と担保適格 ……………………………………… 115
　　2　担保権の設定 …………………………………………………… 115
　　　(1)　担保取得の可否 …………………………………………… 115
　　　(2)　設定の手続と注意点 ……………………………………… 117
　　3　管　　理 ………………………………………………………… 120
第 4 節　退職金・恩給・賃金・年金債権担保 …………………… 122
　　1　退職金の法的性質と譲渡性の有無 …………………………… 122
　　2　退職金債権の担保取得 ………………………………………… 123
　　3　恩給と賃金債権 ………………………………………………… 125
　　4　年金担保融資 …………………………………………………… 125
第 5 節　議員報酬債権担保 ………………………………………… 127
第 6 節　リース債権担保 …………………………………………… 129
　　1　リース取引とリース債権 ……………………………………… 129
　　2　担保権の設定 …………………………………………………… 130
　　　(1)　債権内容の調査 …………………………………………… 130
　　　(2)　担保権設定の手続 ………………………………………… 130
　　3　管理と実行 ……………………………………………………… 132
第 7 節　集合債権担保 ……………………………………………… 134
　　1　集合債権とは …………………………………………………… 134
　　2　担保取得手続 …………………………………………………… 134
　　　(1)　担保権の設定 ……………………………………………… 134
　　　(2)　対抗要件の具備 …………………………………………… 135
　　3　ABL（動産・売掛金担保融資）の積極的活用 ……………… 135

第 5 章　知的財産権担保等

第 1 節　工業所有権担保 …………………………………………… 138
　　1　工業所有権とは──専用実施権と通常実施権 ……………… 138
　　2　担保権の設定 …………………………………………………… 139

3　担保権の管理と実行 ……………………………………………… 139
第2節　著作権担保 ………………………………………………………… 141
　　1　著作権とは——著作財産権・著作者人格権・著作隣接権 …… 141
　　2　担保権の設定と留意点 …………………………………………… 142
第3節　出版権担保 ………………………………………………………… 143
　　1　出版権とは ………………………………………………………… 143
　　2　担保権の設定と留意点 …………………………………………… 143
第4節　ノウハウ …………………………………………………………… 144
第5節　温泉権担保 ………………………………………………………… 145
　　1　温泉権とは——湯口権・引湯権 ………………………………… 145
　　2　担保権の設定と留意点 …………………………………………… 145

第6章　手形担保

第1節　手形担保取得の方法 ……………………………………………… 148
　　1　手形担保貸付をする場合 ………………………………………… 148
　　2　譲渡担保権の設定 ………………………………………………… 149
　　(1)　商業手形担保約定書の徴取 …………………………………… 149
　　(2)　手形の点検 ……………………………………………………… 151
　　3　対抗要件の具備 …………………………………………………… 153
　　(1)　対抗要件 ………………………………………………………… 153
　　(2)　他の方法による担保取得との比較 …………………………… 153
第2節　手形担保の管理 …………………………………………………… 155
　　1　金融機関の担保保存義務 ………………………………………… 155
　　2　担保手形取立金の処理 …………………………………………… 157
　　3　担保手形取立代り金による預金の性質 ………………………… 158
第3節　手形担保の実行 …………………………………………………… 159
　　1　担保手形不渡の場合の手形所持人たる金融機関の権利 ……… 159
　　2　法的整理と手形担保 ……………………………………………… 160
　　3　法的整理と代金取立委任手形 …………………………………… 161

（1）破産手続と取立委任手形 …………………………………… 162
　（2）民事再生手続と取立委任手形 ………………………………… 163

第7章　有価証券担保

第1節　有価証券担保の特色 ………………………………………… 166
　1　有価証券の意義と担保としての適格性 ……………………… 166
　2　有価証券の種類 ………………………………………………… 167
　3　担保権の取得方法 ……………………………………………… 168
第2節　株式担保 …………………………………………………… 169
　1　対象株式の調査 ………………………………………………… 169
　（1）株式の種類 …………………………………………………… 169
　（2）株券の発行 …………………………………………………… 170
　（3）株券電子化 …………………………………………………… 171
　2　株式担保の設定手続 …………………………………………… 171
　（1）株式担保の種類 ……………………………………………… 171
　（2）金融取引と株式担保（株券発行会社の場合）……………… 172
　（3）他人名義の株式担保 ………………………………………… 176
　3　株式担保の管理 ………………………………………………… 177
　（1）株式価格の変動と担保の差替え …………………………… 177
　（2）増資の場合 …………………………………………………… 177
　（3）減資の場合 …………………………………………………… 178
　（4）発行会社の代表者・住所・商号の変更 …………………… 178
　（5）発行会社の合併・分割・組織変更 ………………………… 179
　（6）発行会社の破産・会社更生 ………………………………… 179
　（7）発行会社の解散 ……………………………………………… 179
　4　株式担保の実行 ………………………………………………… 180
　（1）任意処分 ……………………………………………………… 180
　（2）代物弁済 ……………………………………………………… 181
　（3）競　　売 ……………………………………………………… 182

第3節　特殊な株式
1　自己株式の取得 …………………………………………………… *183*
2　譲渡制限のある株式 ……………………………………………… *184*
　(1)　株式の譲渡制限 …………………………………………… *184*
　(2)　譲渡制限株式の担保取得 ………………………………… *184*
3　不所持株式 ………………………………………………………… *185*
　(1)　株券の不発行 ……………………………………………… *185*
　(2)　振替決済制度の株式 ……………………………………… *185*

第4節　各種の債券担保
1　公社債担保 ………………………………………………………… *187*
　(1)　公社債の意義と分類 ……………………………………… *187*
　(2)　公社債担保の設定手続 …………………………………… *187*
　(3)　公社債担保の管理と実行 ………………………………… *189*
2　信託受益証券担保 ………………………………………………… *190*

第8章　営業用動産担保

第1節　営業用動産担保の取得
1　営業用動産を担保にとる場合 …………………………………… *194*
2　動産担保取得の方法 ……………………………………………… *195*
　(1)　質権と譲渡担保 …………………………………………… *195*
　(2)　工場抵当との関係 ………………………………………… *195*
3　譲渡担保設定契約 ………………………………………………… *196*
　(1)　契約の方式 ………………………………………………… *196*
　(2)　契約の内容 ………………………………………………… *199*
　(3)　対抗要件の1 ……………………………………………… *199*
　(4)　対抗要件の2――動産譲渡登記制度 …………………… *200*

第2節　譲渡担保の効力
1　譲渡担保の対内的効力 …………………………………………… *202*
　(1)　被担保債権 ………………………………………………… *202*

(2) 目的物件の範囲 202
　(3) 目的物件の利用関係 203
　(4) 実行方法 203
　(5) 当事者の義務 204
 2 譲渡担保の対外的効力 205
　(1) 債務者の第三者との関係 205
　(2) 第三者による侵害 207
 3 譲渡担保権の実行 207

第9章　商品担保

第1節　特定商品担保 210
 1 担保となる商品の種類 210
 2 特定商品の譲渡担保 210
　(1) 担保取得の方法 210
　(2) 目的物件の処分 211
第2節　集合動産担保 213
 1 集合動産の特定方法 213
 2 担保権の設定手続 214
 3 集合物譲渡担保の効力 215
第3節　倉荷証券担保 216
 1 倉荷証券 216
 2 倉荷証券の担保取得 217
 3 倉荷証券担保の効力 218
 4 一部出庫 219
 5 代理保管・出保管 219
　(1) 代理保管 219
　(2) 出　保　管 220
 6 運送証券担保 220
第4節　保護預り金地金担保 222

| 1 制度の概要 ……………………………………………………… 222 |
| (1) 販　　売 ………………………………………………… 222 |
| (2) 買 取 り ………………………………………………… 222 |
| (3) 法的性質 ………………………………………………… 222 |
| 2 担保の取得 ……………………………………………………… 223 |

第2編　◆　担保評価

第1章　債権担保評価

第1節　債権担保と評価 …………………………………………… 228
1 担保評価の観点からみた債権の特徴 ………………………… 228
　(1) 金額の確定性 ……………………………………………… 229
　(2) 期限の特定性 ……………………………………………… 229
　(3) 第三債務者リスクの存在 ………………………………… 230
　(4) 形態・種類の多様性 ……………………………………… 230
　(5) 個別債権と集合債権 ……………………………………… 230
　(6) 既発生債権と将来債権 …………………………………… 231
2 債権の担保適性 ………………………………………………… 231
　(1) 担保適性 …………………………………………………… 231
　(2) 法律上のリスク …………………………………………… 232

第2節　売掛金担保の担保評価 …………………………………… 234
1 売掛金の特徴 …………………………………………………… 234
　(1) 売掛金の特徴 ……………………………………………… 236
　(2) 売掛金の管理回収 ………………………………………… 237
　(3) 譲渡禁止特約の存在 ……………………………………… 237
2 売掛金の担保評価手法 ………………………………………… 238
　(1) 個別評価とポートフォリオ評価 ………………………… 238
　(2) 担保適格な売掛金 ………………………………………… 240

(3) ダイリューション ……………………………………… 241
　　(4) 前貸し率の設定 ………………………………………… 243
　3　売掛金の担保評価の具体的事例 …………………………… 244
　　(1) 通常の評価事例 ………………………………………… 244
　　(2) キャッシュフローに基づく評価事例 ………………… 245
　4　モニタリングと再評価 ……………………………………… 247
　　(1) モニタリングの目的と手法 …………………………… 247
　　(2) 実地調査（フィールドイグザミネーション） ……… 250
　　(3) データモニタリング …………………………………… 250
　　(4) 再　評　価 ……………………………………………… 252

第2章　動産担保評価

第1節　動産の特徴 …………………………………………… 254
　1　担保評価の観点からみた動産の特徴 ……………………… 254
　　(1) 種類の多様性 …………………………………………… 254
　　(2) 在庫（集合動産）と機械（個別動産） ……………… 255
　　(3) 価格の多様性 …………………………………………… 255
　2　動産の担保適性 ……………………………………………… 256
　　(1) 担保適性 ………………………………………………… 256
　　(2) 法律上のリスク ………………………………………… 257

第2節　在庫の担保評価 ……………………………………… 261
　1　在庫の特徴 …………………………………………………… 261
　　(1) 在庫の種類 ……………………………………………… 261
　　(2) 取引の形態 ……………………………………………… 261
　　(3) 2次マーケットの存在 ………………………………… 261
　2　在庫の担保評価の基本事項 ………………………………… 262
　　(1) 評価目的 ………………………………………………… 262
　　(2) 担保適格な在庫 ………………………………………… 263
　　(3) 評価方法 ………………………………………………… 265

	(4) 評価金額 …………………………………………………………	266
3	在庫の担保評価手法 ………………………………………………	268
	(1) 商流の把握 …………………………………………………………	268
	(2) 担保情報の信頼性の確認 …………………………………………	269
	(3) 実在性と保管状況の調査 …………………………………………	269
	(4) 稼働状況の把握 ……………………………………………………	270
	(5) 市場・流通価格の調査 ……………………………………………	271
	(6) 処分シナリオの策定 ………………………………………………	272
	(7) 評価金額の算定 ……………………………………………………	272
	(8) 処分費用の算定 ……………………………………………………	273
4	在庫の担保評価の具体事例 ………………………………………	273
	(1) 卸売業の評価事例 …………………………………………………	274
	(2) 小売業の評価事例 …………………………………………………	276
	(3) 製造業の評価事例 …………………………………………………	277
5	モニタリングと再評価 ……………………………………………	279
	(1) モニタリングの目的と手法 ………………………………………	279
	(2) 実地調査（フィールドイグザミネーション） …………………	280
	(3) データモニタリング ………………………………………………	281
	(4) 再 評 価 ……………………………………………………………	282

第3節　機械の評価 …………………………………………………… 283

1	機械の特徴 …………………………………………………………	283
	(1) 機械の種類 …………………………………………………………	283
	(2) 保有目的 ……………………………………………………………	283
	(3) 取引の形態 …………………………………………………………	283
	(4) 2次マーケットの存在 ……………………………………………	284
2	機械の担保評価の基本事項 ………………………………………	284
	(1) 評価目的 ……………………………………………………………	284
	(2) 担保適格な機械 ……………………………………………………	285
	(3) 評価方法 ……………………………………………………………	286
	(4) 評価金額 ……………………………………………………………	286

3　機械の担保評価手法 …………………………………… *288*
　　　(1)　実在性と保管状況の調査 ………………………………… *288*
　　　(2)　市場・流通価格の調査 …………………………………… *290*
　　　(3)　処分シナリオの策定 ……………………………………… *290*
　　　(4)　評価金額の算定 …………………………………………… *291*
　　　(5)　処分費用の算定 …………………………………………… *291*
　　4　機械の担保評価の具体事例 …………………………… *292*
　　　(1)　使用を目的とした機械設備の評価事例（その1） ……… *292*
　　　(2)　使用を目的とした機械設備の評価事例（その2） ……… *293*
　　　(3)　販売を目的とした機械の評価事例（参考事例） ……… *295*
　　5　モニタリングと再評価 ………………………………… *296*
　　　(1)　モニタリングの目的と手法 ……………………………… *296*
　　　(2)　実地調査（フィールドイグザミネーション） ………… *297*
　　　(3)　再　評　価 ………………………………………………… *297*

参考文献 ………………………………………………………… *298*
事項索引 ………………………………………………………… *299*
判例・先例索引 ………………………………………………… *304*

書式目次

- 【1】 定期預金担保差入証 …………………………………………………… *11*
- 【2】 定期預金担保差入証（他行預金担保用）…………………………… *28*
- 【3】 預金質権設定承諾依頼書 ……………………………………………… *30*
- 【4】 預金質権設定承諾書 …………………………………………………… *31*
- 【5】 定期積金担保差入証 …………………………………………………… *44*
- 【6】 代理受領の委任状 ……………………………………………………… *59*
- 【7】 振込指定の依頼書 ……………………………………………………… *63*
- 【8】 振込指定の念証 ………………………………………………………… *64*
- 【9】 債権譲渡契約書 ………………………………………………………… *71*
- 【10】 債権譲渡承諾請求書 …………………………………………………… *73*
- 【11】 協定書 …………………………………………………………………… *87*
- 【12】 入居保証金担保差入証 ………………………………………………… *105*
- 【13】 ゴルフクラブ会員権担保差入証 ……………………………………… *111*
- 【14】 診療報酬債権担保差入証 ……………………………………………… *118*
- 【15】 債権譲渡通知書 ………………………………………………………… *119*
- 【16】 依頼書 …………………………………………………………………… *124*
- 【17】 質権設定契約証 ………………………………………………………… *131*
- 【18】 代理受領を委任してあるリース料の直接支払依頼書 ……………… *133*
- 【19】 商業手形担保約定書 …………………………………………………… *149*
- 【20】 担保手形明細表 ………………………………………………………… *150*
- 【21】 有価証券担保差入証 …………………………………………………… *173*
- 【22】 譲渡担保契約証書 ……………………………………………………… *197*

様式目次

- 【1】 抵当権者特約条項 ……………………………………………………… *93*
- 【2】 債権保全火災保険普通保険約款（抄）……………………………… *95*

第1編

担保実務

第1章

預金担保

　預金担保は、不動産担保とともによく利用されているが、その取得にあたって実査したり評価したりする必要がなく、対抗要件も不動産のような登記の必要がないなど担保実務が比較的容易であること、また、相殺の担保的機能が拡大されるにつれて預金担保（自行預金担保）の設定を受けなくても相殺によって債権の回収を図ることができることから、事務処理が安易に流れやすい傾向にある。しかし、預金担保には担保権設定契約の締結、担保提供者の提供意思確認、対抗要件の具備、担保物件の管理等、金融機関の担保実務の基本となるものが豊富に含まれている。
　本章では、まず預金担保の事務を述べ、次にその法的側面を説明する。預金担保の設定、管理、そして、実行の順にみていこう。

第1節 序　説

1　預金担保の利用状況と担保としての適格性

　預金担保は、定期預金の期限前解約にかわる措置として、総合口座取引における貸越の担保として、また取引先との継続的取引から生じる債権の担保としても利用されており、不動産担保と並んで金融機関の担保実務において最もポピュラーなものである。特に従来融資取引のない先に対して行われるいわゆる窓口預担は、件数が多く金額が僅少なものもあり、つい事務処理が安易に流れる傾向があるが、預金担保をめぐって生じる紛争の大多数はこの窓口預担であり、安易な事務処理は避けなければならない。

　金融機関の担保としては管理と換価の容易な物件が適する。この面からみれば、預金担保は、①担保取得やその後の管理に手数がかからず、②担保価値が低落するおそれもなく、③必要な場合に確実に処分ができ、かつ、④その処分が容易であるなどの条件を備えているので、金融機関の担保として最適であり、金融機関与信のあらゆる取引に預金担保が利用されるゆえんである。

2　預金の正式担保取得と相殺

　預金担保の法的性質は、権利質（民法362条以下）であり、正式に担保にとるには、預金担保差入証に確定日付（民法施行法5条）を付し、預金証書・通帳とともに差し入れてもらい、さらに、他行預金を担保にとる場合は他行の承諾書に確定日付をとる必要がある（民法364条）。なお、預金証書・通帳

の交付は、従来指名債権質の効力発生要件であったが、平成16年4月1日施行の「担保物権及び民事執行制度の改善のための民法等の一部を改正する法律」(平成15年法律第134号。以下「平成15年民法等改正法」という)により、「債権であってこれを譲り渡すにはその証書の交付を要するもの」つまり証券的債権を質権の目的とするときは証書の交付によってその効力を発生するとし、それ以外の指名債権質には債権証書の交付は不要とされた(同法363条)。預金証書・通帳は証拠証券とされ、預金の譲渡には交付は必要なく、質権取得に際しても交付を受けなくとも効力は発生する。しかし、実務上は預金証書・通帳の交付を受けておくべきである。預金が第三者に譲渡されるのを防ぐため、また他行預金担保にあっては預金担保権の実行のための他行への取立てのためにも、預金証書・通帳は欠かせないからである。この点は売掛金等の他の代金債権担保についても同様である。「本章第3節5」参照。

　担保をとるのは、倒産等によって融資先からの弁済が期待できなくなったとき、それを処分して債権回収を図るためである。そのような観点からみると、自行預金については昭和45年最高裁大法廷判決(最大判昭45・6・24金融法務事情584号4頁)が「第三債務者(銀行)は、その債権が差押後に取得されたものでないかぎり、自働債権および受働債権の弁済期の前後を問わず、相殺適状に達しさえすれば、差押後においても、これを自働債権として相殺をなしうる」と差押えと相殺との対抗関係について無制限説を採用し、また、相殺予約(銀行取引約定書7条)に関しても「信用を悪化させる一定の客観的事情が発生した場合においては、被上告銀行の訴外会社(債務者)に対する貸付金債権について訴外会社(債務者)のために存する期限の利益を喪失せしめ、一方、同人ら(債務者)の被上告銀行に対する預金等の債権については、被上告銀行において期限の利益を放棄し、直ちに相殺適状を生ぜしめる旨の合意と解することができるのであって、かかる合意が契約自由の原則上有効である」とその対外効を認めたため、自行預金の質権設定については確定日付を付すことを省略する金融機関もある。

3 預金担保のメリット

　しかし、質権設定によって正式担保をとることにより、預金者からの相殺や払戻請求を封じ、また、相殺通知（民法506条）を必要としないなどのメリットがある。もっとも担保権実行通知を発信するのが実務だが、これは法律上必要なものではない点が相殺通知とは異なる。たとえば、窓口預担の申込みに対して、相殺による回収が可能であるとして無担保融資を行うことはありえない。預金担保が重要なゆえんである。

　なお、預金担保融資は、自行預金を担保とすることが一般的であり、他行預金を担保とする場合は、より慎重な取扱いが求められる。他行預金を担保とする融資は真にやむをえない場合に限ることとし、取り上げる際にも、預金証書・通帳などについて、発行金融機関に対しその真正性を確認するなど慎重に取り扱うことが肝要である（全銀協平3・9・17平3企画第305号参照）。

第2節

預金担保の設定

　預金を担保にとるとは、預金の担保権設定契約を締結することであり、担保取得の流れに沿って分解すれば、①担保の目的となる預金の選択→②預金担保差入証の差入れを受けることによる担保権設定契約の締結→③預金証書・通帳の交付を受けることによる担保物件の取得→④確定日付を付すことによる対抗要件の具備、となるのが一般的である。さらに特殊な場合として、⑤第三者による担保提供の場合のその者との保証契約の締結、および⑥他行預金を担保にとる場合の他行の確定日付ある承諾書の徴求の事務があげられる。なお、③の預金証書・通帳の交付は、平成15年民法等改正法により効力発生要件ではなくなったが（民法363条）、実務上は預金証書・通帳の交付を受けておくべきことはすでに触れた（「本章第1節2」参照）。

1 担保の目的となる預金の選択

(1) 預金および預金証書・通帳の性質

　預金契約は金銭の消費寄託契約と解されており（民法666条）、預金は、預金者が金融機関に対して有する消費寄託契約上の債権で、しかも債権者（預金者）が特定しているから指名債権である。

　したがって、預金証書・通帳は、そこに預金者の消費寄託上の権利すなわち預金の内容が記載されていても、その権利の成立・移転・行使が必ず預金証書・通帳によってなされなければならない有価証券ではなく、その権利・預金の存在を証明するにすぎない。預金証書・通帳は証拠証券である。

(2) 預金の種類と選択

　預金はまず、自行預金と他行預金とに分類される。前者は融資をする金融機関に預金されており、後者はそれ以外の金融機関に預金されているもので、そのいずれであるかによって、担保の取得方法、特に対抗要件の具備の方法が異なるから注意を要する。詳細は後で述べる（「本章本節7」参照）。

　自行預金を担保にとるとは、金融機関が自己に対する債権（預金）を担保にとることであって、一見それが可能か疑われるが、判例は、権利質に関する民法364条および366条は質権者と第三債務者とが別人であることを予想した規定とはいえ、それは普通の場合を標準としたものにすぎず、これがため「質権者ト第三債務者トガ同一人ナルコトヲ禁止シタルモノニ非ザルヤ論無シ」とし（大判昭11・2・25法律新聞3959号12頁）、学説も、債権がその譲渡性を有するときは、その債権が一個の財産的価値あるものとして、ある程度まで、債権者および債務者の人格から独立した存在を取得するものであるから、債務者自身もこの上に質権を取得しうることは少しも異とするに足らない（我妻栄『新訂担保物権法』187頁）という。自行預金担保が有効に成立することについて、判例・学説とも異論をみない。

　自行預金は、さらに預金を担保として融資をした営業部店に預金されているか、それ以外の営業部店に預金されているかによって、自店預金（当店預金）と他店預金（僚店預金）とに分類される。自行預金のうち自店預金が担保として管理しやすく、望ましいのはいうまでもない。

　次に従来、届け出られている名義が預金者の本名か、通称か、第三者名義かによって、本人名義預金、通称名義預金、第三者名義預金があり、無記名預金を含めてその預金者を認定することがしばしば問題となった（「本章本節2(2)」参照）。しかしこれら預金名義の問題は従来預入れされた預金についてのみいえ、現在ではほぼ解消されている。それは平成15年1月「金融機関等による顧客等の本人確認等に関する法律（本人確認法）」（平成14年法律第32号）の施行により、金融機関には預金受入れの際の本人確認義務が強く求め

られることとなり、第三者名義はいうに及ばず、広く知られている等の合理的理由がない通称名義預金の開設に応じてはならないからである（本章本節1(3)参照）。

なお、無記名預金は昭和63年3月31日限りで新規受入れを停止し、現存する無記名預金は可及的速やかに整理することとされた（大蔵省昭63・3・11蔵銀第439号銀行局長通達）。

最後に、預金種目によって当座預金、決済用預金、普通預金、貯蓄預金、通知預金、定期預金、譲渡性預金（NCD）、納税準備預金、別段預金などに分類されるのは周知のとおりである。通知預金、普通預金等も担保にはとれるがその例は少なく、担保預金といえば定期預金が通常であり、当座預金、納税準備預金はそのままでは担保として不適当である。別段預金はその内容によって担保にとれるものととれないものとがある。

ただ普通預金担保は、担保権設定後も預金の出し入れを担保権設定者に任せ、普通預金の流動性を保持したままその担保化を図るものとして、プロジェクト・ファイナンスや資産流動化の進展に伴い見直されている。このように残高が変動する預金を担保とする、集合債権について「その発生原因や譲渡に係る額等をもって特定される必要がある」（最三小判平11・1・29金融法務事情1541号6頁）との基準が示されており、普通預金担保も対象口座を特定することにより将来の預入分について有効に成立することに異論はない。一方、当初具備された対抗要件の効力は、その後に具体的に発生する将来債権についても及ぶ（最一小判平13・11・22金融法務事情1635号38頁）とされていることから、普通預金担保の対抗要件についても、預金残高の変動にかかわらず、当初具備することで足りるといえるであろう。

以下、自行預金を担保にとる場合を中心に説明し、他行預金の担保取得についての特殊な問題は後述する（「本章本節7」参照）。

(3) 金融機関の本人確認義務

2001年（平成13年）9月の米国同時多発テロ事件を受け、同年10月わが国も「テロリズムに対する資金供与の防止に関する条約」に署名したが（平成14年6月受諾、同年7月発効）、同条約には金融機関による顧客の本人確認等の措置が要請されている。これを踏まえ、「金融機関等による顧客等の本人確認等に関する法律（本人確認法）」（平成14年法律第32号）が成立、平成15年1月6日施行された。この法律により金融機関等は、①顧客が預貯金口座の開設等の取引を行う際に、公的証明書により、顧客の氏名・住居・生年月日等（法人の場合は名称・本店等の所在地等）を確認すること、②その確認の記録を作成し保存すること、③取引の記録を作成し保存すること、が義務づけられることになった。したがって、架空名義・第三者名義はいうに及ばず、広く知られている等の合理的理由がない通称名義預金が排除されるべきはいうまでもない。なお、これを引き継いだ「犯罪による収益の移転防止に関する法律」（平成19年法律第22号）により、平成25年4月1日から、口座開設の際に、職業・事業内容や取引を行う目的等についても確認することとなった。

2 預金担保差入証の徴求

(1) 質権設定契約の締結

自行預金を担保にとる場合、金融機関はまず預金担保差入証（書式1）を徴求する。その冒頭に「……下記預金元利金に質権を設定」する旨明記し、これを徴求することによって、金融機関と預金担保提供者（設定者）との間に、同差入証記載の預金につき、質権設定契約が成立したことを明確にしている。もとより、質権設定契約は要式契約ではないから、担保差入証の差入れは法律上の要件ではないが、質権設定の事実を明確にするため必ず担保差入証の差入れを受けておかなければならない。

質権の設定のほかに、融資債権を担保する目的で、指名債権譲渡の方法お

よび効力によって（民法467条）預金を金融機関に譲渡させるいわゆる譲渡担保の方法もあるが、あまり利用されていない。そのほか、自行預金について、相殺の予約をしたり、払戻充当の特約をする方法もあり（銀行取引約定書旧ひな型7条1項・2項）、また、他行預金について代理受領権や取立権の授与の特約をすることも考えられる。このうち、相殺については判例によっ

【書式1】　定期預金担保差入証　　　　　　　　　　　　　　　（表面）

定期預金担保差入証

平成　年　月　日
住　　所
株式会社○○銀行御中　　債　務　者　　　　　　㊞
　　　　　　　　　　　　担保権設定者
　　　　　　　　　　　　住　　所
　　　　　　　　　　　　担保権設定者　　　　　　㊞
　　　　　　　　　　　　保　証　人

　担保権設定者（以下「設定者」という）は、債務者が貴行に対して現在および将来負担するいっさいの債務の根担保として、（別に貴行と締結した銀行取引約定書の各条項のほか）この証書裏面約定を承認のうえ、下記預金元利金に質権を設定し、その預金証書・通帳を貴行に差し入れました。
　設定者（物上保証人）は、前記債務について、下記預金（2年定期預金の場合は中間利息定期預金を含む）の元利金額（書替後はその元利金額）を極度額、元本確定期日を平成　年　月　日として、債務者と連帯して保証債務を負担します。なお、保証人は、債務者の貴行に対する預金その他の債権をもって相殺はしません。

番号	種類	預金番号	預入日	支払期日	金　額	名義人	備考
			・　・	・　・	円		
			・　・	・　・			
			・　・	・　・			
			・　・	・　・			

て強い担保的機能が認められていることはすでに述べたが（「本章第1節2」参照）、代理受領権や取立権の授与の特約は担保としての効力が弱い。預金を担保にとる方法としては質権設定によるのが効力も強く、かつ一般的な方法である。

質権の被担保債権は「債務者が貴行に対して現在および将来負担するいっさいの債務」であり、質権は根担保（根質）であることが約定されている。

(2) 預金者の認定

質権設定者は融資先である被担保債権の債務者（本人提供）のほか第三者（物上保証）の場合もあるが、質権の設定は処分行為であり、預金を処分する権利と能力のある者、すなわち真正な預金者で行為能力のある者と質権設定契約をしなければならない。

しかし、このことはいうは易く、行うは困難な問題である。金融機関がAを預金者とみて、Aから預金担保の差入れを受けていたところ、別人Xが現れ、Xから自分の預金だと主張され、預金の払戻請求をされた場合、金融機関はどう対処したらよいのであろうか。

このことを解決するためには、まず、「預金者は誰か」という預金者の認定基準について検討し、次いで、不幸にして真正の預金者でない者から担保の提供を受けていた場合、救済される道があるかという点を検討しなければならない。なお「犯罪による収益の移転防止に関する法律」で金融機関には公的証明書による本人確認義務が課せられたため、これらをめぐる問題は沈静化する傾向にあるが、「預金者とは誰か」の根源的な理解は確認しておこう。

a 預金者の認定基準——主観説と客観説

預金者の認定基準は、3説に大別される。

① 名義のいかんを問わず実質的に預金を支配している者、すなわち自己の出捐により自己の預金とする意思で金融機関に対し自らまたは使者・代理

人を通じて預金契約をした者を預金者と認定する立場（客観説）
② 使者・代理人としてきた旨を明示または黙示で表示したなど特別の事情のない限り、現実に金銭と印章とを持参し提出して預入行為をした者を預金者と認定する立場（主観説）
③ 出捐者と預入行為者とが異なる場合、原則として客観説によりつつ、預金契約締結に際し、預入行為者が明示または黙示で自己が預金者であることを表示したときは、それに従いその者を預金者と認定する立場（折衷説）

このうち、客観説が多数説であり、判例も客観説をとる（最一小判昭32・12・19金融法務事情164号12頁、最三小判昭48・3・27金融法務事情681号26頁）。

前掲最三小判昭48・3・27は「無記名定期預金契約において、当該預金の出捐者が、自ら預入行為をした場合はもとより、他の者に金銭を交付し無記名定期預金をすることを依頼し、この者が預入行為をした場合であっても、預入行為者が右金銭を横領し自己の預金とする意図で無記名定期預金をしたなどの特段の事情の認められないかぎり、出捐者をもって無記名定期預金の預金者と解すべきであることは、当裁判所の確定した判例であり、いまこれを変更する要はない。けだし、無記名定期預金契約が締結されたにすぎない段階においては、銀行は預金者が何人であるかにつき格別利害関係を有するものではないから、出捐者の利益保護の観点から、右のような特段の事情のないかぎり、出捐者を預金者と認めるのが相当であ」ると説き、その後、判例は、代理人または使者名義による記名式定期預金についてもその出捐者本人を預金者であると認めている（最二小判昭52・8・9金融法務事情836号29頁）。

預金者の認定基準について判例は客観説をとることが明らかとなったので、預金担保融資を実行する時、あるいは融資実行後に預金の預入れがなされたのであればその預入れの時、出捐者を見定める努力をし、万一後日に紛争が生じた場合に備えて、たとえば土地売却代金による預入れ等のように資

金の出所の証拠を残すようにしておくことが望ましい。加えて公的証明書により本人確認をしなければならないのはいうまでもない。

b　表見預金者の考え方

　預金者の認定については、出捐者をもって預金者とする客観説がとられているが、では、前掲昭和48年の最高裁判例の事件のように客観説に立っても、真正の預金者でない者から担保取得した場合、金融機関が救済される余地はあるか。

　預金の支払については、預金約款に「この証書（通帳）、諸届その他の書類に使用された印影を届出の印鑑と相当の注意をもって照合し、相違ないものと認めて取扱いましたうえは、それらの書類につき偽造、変造その他の事故があってもそのために生じた損害については、当行は責任を負いません」という特約があり、たとえ真正な預金者以外の者に支払っても、この特約により金融機関は二重払いの危険を負わずにすみ、また、このような特約によらなくても、預金証書（通帳）の持参人に対し、届出印を押捺した受領書や払戻請求書を徴したうえ預金の支払をすれば、債権の準占有者に対する弁済として金融機関の払戻しを有効なものとすることができ（民法478条）、このことは期日前の解約であっても同様である（最三小判昭41・10・4金融法務事情462号6頁）。預金の支払の場合には、通常の手続に従っておけば、支払った相手方がたとえ真正な預金者でなくても、金融機関は有効な支払をしたことになる。近時、現金自動預払機による預金の払戻しについても民法478条の適用があるとしたうえ、金融機関の過失を認定し払戻しに弁済の効力を認めることができないとした判例がある（最三小判平15・4・8金融法務事情1681号24頁）。通帳機械払いの方法により払戻しが受けられる旨を預金規定に規定していなかった金融機関の過失を認定したもので、参考までに掲げておく。なお平成15年1月の本人確認法の施行後は、債権の準占有者に対する弁済と認められるためには、預入れの際に公的証明書により本人確認を行う等、金融機関が本人確認事務を確実に行っていることが要件になるであろ

う。

　次に、真正な権利者でない者から預金担保を取得した場合、前掲の預金約款の特約が働かないとしても、債権の準占有者への弁済（同法478条）、表見代理（同法109条、110条、112条）、虚偽表示の対第三者効（同法94条2項）等の法的手段により、金融機関が救済されるであろうか。

　昭和48年3月の最高裁判例は民法478条の類推適用を認めた（前掲最三小判昭48・3・27）。つまり、先に紹介した無記名定期預金の預金者の認定基準について客観説をとった事件について（「本章本節2⑵a」参照）、出捐者をもって真実の預金者とみることを前提とした説示に続けて「銀行が、無記名定期預金債権に担保の設定を受け、または、右債権を受働債権として相殺をする予定のもとに、新たに貸付をする場合においては預金者を定め、その者に対して貸付をし、これによって生じた貸金債権を自働債権として無記名定期預金債務と相殺がされるに至ったとき等は、実質的には、無記名定期預金の期限前払戻と同視することができるから、銀行は、銀行が預金者と定めた者（以下「表見預金者」という）が真実の預金者と異なるとしても、銀行として尽すべき相当な注意を用いた以上、民法478条の類推適用、あるいは、無記名定期預金契約上存する免責規定によって、表見預金者に対する貸金債権と無記名定期預金債務との相殺等をもって真実の預金者に対抗しうるものと解するのが相当であり、かく解することによって、真実の預金者と銀行との利害の調整がはかられうる」と判示する。

　この判決は、表見預金者という概念をつくりだし、金融機関が尽くすべき相当の注意を用いて、その者を出捐者であると認めて預金担保の設定を受け融資をした以上、たとえ真実の預金者から預金の返還請求を受けても、民法478条の類推適用ないし預金約款の免責の特約によって、金融機関は真実の預金者に対抗できるというもので、画期的なものといえよう。

c　金融機関の注意義務

　しかし、表見預金者の概念によって金融機関が保護されるには、表見預金

者を預金者と認定するについて金融機関として尽くすべき相当の注意を用いることが求められ、この昭和48年の最高裁判決も、銀行が預金者を認定するにつき相当の注意を用いたかどうか、特に、なにゆえに担保差入れのため定期預金証書の提示を受けながら、銀行が占有する方法をとらなかったかなどの点について審理すべきであるとして原判決を破棄・差戻ししている。そして、昭和53年5月には、金融機関が尽くすべき相当の注意を用いていないとして、担保預金との相殺につき、民法478条の類推適用を否定した判例があり（最二小判昭53・5・1金融法務事情861号33頁）、これは定期預金証書の紛失届が金融機関の誤認に基づいて受理された場合には、再発行の証書は預金者を認定するにつき価値がないとして金融機関が敗訴している。

　なお、本来預金の払戻しについては、無通帳払戻しや届出印鑑によらない払戻しなどの便宜扱いは、通説・判例ともに原則として金融機関に過失があるとして、民法478条の適用を認めていないが、事情によっては認められるケースもありうる。

　金融機関が無権利者甲に預金通帳の提示を受けないで預金の払戻しをした場合であっても、払戻請求書の印影が届出の印影と一致し、甲がその会社の代表者を補助して会社の設立事務に従事し、設立後は取締役をしていたことを、金融機関係員が知っていたなどの事情があるときは、金融機関には甲に預金の払戻請求をする代理権限があると信じたことに過失はなかったとして、民法478条の類推適用を認めた判例（最一小判昭42・12・21金融法務事情501号21頁）がある。

　いずれにせよ、金融機関が定期預金の預金者と誤認した者に対する融資債権をもってした預金債務との相殺につき民法478条が類推適用されるためには、当該融資時に金融機関が必要な注意義務を尽くしたと認められなければならない（最一小判昭59・2・23金融法務事情1054号6頁）。

d　委任ないし信託と預金者

　近時最高裁判所は、「債務整理事務の委任を受けた弁護士甲が、委任事務

処理のため委任者乙から受領した金銭を預け入れるために甲名義で普通預金口座を開設し、これに上記金銭を預け入れ、その後も預金通帳および届出印を管理して、預金の出し入れを行っていた場合には、当該口座にかかる預金債権は、甲に帰属する」(最一小判平15・6・12金融法務事情1685号59頁)としており、委任ないし信託をめぐる預金の帰属については今後議論が深まっていくものとみられる。さらに近年、再生手続中の株式会社甲を債務者とする債務名義に基づく「株式会社甲代理人弁護士乙」名義口座に係る預金債権の差押えが認められなかった事例がある(東京高決平22・8・7金融法務事情1917号121頁)。

(3) 担保差入意思の確認

預金担保の差入れを受けることは金融機関が預金者と質権設定契約を締結することだから、両者で質権設定契約の締結に関して合意が得られなければならない。担保差入行為が預金者自身によってなされるのであれば、それが預金者自らの債務を担保するのであれ(本人提供)、預金者以外の者の債務を担保するのであれ(物上保証)、質権設定契約締結の合意は金融機関・預金者間で直接行われており、特に問題はない。問題なのは、預金者の代理人・使者によって担保差入れがなされる場合、その代理人に代理権がなかったり、使者が預金者本人の指示どおりにしなかったケースである。

担保差入権限のない者から担保提供を受けた金融機関が、その担保権を有効と認められ、保護されるのは、表見代理の成立が認められる場合である。

a 担保提供と表見代理の関係

表見代理とは、預金者(本人)と権限もないのに担保提供行為をした無権代理人との間に、外観的に、担保提供を受ける金融機関(相手方)をして代理権の存在を信じさせるだけの特別な事情がある場合に、金融機関はその担保提供行為を代理権に基づいた行為として、預金者から正当に担保提供を受けたものとして預金者の責任を追及できるものである。

この特別の事情のいかんによって、民法は表見代理を、①本人（預金者）が相手方（金融機関）に対して、他人（質入行為者）に代理権を与えた旨を表示したが、実際には代理権を与えていなかった場合（代理権授与の表示による表見代理。民法109条）、②多少の代理権を有する者（質入行為者）が、その代理権の範囲を越えて代理行為をする場合（権限外の行為の表見代理。同法110条）、および③代理権の消滅後になお代理人として行為をした場合（代理権消滅後の表見代理。同法112条）の3種を定めている。いずれの場合も表見代理人から担保の提供を受ける金融機関に、表見代理人に代理権がないことを過失なくして知らなかったこと、あるいは表見代理人の行為が代理権限内の行為であると信じ、かつそう信ずることについて正当な理由があること、つまり、金融機関の善意・無過失が要求される。

預金者以外の者から担保の提供を受ける場合には、預金者自身にあらためて担保差入意思を確認すべきで、確認を怠ると、特段の事情のない限り、金融機関は表見代理人について代理権ありと信じるについて過失があったと認定され、表見代理の法理で保護されない。

不動産の譲渡担保に関する事案について、最高裁昭和53年5月25日第一小法廷判決（金融法務事情863号32頁）は「代理人と称する者が本人の白紙委任状、印鑑証明書及び取引の目的とする不動産の登記済権利証を所持しているときでも、なおその者に当該本人を代理して法律行為をする権限の有無について疑念を生じさせるに足りる事情が存する場合には、相手方としてはその自称代理人の代理権の有無についてさらに確認手段をとるべき」であるとするのは参考になろう。

なお、判例は、妻など本人に身近な者については表見代理の成立を狭く解する傾向があるので、このような場合、金融機関としては、担保差入意思の確認をより厳格にする必要がある。

b 担保差入意思の確認方法

では、担保差入意思の確認手続にはどのようなものがあるか。まず最も確

実なのは、預金者本人に面前で契約書に自筆で記入してもらう方法である。第三者によって代筆された契約書については口頭で確認し、確認したことについて記録をとって補うしかない。この意思確認記録書は丁寧に記載しなければならない。確認した日時、場所、担保提供者と債務者との関係のほか、たとえば、担保提供者が会社勤務をしている場合には、当初赴任した地、あるいは前任の勤務地など特徴的な点も記載するようにしたい。契約書の提出があると、預金者に意思確認の照会状を発信し、その回答書を回収する方法もあるが、回答がこなかったり、回答書が同一人に偽造されれば実効性はない。また、定期的に担保提供者に融資金の残高通知を発信する方法だが、それでは担保取得時に担保意思を確認したことにはならない。ただ、担保提供者にその責任額を知らしめる意義はあろう。結局、契約書に預金者の自筆で記入してもらうのが簡易で最適である。サービスのためとかで金融機関の職員が代筆するのは問題外で、絶対行ってはならない。少なくとも担保提供者名・金額については必ず預金者に自筆してもらわなければならない。

　担保提供意思確認をめぐる問題は、債務者が倒産し担保権を実行する局面になってはじめて表面化し、すでに担保提供から相当年月が経過しているのが大多数である。意思確認記録書が詳細に記載されていれば、当時の記憶もよみがえり、後日法廷で争われたときには、金融機関にとって有力な武器となろう。

　担保差入能力の確認についても注意を払う必要がある。たとえば、未成年者から担保差入れを受ける場合は法定代理人の有無、法人から担保差入れを受ける場合は法人の目的の範囲内であるか否か、利益相反行為に該当しないかなどを検討することも必要である。

3　預金証書・通帳の交付

　前述したように、平成15年民法等改正法により預金への質権設定について

は、預金証書・通帳の交付は効力発生要件ではなくなったが、預金に限らず指名債権に質権の設定を受ける場合には、証書・通帳等の債権証書の交付を受けるのが金融実務である（「本章第1節2」参照）。預金担保差入証（書式1参照）の冒頭には「下記預金元利金に質権を設定し」と預金に対する質権設定の合意文言があり、次に「その預金証書・通帳を貴行に差し入れました」とある。これは、自行預金担保にあっては預金の譲渡を防止するため、他行預金担保にあっては、第三債務者である他行への取立ての際の目的債権の立証のため、および、第三債務者からの支払と引き換えに証書を返還せよとの要求に応えるためである。質入預金の証書・通帳は質権者の手元に置くのが無用なトラブル防止の最善の策である。

4　対抗要件の具備

(1) 対抗要件とは何か

　預金担保差入証の差入れによる質権設定契約の締結によって、預金に対する質権は、金融機関・預金者の当事者間では有効に成立する。しかし、金融機関の担保として十分ではない。対抗要件が具備されていないからである。では、対抗要件とは何か。

　対抗要件とは、当事者間で効力の生じた権利ないし法律関係の得喪変更（変動）を第三者に対して主張するための法律要件であり、不動産物権の得喪変更は登記により（民法177条）、動産物権の譲渡はその引渡し（同法178条）または登記（動産及び債権の譲渡の対抗要件に関する民法の特例等に関する法律（以下「動産・債権譲渡特例法」という）3条）により、債権譲渡は確定日付ある証書による債務者に対する通知もしくは債務者の承諾（民法467条）または登記（動産・債権譲渡特例法4条）により、それぞれ対抗要件を備えたことになる。たとえば、金融機関が不動産に抵当権の設定を受けるべく抵当権設定契約を締結しても、その登記をしなければ、後日同一不動産に抵当権

の設定を受け、その登記をした他の債権者に劣後するのは周知のとおりであるが、預金担保についても同じことがいえる。預金担保差入証を徴求した質権者であっても、次に述べる対抗要件を具備しておかなければ、預金者の一般債権者がその質入預金を差し押えてきたり、その質入預金が他に譲渡されたりした場合には、質権者はその質権をもって、預金の差押債権者や譲受人に優先することはできないのである。

(2) 預金質権の対抗要件
a 通知と承諾

預金質権の対抗要件の第1は、預金債権の譲渡と同じく、確定日付ある証書により質権の設定を第三債務者（質入債権の債務者すなわち質入預金のある金融機関）に通知するか、または第三債務者が承諾することである（民法364条、467条）。預金債権を質入れしても預金の帰属が変更（譲渡）するものではないが、預金債権の有する交換価値が質権者の支配に属し、預金債権の債務者である金融機関は、この把握された交換価値を破壊しないように拘束を受けるから、公示の方法としては、これを譲渡と同一に取り扱うのが適当だからである（我妻栄『新訂担保物権法』184頁）。

通知・承諾の方法は譲渡と同様である。

① 通知は質権設定者（預金者）から第三債務者（預金のある金融機関）に対してこれをなし（大判大11・6・17民集1巻332頁）、承諾は第三債務者（預金金融機関）から質権設定者（預金者）または質権者のいずれかに対して行う。この、第三債務者（預金金融機関）の承諾には2つの意味がある。質権設定の対抗要件を具備するための承諾であると同時に、預金約款の譲渡・質入禁止の特約を解除する意味もある（同法466条2項）。

② 通知は、通知のあった時における状態で質入債権を拘束し（同法468条2項。大判大7・12・25民録24輯2433頁）、承諾は、異議をとどめないでされたときは、抗弁権を伴わない債権として質権の拘束に服する（同法468条1

項。大判昭18・3・31法律新聞4844号4頁）。
③　通知・承諾ともに、確定日付ある証書（民法施行法5条）をもってするのでなければ、第三債務者（預金金融機関）以外の第三者に対抗することができない（民法467条2項。大判昭10・1・12裁判例(9)民1頁）。内容証明郵便による通知がその例である。

b　債権譲渡の登記

　債権譲渡の登記制度を導入した「債権譲渡の対抗要件に関する民法の特例等に関する法律」が平成10年10月1日から施行され、同法は平成16年12月1日「動産及び債権の譲渡の対抗要件に関する民法の特例等に関する法律」として改正され、平成17年10月1日施行された。本法律は、主として、企業が多数の金銭債権等を譲渡により流動化するため、SPC（特別目的会社）等への債権譲渡の対抗要件を簡易・迅速に具備することを目的とするもので、登記による対抗要件の取得を可能とする。小口多数債権の担保に利用する例も多いが、預金担保に利用されることはなく、詳細は後述する（「第2章第2節2(4)d」参照）。

(3)　自行預金担保と確定日付

　他行預金を担保にとる場合は、他行の承諾と確定日付を厳格に具備しておく必要があるが（「本章本節7(2)(3)」参照）、これに対して自行預金を担保にとる場合には、金融機関が質権者兼第三債務者となるので、預金の質入れをもって第三債務者に対抗するための通知は必要ない。第三債務者としての承諾（民法364条）も、判例は、質権設定契約中に「当然之ヲ包含セルヲ以テ、質権設定契約書ニ確定日付アル以上ハ右承諾モ亦確定日付アル証書ヲ以テ為サレタルモノト認ムルヲ妨ゲズ……承諾ニ付別ニ確定日付アル証書ヲ必要トセザルコト勿論」であるという（大判昭11・7・31法律新聞4077号14頁）。さらに、預金約款にある譲渡・質入禁止の規定を解除するための第三債務者の承諾についても（同法466条2項）、金融機関が質権設定に応じれば承諾した

ことになる。

　したがって、自行預金を担保にとる場合、第三債務者に対する対抗要件は考慮する必要はなく、ただ、預金担保差入証の差入れを受け、自行預金の質権を他の第三者に対抗させるため、預金担保差入証に確定日付を徴しておくだけでよく、特別に通知書や承諾書を作成して確定日付をとる必要はない（広島高松江支判昭31・3・30高民集9巻5号297頁）。

　さらに、担保をとるのは、倒産等により融資先からの弁済が期待できなくなったとき、それを処分して債権の回収を図るためであるが、その観点からすると、自行預金は、前掲最高裁昭和45年6月24日大法廷判決（「本章第1節2」参照）で、差押えと相殺との関係について無制限説が採用され、また、相殺予約に関してもその対外効を認めたので、これを正式な担保にとる実益がないようにも思われる。自行預金を担保にとる際、預金担保差入証に確定日付をとらない金融機関が多いのはこのためであろう。

　しかし、正式担保をとることによって、預金者からの相殺を防ぎ、預金者の払戻請求を封じ、相殺通知を必要としないなどのメリットがあるほか、どのような効用があるか、検討してみよう。

(4)　確定日付の効用の検討

　まず、銀行取引約定書等の基本取引約定書を徴求していない場合はどうであろうか。定期預金担保差入証裏面の約定6条に「期限の利益の喪失」と題して、銀行取引約定書旧ひな型5条とほぼ同趣旨の規定が置かれていて、この相殺予約の対外効は前掲昭和45年の大法廷判決で認められている。また、この規定がなくても、前掲大法廷判決によれば、金融機関の融資債権が預金に対する差押え後に取得されたものでない限り、融資債権・預金債務の弁済期の前後を問わず、相殺適状に達しさえすれば差押え後においても相殺することができるので、手形貸付債権や証書貸付債権の相殺は問題がない。ただ、支払承諾の事前求償権については、支払承諾約定書の差入れを受けてお

かなければ、差押え前に事前求償権が発生せず、また主債務者の抗弁権（民法461条）が排除されないので、このままでは相殺できない。

　民法461条は、事前求償権を行使された場合に、主たる債務者は、求償に応じたうえで、①保証人（金融機関）をして担保を供せしめ、または、②保証人（金融機関）に対して、自分を免責させるよう請求することができ（民法461条1項）、また、主たる債務者は、③保証人（金融機関）に支払うべき金額を供託し、もしくは、④これに相当する担保を供し、または、⑤債権者と交渉して保証人（金融機関）の免責を得させて、求償に応じる義務を免れることができる（同法同条2項）。事前求償権は、このように主たる債務者から種々の抗弁をなしうるもので、このままでは金融機関は相殺することはできない（大判昭15・11・26民集19巻2088頁）。そこで、支払承諾約定書8条3項により、主たる債務者のこれらの抗弁権を排し、相殺はじめ、金融機関の事前求償権の行使を容易にしているが、支払承諾約定書を徴求していないときは質権の行使に頼らざるをえない。

　また、大審院昭和13年3月1日判決（民集17巻318頁）は同時履行の抗弁権の付着する債権を自働債権として相殺することはできないといい、また、最高裁第二小法廷昭和32年2月22日判決（民集11巻2号350頁）は催告および検索の抗弁権の付着する保証契約上の債権を自働債権とする相殺はできないという。したがって、これらの点を考慮すれば、質権取得の意義を理解できるであろう。

　次に、差押え後に取得した債権の問題である。典型的な例として、差押え後に発生した当座貸越債権では相殺できないが、では、質権を設定している場合は、差押え後に発生した当座貸越債権も質権で担保されるであろうか。国税滞納処分による差押えについては、預金担保のような根質も、その預金が差し押えられた時の債権額を限度としてのみ税債権に優先して担保することについて明文の規定がある（国税徴収法18条）。そして有力な学説は、税債権に限らず、他の債権者が質権の目的物を差し押えた後に質権者が取得する

債権は質権によって担保されず、したがって、その点は相殺の予約よりも有利にならない（我妻栄『民法案内Ⅴ』216頁）とする。しかし、差押え時の当座貸越の残高を限度として対抗できるとするのが妥当であろう（根質権ならば限度額まで対抗できるとする説がある）。

最後に、相殺権の濫用の問題がある。相殺権の濫用として相殺の効力が否定されたケースとして、差押えのあった預金を狙い打ちしてする相殺（大阪地判昭49・2・15金融法務事情729号33頁）、預金者と通謀してする相殺（東京地判昭47・5・22金融法務事情655号29頁）がある。その他いわゆる駆込み割引等が考えられよう。これらの場合、その預金に質権を取得していれば、結論は異なったものとなるかもしれない。

いずれも難問で、にわかには結論の出ない問題であるが、債務者預金担保取得に関する理解を深めるためにも、紹介しておく。

5 物上保証人との保証契約の締結

(1) 相殺の利用

質権設定者は債務者に限らず、第三者でもよい。民法342条は「質権者は、その債権の担保として債務者又は第三者から受け取った物を占有し、……」と規定し、そのことを明らかにしている。このように、他人の債務のために自分の財産の上に担保権を設定する者を物上保証人といい、債務者に対する地位は保証人に似てはいるが、物上保証人は自分で債務を負担しない。

金融機関が自行預金の質入れを受けた場合、金融機関・融資先間に融資債権と預金債権とが対立するので（民法505条1項）、金融機関は質権の実行にかえて、相殺によって融資債権を回収することができる。しかし、金融機関が物上保証人の預金の質入れを受けた場合には、物上保証人には他人の債務のために自分の財産上に物的担保（預金の上の債権）を負う責任しかなく、債務を負っているわけではないので、融資債権は金融機関・融資先間に、預

金債権は金融機関・物上保証人間に存在し、金融機関・物上保証人間には債権債務の対立が存在せず、したがって、このままでは金融機関は物上保証人の預金との相殺によって融資債権を回収することができない。

そこで、第三者から担保の提供を受ける場合にも、相殺できるように、預金担保差入証に「設定者（物上保証人）は、前記債務について、下記預金（２年定期預金の場合は中間利息定期預金を含む）の元利金額（書替後はその元利金額）を極度額、元本確定期日を平成　年　月　日として、債務者と連帯して保証債務を負担します」と規定している。これの差入れを受けることによって、金融機関・物上保証人間に保証債権と預金債務との対立状態が生じる。この結果、自行預金の質権設定者が物上保証人でも、金融機関は物上保証人の保証人としての債務を自働債権とし、預金債務を受働債権として相殺することができる。

(2) 物上保証人の保証限度

物上保証人の保証は「下記預金……の元利金額を極度額」とする根保証であり、質入預金を超えて保証債務を負担するものではない。物上保証人は、質権実行あるいは相殺によって預金債務が消滅すれば別途保証債務を履行する必要はなく、一方この「極度額」を弁済すれば質入定期預金の質権の解除を請求できる。一方が実行ないし履行されれば他方は消滅する関係に立つ。根抵当権の場合、債権者が物上保証人の提供した担保物件について担保権を実行し、優先弁済を受けうる金額は極度額に限られる（民法398条の３第１項）から、それと同様に考えれば、物上保証人が任意弁済をする場合も極度額でよいとの結論になり、また、それが物上保証人の通常の意思に合致する。金融機関も質入預金を確実に確保することで満足すべきだからである。

質入自行預金の設定者が融資先本人であっても物上保証人であっても、相殺できることになると、差押債権者等第三者に対しては、相殺できる要件さえ備えておけば、前述の質権の対抗要件を備えておかなくても債権保全上支

障がないので、預金担保差入証に確定日付を徴しない取扱いが多い。さらに、前掲最高裁昭和45年6月24日大法廷判決によって、融資債権が預金に対する差押え当時存在していさえすればよいのであるから、特に国税滞納処分による差押えとの対比については、質権が預金担保差入証の確定日付と滞納国税の法定納期限等との先後関係でその優劣が決まる（国税徴収法15条）のに比べて、その対抗力ははるかに強い。確定日付のメリットについてはすでに述べたので（「本章本節4(4)」参照）、その項を参照されたい。

6　担保品預り証の発行

　預金に質権の設定を受けた金融機関は、預金証書・通帳を継続して占有するから、預金証書・通帳番号、金額、満期日等担保預金の明細を記載した「担保品預り証」を発行するが、その宛先は質権設定者である預金者である。特に物上保証の場合、質権設定行為を預金者の代理人として融資先が行うことが多いが、担保品預り証の宛先は物上保証人であるから、間違えることのないように注意しなければならない。

7　他行預金の担保取得

　他行預金を担保にとる際の注意については、いままで随所に述べてきたが、ここでは他行預金の担保取得にあたっての事務の流れと、特に注意を払う点について簡単に触れておこう。

(1)　預金担保差入証および預金証書・通帳の徴求

　他行預金に質権の設定を受ける場合も、預金担保差入証（書式2）の差入れを受けることによって、質権設定の合意があったことを明らかにするのは、自行預金の場合と変わりがない（「本章本節2(1)(3)」参照）。なお、他行

【書式2】 定期預金担保差入証 (他行預金担保用)

定期預金担保差入証

株式会社○○銀行御中

　　　　　　　　　債務者　　　　（住所）
　　　　　　　　（担保提供者）　（氏名）　　　　　㊞

担保権の目的である定期預金の表示

定期預金金　　　　　　円也
　　ただし㈱　　銀行　　支店平成　年　月　日発行第　　号定期預金証書、
　　支払期日平成　　年　月　日　　　名義人

債務者
担保提供者は、債務者が貴行に対して現在および将来負担するいっさいの債務の根担保として、債務者が別に貴行と締結した銀行取引約定書の各条項のほか下記約定を承認のうえ、前記定期預金に質権を設定し、その預金証書を貴行に差し入れます。

　　　　　　　　　　約　　　定
1.　債務者が表記の債務を履行しなかった場合には債　務　者
　　　　　　　　　　　　　　　　　　　　　　　　　担保提供者に事前に通知することなく、直ちに質権を実行されても異議ありません。
2.　前条によって表記債務の弁済に充当し、過不足金を生じた場合には、債務者は直ちに清算します。
3.　前記の預金を期日到来ごとに書き替えるにあたり、証書の合併、分割、減額または利息を元加した場合、また、期間・利率を変更した場合であっても、書き替えられた預金は、引き続き、この差入証による担保とします。
4.　前記定期預金債権の期日が到来したときには、貴行において前記定期預金を任意受領のうえ、これを債務の弁済に充当されても異議ありません。
5.　債　務　者
　　担保提供者は、本契約によって質権の目的となった預金債権については、無効取消その他の瑕疵または相殺の原因などのないことを保証します。

　　　　　　　　　　　　　　　　　　　　　　　以　　上

定期預金の担保差入証について、自行預金の担保差入証をそのまま流用する例もあるようだが、好ましくない。書式2の預金担保差入証を使用し、正確を期すべきである。

28　第1編　担保実務

また、他行預金の質入れにあたっては、質入れされる預金の預入れ時の事情が質権者である金融機関にとって不明なことが多く、質入れされる預金の預金者の認定、その担保差入意思の確認については、自行預金の質入れのときよりもいっそう慎重な注意を払う必要がある。

　そして再三触れたように、預金証書・通帳の交付を受けることも忘れてはならない。特に他行預金担保にあっては担保権実行として他行に取り立てるために必要となる。

(2) 他行の承諾書の徴取
a 承諾の必要性

　預金に対して質権を設定する場合、預金の質入禁止の特約を解除する意味の承諾と、質権の設定を第三債務者に対抗する意味の承諾との2つの意味の承諾を、第三債務者である預金金融機関から徴取する必要があること、自行預金質権においては質権者と第三債務者とが同一人であるから、金融機関が預金の質入れを受けることが第三債務者の承諾となり、それによって特約に基づく質入禁止が解除され、また第三債務者に対する対抗要件が具備されることになることはすでに述べた（「本章本節4(3)」参照）。

　これに対して、他行預金質の場合には、質権者である金融機関と第三債務者である金融機関とが異なるので、債権者である金融機関と質権設定者である預金者との間に有効に質権設定契約が成立したというだけでは足りず、必ず第三債務者である他行の承諾をとらなければならない。この他行の承諾を徴取するには、質権設定承諾依頼書（書式3）に質権者（金融機関）と質権設定者（預金者）とが連署して第三債務者（他行）にこれを提出し、質権設定を承諾する旨の奥書を受け、他行の署名をもらうか、あるいは別途他行から質権設定承諾書（書式4）を徴取する方法がとられている。なお、他行の承諾は支店長名義でなされるのが通常である。

【書式3】預金質権設定承諾依頼書

預金質権設定承諾依頼書

株式会社○○銀行
　　　　△△支店御中

貴行　預金　口　合計
内訳

種　類	預金番号	預入日	満期日	金　　額	預金名義

　　　　が株式会社××銀行に対して負担するいっさいの債務の担保として上記の貴行預金の上に質権を設定いたしましたから、ご承諾くださるよう連署をもって、ご依頼申し上げます。
　平成　　年　　月　　日
　　　　　　　住　所
　　　　　　　質権設定者　　　　　　　　　　　　　　㊞
　　　　　　　住　所
　　　　　　　質権者　　株式会社××銀行　　　支店
　　　　　　　　　　　支店長　　　　　　　　　　　　㊞

　上記　　預金に対する質権設定を承諾いたしました。
　平成　　年　　月　　日
　　　　　　　住　所
　　　　　　　株式会社○○銀行△△支店
　　　　　　　　　　　支店長　　　　　　　　　　　　㊞

b　質入禁止特約解除のための承諾

　債権は譲渡性を有する（民法466条1項）が、当事者が反対の意思を表示した場合には譲渡性を失う（同法同条2項）。預金約款には譲渡・質入禁止の規定が置かれており、預金契約が成立することによって、当然に当事者間（他行・預金者間）で預金債権の譲渡・質入禁止の特約が結ばれたことになる。

　このような特約のある債権であっても、譲渡・質入れを受ける者が譲渡・質入れ当時そのような特約のあることを知らなかったときは、他行からこの

【書式4】 預金質権設定承諾書

```
                    質権設定承諾書
                                    平成　　年　　月　　日
　株式会社××銀行御中
                            住　　所
                              株式会社○○銀行△△支店
                              支店長　　　　　　　　　㊞

平成　　年　　月　　日付貴行御依頼に基づく下記当行発行の定期預金証書
に対する質権設定を承諾いたします。
                          記
　　定期預金証書
　　金　　額　　金　　　　　　　円也
　　番　　号　　第　　　号
　　証書日付　　平成　　年　　月　　日
　　支払期日　　平成　　年　　月　　日
　　名　義　人
```

特約をもって対抗されることはないが（特約は善意の第三者に対抗できない。同法同条2項但書）、金融機関が他行預金の質入れを受ける場合には、譲渡・質入禁止の特約の規定されている預金証書・通帳の交付を受けるので、その特約を知らなかった（善意である）とはいえない。たとえ真実特約の存在を知らなかったとしても、特約を知らなかったことにつき重大な過失があるときは悪意の譲受人と同様、譲渡によってその債権を取得しえないものと解するのが相当（最一小判昭48・7・19金融法務事情693号24頁）とされている。金融機関を債務者とする各種預金債権については、一般に譲渡・質入禁止の特約が付され、預金証書等にもその旨が記載されており、また預金の種類によっては明示の特約がなくとも、その性質上黙示の特約があるものと解されていることは広く知られているところであって、このことは少なくとも金融取引につき経験のある者にとっては周知の事柄に属するというべきである

第1章　預金担保　　31

(前掲最一小判昭48・7・19)から、他行預金の質入れを受けるにあたっては、譲渡禁止の特約を解除する意味での他行の承諾を得ておくことが必要なのである。

譲渡・質入禁止の特約のもう一方の当事者である預金者については、質権の設定によって、質入禁止の特約を解除したことになる。

なお、法制審議会民法（債権関係）部会第99回会議（平成27年2月10日開催）において決定された「民法（債権関係）の改正に関する要綱案」は、①譲渡禁止特約が付された場合でも債権譲渡を有効としたうえで、譲渡禁止特約につき悪意または重過失のある譲受人その他の第三者に対しては債務者はその履行を拒絶することができるものとし、また、②将来債権譲渡に関する判例を明文化し、これが可能であることを明記するものとしている。今後の債権法改正の動向に注目しよう。

c　他行に対抗するための承諾

金融機関がその預金の質権をもって第三債務者である他行に対抗するためには、債権譲渡の規定（民法467条）に従い、質権設定者（預金者）から第三債務者に対して質権を設定した旨を通知するか、または第三債務者（他行）が質権の設定を承諾することを要する（同法364条）。このうち、通知では前述した譲渡・質入れの禁止の特約を解除したことにはならないので、質権の設定に関しての他行の承諾が必要になる。

この承諾には、異議をとどめない承諾と異議をとどめた承諾があり、その効力が違うから注意しなければならない。

異議をとどめない承諾をしたときは「譲渡人に対抗することができた事由があっても、これをもって譲受人に対抗することができない」（同法468条1項）。異議をとどめない承諾をした他行は、質入預金が弁済その他の事由で消滅したこと（大決昭6・11・21民集10巻1081頁）、質入預金について預金契約が取り消されまたは無効であるため預金債権が不成立であること（我妻栄『新訂債権総論』538頁）、他行の融資債権との相殺権を主張し弁済を拒否する

こと、預金契約が違法で無効なこと（我妻栄『新訂債権総論』538頁）等はいずれも主張できない。

これは、民法が第三債務者（他行）の異議をとどめない承諾という事実に公信力を与えて、質権者（金融機関）を保護し取引の安全を図ったものであって（通説・判例。大判昭9・7・11民集13巻1516頁）、表見的なものへの信頼を保護する公信の原則が適用される。質権者（金融機関）がそれらの事由があることを知らないこと、すなわち金融機関の善意を要することは当然で（最二小判昭52・4・8金融法務事情826号34頁）、有力な学説のなかには、質権者（金融機関）の無過失を要すると解すべきである（我妻栄『新訂債権総論』538頁）とするものがある。

これに対して、他行の承諾が異議をとどめた承諾である場合は、質権設定者から第三債務者（他行）に対して通知がなされたにとどまる場合と同様で、質権者（金融機関）は承諾時までに生じた預金の不成立、無効、取消、同時履行の抗弁、弁済、相殺、更改、免除などによる預金消滅の抗弁を含むいっさいの抗弁をもって対抗されることになる（同法468条2項）。承諾時までに他行が融資債権を有していれば、質権者（金融機関）は相殺をもって対抗され、質権による優先弁済を受けられない。

金融機関が質権の設定について他行の承諾を徴取するときは、必ず異議をとどめた承諾でないことを確認しておくことが肝要である。

(3) 確定日付の徴取

他行預金を担保にとったときは、その他行（第三債務者）に対抗するためには、質権設定についての承諾書に確定日付を徴取する必要はないが、質入預金の差押債権者、譲受人、後順位質権者等の第三債務者以外の第三者に対抗するためには、必ず確定日付を徴取しなければならない（民法364条、467条2項）。単なる通知または承諾によって第三者に対する対抗要件とするならば、質権者（金融機関）・質権設定者（預金者）・第三債務者（他行）が通

謀して質権設定の日付をさかのぼらせ、第三者の権利を侵害するに至ることを防止できないからである。

　自行預金の場合には、質権をもって第三者に対抗できなくても、相殺の対外効によって融資債権を回収するについて特に支障はなかったが（「本章本節4(3)」参照）、他行預金に質権の設定を受ける場合には、融資金融機関に預金債務が存在せず、相殺できないので、質権で対抗せざるをえない。確定日付の徴取が不可欠なゆえんである。

　なお、他行預金担保の対抗要件についても債権譲渡の登記を利用することも可能だが（動産・債権譲渡特例法4条）、その例はまずない（「本章本節4(2)ｂ」参照）。

第 3 節

預金担保の管理

　預金債権に有効に質権設定契約が成立し、かつ対抗要件が具備したら、その質権の効力を維持し、債務者に信用不安があった場合、いつでも質権を実行し融資債権の回収が図れるように、預金担保権の管理に留意しなければならない。

　そのためには、預金債権質権の効力を明らかにし、その効力が融資期間継続中の預金の書替等預金の変化にどう作用するか、質権者にもなんらかの義務がないか、を検討しなければならない。

　以下、預金債権質権の効力に関して、①質権の担保する債権の範囲、②質権の効力が及ぶ預金の範囲、③質権の質入預金に対する拘束力の諸点を明らかにし、次いでその質権の効力の作用の具体的問題として、④2年定期預金、期日指定定期預金、譲渡性預金、定期積金および外貨預金等特殊な預金を質権取得した場合、それぞれ質権はどのように作用するかを検討し、最後に、質権者の義務に属する問題として、⑤質入預金の証書・通帳の保管義務についても触れる。

1　質権の担保する債権の範囲

　質権の担保する債権（被担保債権）の範囲として、民法346条は「元本、利息、違約金、質権の実行の費用、質物の保存の費用及び債務の不履行又は質物の隠れた瑕疵によって生じた損害の賠償」とする旨規定している。ここに「質権の実行の費用」とは、後述する質入預金の取立てに要した費用が考えられ、また「債務の不履行……によって生じた損害の賠償」とは、遅延損害

金を指す。そして、債務者が金融機関に対して現在および将来負担するいっさいの債務を担保する包括根質であっても、一定の限度、期間、取引の種類などによって被担保債権が限定される限定根質であっても、また特定した債権だけを担保する特定債権質であっても、このことはなんら変わりがなく、質権者（金融機関）は、これらの債権が全部弁済されるまで質入預金全部についてその権利を行使することができる（質権の不可分性）。

この範囲は、「利息その他の定期金を請求する権利を有するときは、その満期となった最後の2年分についてのみ」権利を行使することができるとする抵当権（民法375条1項）より広い。それは、抵当権と異なり、後順位の質権が生ずることはまれであり、質物の所有権が第三取得者に譲渡される例も少ないように、第三者との利害の衝突をきたすことが少ないからである（我妻栄『新訂担保物権法』135頁）。

2 質権の効力の及ぶ目的物の範囲

質権の効力が質入れされた預金の元金のほか質入れ後の利息にも及び、質権者は元金についてと同一の条件のもとに、利息を直接に取り立てて弁済に充当することができる（民法366条1項・2項、350条、297条）。

このことは、従物（利息）は主物（元金）の処分に従うからで（同法87条2項）、判例も、元本債権の転付命令または譲渡の効力は利息債権に及ぶ（大判大10・11・15民録27輯1959頁、大判昭2・10・22法律新聞2767号16頁）とし、このことを明らかにしている。

なお、被担保債権額が質入債権額より少額でも、質権の効力は質入預金の全部に及ぶ。質権の不可分性である（同法350条、296条）。

3 質権の質入預金に対する拘束力

(1) 拘束力一般

　質権の質入債権に対する拘束力について、民法に規定はないが、質権はその目的たる債権について、その支配する交換価値を破壊する行為をなすことを禁ずる力があること、あたかも債権の差押え（民法481条）に同じと解されている（通説、我妻栄『新訂担保物権法』191頁）。

　したがって、民法481条1項を類推して、質権設定者（預金者）が質入預金を取り立てること、他行預金の質入れにおいて第三債務者（預金金融機関）が預金者に弁済すること、設定者（預金者）が質入預金を自働債権とし、第三債務者（預金金融機関）の自己に対する融資債権を受働債権として相殺すること、逆に、第三債務者（預金金融機関）が質入預金を受働債権とし、設定者に対する融資債権を自働債権として相殺すること、設定者（預金者）・第三債務者（預金金融機関）間で質入預金を更改すること、設定者（預金者）が質入預金を免除すること等々、質入預金を消滅・変更させるいっさいの行為は質権者に対抗できない。

　判例も相殺に関して通説と同じ立場を明らかにしている（大判大5・9・5民録22輯1670頁）。

　もっとも、これらのことは、多くは他行預金を担保にとった場合にいえるのであって、自行預金を担保にとった場合は質権者と第三債務者とは同一金融機関であるから、第三債務者からの相殺について質権者への対抗云々の問題は起こりえず、相殺が可能であることはいうまでもなく、相殺の担保的機能とはまさにそのことをいうのである（「本章第2節4(3)」参照）。

　なお、質権設定者（預金者）は質入預金を質権の付着したまま他に譲渡することができ、また一般債権者が質入預金を差し押えることもできるが、質権者が第三者対抗要件を備えておけば、その質権をもってこれら譲受人や差押債権者に優先する。このことはすでに述べた（「本章第2節4(1)」参照）。

(2) 質入定期預金の書替

　質入債権が利息その他の変更を加えられても、同一性を失わない限り、質権の効力には影響がない。関連して問題なのは、質入定期預金の書替である。

　定期預金の期限が到来して書き替えられた場合、質権の効力が書替後の定期預金に及ばないとすれば、あらためて定期預金担保差入証を徴して質権設定契約を締結し、第三者対抗要件を具備しなければならず、手続が煩雑になる。

　そこで、定期預金担保差入証の裏面の約定3条は「預金の書替」と題して、「表記預金の書替継続にあたって、預金が併合、分割、減額または利息元加されても、……書替えられた預金は引続きこの差入証による担保とします」と規定し、そのための手当てがしてあるが、この効力はどうか。

　学説は、当事者の意思や新旧両預金の同一性から肯定説をとっており、その理由として、定期預金の弁済期は政策的立場から定められているものだから、これを質入れした当事者の意思は、期限満了とともに書替継続して質権の効力を維持する趣旨と解するのが合理的である（我妻栄『新訂担保物権法』190頁）という。

　判例も「右定期預金の書替に際し、預金が現実に払い戻されることなく、ただ証書のみが更新されたものであるから、同一預金者の定期預金として継続関係があり、このような場合には、当初の質権設定契約は本件定期預金にも及ぶ旨判示したものであって、右事実認定は原判決挙示の証拠により肯認できるし、右認定事実の下においては、本件定期預金につき前記質権の効力が及ぶ旨の原審判断も正当である。…右書替に際し銀行は預金者に対し既経過分の利息を任意に支払ったことなど所論指摘の事実は、右判断の妨げとなるものではない」とする（最一小判昭40・10・7金融法務事情426号24頁）。

　書替に際し預金者が同一である以上、預金証書・通帳が併合、分割、減額または利息元加されても、また期間、利率の変更があっても、質入預金の同

一性には原則として影響がないものと考えて処理してよい。担保にとった自動継続式定期預金の利息を支払うと同時に、書き替えて普通定期預金に切り替えたときにも、質権の効力は書替後の普通定期預金に及ぶとした下級審の判決（大阪地判昭42・5・30金融法務事情497号33頁）もこの線に沿ったものである。

前掲最高裁昭和40年10月7日第一小法廷判決は預金名義が変わった事案だが、再三指摘しているとおり平成15年1月の本人確認法施行後は、特に預金の預入れの際に公的証明書により本人を確認する等、金融機関に必要とされる注意義務が厳しくみられる点に注意しなければならない。今後、質権設定後に預金名義人が変わるようなケースはまず起こりえないであろう。

ただし、増額書替の場合は、従前の定期預金の継続分は書替後の預金の一部をなすにすぎないから、預金債権の同一性は失われると解するほかないとする考え方もある（村岡二郎＝寿円秀夫『預金取引』372頁）から、注意を要する。

(3) 質入れ後の預入れ

現存する特定の債権だけでなく、将来の特定の債権についても質権を設定することができる（大判大11・1・24民集1巻7頁）。それでは、定期預金担保差入証5条「積立定期預金を担保に差し入れた場合は、差入日現在の積立金額のみならず、将来の積立金額もこの差入証による担保とします」との特約は有効であろうか。

金沢地裁昭和32年4月3日判決（金融法務事情143号15頁）は、融資金の5％を融資のつど質権の設定された普通預金に預入れさせ、預金通帳は金融機関が保管し、確定日付は転付命令送達前に備えた事案について、質権は第三者である転付債権者に対抗できるとし、これを「流動質」と呼んだ。

近時、このような将来債権の担保化に関して判例は進歩を続け、「その発生原因や譲渡に係る額等をもって特定される必要がある」（前掲最三小判平

11・1・29) などの基準により範囲を特定すれば有効との判断が示されており、積立預金や普通預金についても対象口座を特定することにより、将来の預入分への質権設定は有効に成立すると解される。前述したように（「本章第2節1(2)」参照)、当初具備された対抗要件の効力は、その後に具体的に発生する将来債権についても及ぶ（前掲最一小判平13・11・22）。

4 特殊な預金担保

(1) 2年定期預金等

a 2年定期預金とは

2年定期預金は、昭和48年6月30日付の大蔵省銀行局長通達「預貯金利率等の最高限度の引上げに伴う預貯金等の取扱いについて」（蔵銀第2178号）に明らかにされており、それによれば、預入日から起算して1年を経過した日を支払期日（中間利払日）として、利息の中間払い（中間利払い）を行うものとされている。中間払利息の取扱方法は、①現金で支払う現金払方式、②預金者が指定する預金口座へ振り込む口座振込方式、および③中間利息定期預金を作成する定期振替方式の3つがある。

2年定期預金に質権の設定を受ける場合、現金払方式にあってはもちろん、口座振込方式にあっても、普通預金等異種の預金には質権の効力は及ばない。問題は、定期振替方式で、その中間利息定期預金もあわせて質権の設定を受ける場合である。以下、定期振替方式2年定期預金について説明する。

b 質権の設定

中間利払日より前の日（中間利払日を含まない）に2年定期預金に質権の設定を受けた場合、中間利息定期預金にも質権の効力が及ぶように、定期預金担保差入証の約定4条は「2年定期預金」と題して、「2年定期預金を担保に差し入れた場合は、……または将来発生する中間利息定期預金もこの差入証による担保とします」と規定している。

なお、預金者から中間利息定期預金について証書発行の申出があり、それに応じて証書を発行する場合には、証書を預金者に交付してはならない。

　中間利払日以降（中間利払日を含む）に中間利息定期預金にも質権の設定を受けるには、定期預金担保差入証の預金明細欄に記載する、あるいは「書式1　定期預金担保差入証」のように、「下記預金」の次に「2年定期預金の場合は中間利息定期預金を含む」旨の約定を結ぶ方法がある。

　なお、中間利息定期預金について証書を発行し、これを預金者に交付しているときは、証書の引渡しを受けておく。

c　質入2年定期預金の書替

　中間利息定期預金も担保とする旨の前記約定を結んでいる場合は、質権の効力が及んでいる2つの定期預金、すなわち2年定期預金と中間利息定期預金とが併合されることになり、そしてこの場合、定期預金担保差入証の約定3条（預金の書替）によって、書替後の2年定期預金も引き続き担保となっているから、書替に際し、定期預金担保差入証をあらためて取り直す必要はない。

　これに対して、前記約定を結んでいない場合は、書替に際し定期預金担保差入証を取り直すか、あるいは中間払利息を現金払方式か口座振込方式に変更するなどして、増額書替とならないように配慮する必要がある。

d　第三者対抗要件の具備と相殺の担保的機能

　中間利払日前に2年定期預金を担保にとった場合、その時に備えた対抗要件、つまり当初の質権設定契約時の通知・承諾の効力が将来発生する中間利息定期預金にも及ぶかどうかが問題となるが、債権譲渡においてはこのような事前の承諾も有効とされているから（最二小判昭28・5・29金融法務事情17号11頁）、質権についても事前の承諾は有効であるといえる（山下末人「将来の預金の担保取得」『銀行取引判例百選〔新版〕』137頁）。

　担保提供者の保証は「預金の元利金額（書替後はその元利金額）を限度」とする限度保証である。2年定期預金を担保にとる場合、先に述べたような

措置をとって、中間利息定期預金に質権を取得したからといって、当然には保証限度がそれだけ増額されることにはならないから、保証限度に中間利息定期預金の元利金額を加え、金融機関の保証債権を増加させて、担保提供者のこれらの預金と相殺できるようにしておく必要がある。定期預金担保差入証の文言を「なお、担保提供者は、……下記預金（2年定期預金の場合は中間利息定期預金を含む）の元利金額を極度額……連帯して保証債務を負担します」としておく（「本章本節4(1)b」参照）。

e　中間利払いと質権設定者としての承諾

　2年定期預金に質権が設定された場合、質権者の同意がなければ預金者に中間利払いができないことになり、それが現金払方式の場合であれば、質権者から現金支払の請求を受けたらそれに応じなければならないし、また、口座振込方式あるいは定期振替方式の場合であれば、質権者の同意がない限り、口座振込あるいは定期振替をしないように管理しなければならない。

　これは、金融機関にとって厄介なことである。そこで金融機関としては、2年定期預金の質権設定に際し、異議をとどめた承諾をすることになる。具体的には質権設定承諾書（書式4）に、「中間払利息については預金者に指定どおり支払うことを条件として承諾いたします」と追記することになる。

(2)　期日指定定期預金

　期日指定定期預金が一般の定期預金と違うのは、①据置期間1年、②最長預入期限3年、③預入れ途中において期日指定ができる、④1年複利計算方式、⑤一部支払ができる点である。期間は金融情勢により変動する点に注意しなければならない。

　期日指定は、満期日として期日指定する日の1カ月前までに預金者が通知するもので、預金払戻請求の予告と解されている。

　期日指定定期預金についても、金融機関の承諾を得て有効に質権を設定することができる。その場合、期日指定定期預金の取立権は質権者に属し（民

法366条)、期日指定も取立行為の一環とされているから、取立権者＝質権者に属することになり、預金者は期日指定をすることができない。

(3) 譲渡性預金
a 譲渡性預金とは
　譲渡性預金とは、預金金利の自由化を主たる目的として、従来欧米で発行されていたNCD（譲渡可能定期預金証書：Negociable Time Certificates of Deposit）にならって昭和54年にその発行が認められたもので、適用金利は預金者と金融機関の協議によりその時の金利事情によって決められるが、最低預入金額の制限があり期間の定めのある預金である。

　譲渡性預金は、金銭消費寄託契約による弁済期限を定めた預金である点では、一般の預金と同じ指名債権であるが、一般の預金が譲渡・質入禁止の特約のある債権なのに対して、この預金は譲渡・質入れが自由に認められている。ただ、譲渡は自由であるが、預金名義人が特定し、裏書による譲渡が認められていないので、その証書は有価証券ではなく（欧米のNCDが無記名の有価証券であるのと異なる）、譲渡・質入れに際しては、指名債権譲渡・質入れの方法（民法364条、467条）に従ってなされなければならない。

b 担保取得方法
　譲渡性預金も指名債権であり、一般の預金と同じ方法で担保取得は可能であるが、その方法によると、金融機関では譲渡・質入れが本人の意思によってなされたものか、その譲受人・質権者が誰か、を確認することが困難である。そこで、預金約款は「当行所定の譲渡通知書に、譲渡人が届出の印章により記名押印するとともに譲受人が記名押印したうえ、確定日付を付し、遅滞なく、この証書とともに表面に記載の取扱店に提出してください。……この預金を質入れする場合には、前2項が準用されるものとします」（譲渡性預金規定ひな型3条）と規定しているので、金融機関が譲渡性預金を担保取得する場合はこの手続によらなければならない。

なお、この取扱いは、その預金が自行預金であろうと、他行預金であろうと異なるところはない。特に自行預金の場合であって、金融機関がその預金者に対する融資債権と相殺を予定していたとしても、相殺の必要が生じたときに融資先が預金者である保証はないので、たとえ自行の発行する譲渡性預金であっても、前記の質権設定手続をとり、確定日付を徴しておく必要がある。

(4) 定期積金

　定期積金の受入れは、昭和56年の改正「銀行法」（昭和56年法律第59号）により、銀行業務として明文で規定された（銀行法10条1項1号）が、信用金庫や信用組合においては従来から重要な商品として位置づけられている。定期積金は以下に述べるように、厳密な意味では預金とはいえないが、その担保実務について、ここで簡単に触れておく。

　定期積金とは、積金者が一定の金銭を定期に、かつ継続的に一定期間内に金融機関に払い込むことによって、金融機関が満期日に一定の金額を積金者

【書式5】　定期積金担保差入証

定期積金担保差入証

　私が貴行に対して現在および将来負担する債務のすべての根担保として、以下の各条項を承認のうえ、下記の定期積金契約に基づく満期給付金債権および中途解約返戻金債権に質権を設定します。

第1条　私はこの定期積金契約に基づく爾後の積金について掛込の義務を負い、所定の期日に相違なく貴行に持参し払い込みます。

第2条　私が貴行に対する債務の一つでも不履行の場合はもちろん、貴行において債権保全上必要と認めた場合は、貴行は事前の通知催告を要せず、いつでもこの定期積金契約を解約されその返戻金、またはその満期給付金を、私にかわり払戻しを受け、適宜私の債務の弁済に充当されても異議ありません。

　　定期積金の表示
（定期積金契約の種類要旨明細表示のこと）

に交付するものをいい、その法的性格は諾成・有償・片務契約である。要物契約である預金契約（民法666条、587条）とは異なり、積金は金融機関に対する消費寄託金ではなく、満期に給付を受けるための条件である。

　定期積金担保の対象は、積金者が金融機関に対して有する債権であり（債権質）、具体的には、積金者が将来金融機関に対して請求しうる満期給付金債権または中途解約する場合の返戻金債権である。

　担保取得に際しては、担保差入証（書式5）を徴し、対抗要件としては担保差入証に確定日付を徴する（民法364条、467条2項）。なお平成15年民法等改正法による改正民法363条により、定期積金証書の交付は質権の効力発生要件ではないが、質入定期積金取立て等のためにもその交付を受けておかなければならないのは預金と同様である（「本章第1節2」参照）。

(5) 外貨預金

a　担保の取得

　外貨預金の担保の取得方法は、指名債権の権利質（民法364条）か、譲渡担保（同法467条）であり、一般の預金担保と異なるところはない。

　金融機関がインパクトローンや、荷為替手形の割引などにより取引先に対して外貨による債権を有しているときは、それらの外貨債権と同じ種類の外貨預金とを相殺することができる。しかし、民法は外貨による債務の履行について、日本の通貨による弁済を認めている（同法403条）ので、外貨預金（債務）の払戻しにかえて円貨の融資と相殺することが認められるとともに、判例も「外国の通貨をもって債権額が指定された金銭債権については、債権者は債務者に対して外国の通貨または日本の通貨のいずれかによっても請求することができる」（最三小判昭50・7・15金融法務事情765号32頁）と外貨による債権と円の預金との相殺を認める。

b　担保の掛目と為替予約

　外貨預金担保を実行しても、円貨によって融資債権の回収を図ることが多

いであろう。その場合、円換算レートはどのようにして決まるか。

　民法403条は、「履行地における為替相場により」換算した円貨をもって弁済すると規定するにすぎない。このため、換算率は履行期の為替相場か、現実に履行をなす時の為替相場かについて争いがあったが、判例は後説をとる（前掲最三小判昭50・7・15）。外貨預金は担保にとった後も、為替相場の変動による為替差損を見込んでおく必要があり、それでは煩わしく不安である。もっと堅実な方法はないか。

　そこで、外貨定期預金の預入れ時に、満期払戻し時に適用する円換算レートを確定することが一般に行われている。これを「為替予約」という。為替予約をしておけば、為替相場の変動による不安から逃れることができる。もっとも、確定日前に担保を実行する場合には、予約レートを使えないのみならず、所定の手数料をとられることになるから、注意を要する。

5　預金証書・通帳の保管

　再三指摘したように、平成15年民法等改正法による改正民法363条により証書の交付は指名債権質設定の効力発生要件ではなくなったが、自行預金担保では預金が譲渡されるのを防ぐため、他行預金担保では質権実行としての取立てを円滑に行うため、金融機関は預金証書・通帳の交付を受けこれを保管するのである（「本章第1節2」参照）。

　交付を受けた預金証書・通帳を善良な管理者の注意義務をもって保管し（民法350条、298条1項）、被担保債権が消滅したときはこれを預金者に返戻しなければならない。

　その際、保証人等から代位弁済を受けた場合は、当該弁済者に代位が生じ、預金証書・通帳は弁済者に引き渡すことになるので（同法503条1項）、注意が必要である。

第 4 節

預金担保の実行

1　債権質の実行方法

　質権者は質物につき他の債権者に先立って自己の債権の弁済を受ける権利をもっている（民法342条）。債務者が履行遅滞に陥った場合、質権者は法律の定める方法により優先弁済権を行使でき、預金等の債権質の実行方法として、民法は債権の直接取立て（同法366条）を定めている。

2　質入自行預金の直接取立て

　自行預金では、取立てをする金融機関（質権者）と、取立てを受ける金融機関（第三債務者）が同一だから、金融機関は質入預金の払出手続をし、その払い出した預金を被担保債権の弁済に充当することになる。

　本来、質入定期預金の期日が到来していないときは、被担保債権の弁済期が到来していても直接取立てはできないのだが（民法366条3項）、自行預金の場合には、定期預金担保差入証の約定7条1項で、「……債務を履行しなければならない場合には、……貴行に対する預金その他の債権とを、その債権の期限のいかんにかかわらず、……表記預金の質権を実行することができます」と特約しているので、金融機関は、質入自行定期預金の期日が未到来であっても、被担保債権が弁済期にありさえすれば、直ちに質権実行の手続をとることができる。

　質権実行の結果、預金が余れば、預金に差押え等がないときは、預金者に返還する。また、担保預金で被担保債権を全額回収できないときは、金融機

関はどの融資債権の弁済に充当したかを預金者に計算書の交付等によって遅滞なく通知しておく。どの融資債権に充当するか、いわゆる弁済の充当の順序方法については、定期預金担保差入証の約定9条で、金融機関が適当と認める順序方法により充当することができる。

　質入定期預金が融資先以外の第三者の預金であるときは、余った預金の処理や弁済充当の順序方法は上述したのと同様であるが、ただ、弁済に充当した手形、債権証書などは預金者である第三者に返戻しなければならない（同法503条1項）。その際、物上保証人の主たる債務者に対する求償権を行使するため、手形には無担保裏書を、また、債権証書には物上保証人から弁済を受けた旨の奥書をしなければならない。

3　質入他行預金の直接取立て

　質入他行預金の直接取立てをする場合、金融機関は、自己の名において質入預金を直接自己に引き渡すべきことを請求することができ（民法366条1項）、被担保債権額に対応する部分に限って取り立てた預金を被担保債権の弁済に充当することができる（同法同条2項）。

　そこで、金融機関が質入他行預金を直接取り立てるにあたって、①質権者であることの立証、②被担保債権額の立証、③質入他行預金の弁済期の到来、④他行その他の第三者に対する対抗要件の具備の諸点について注意する必要がある。

(1)　質権者であることの立証

　質権者は預金者の代理人として取り立てるのではなく、自己の名において直接に取り立てるので（民法366条1項）、質権者であることを立証しなければならない。その立証方法は、手形、債権証書、預金証書・通帳、確定日付のある承諾文言（「本章第2節7(2)」参照）が記載された承諾書または担保差

入証を呈示することである。

(2) 被担保債権額の立証

　金融機関は自己の債権額に対する部分に限り取り立てることができる（民法366条2項）にすぎず、融資債権額が質入預金額より僅少であるときは、質入預金の一部しか取り立てることができない。もっとも、この融資債権には元金だけでなく利息、違約金、質権実行の費用等が含まれる（同法346条）。被担保債権額を証する資料としては、手形、債権証書と融資債権元利金計算書があげられる。

(3) 質入他行預金の弁済期の到来

　質入他行預金の弁済期日が被担保債権の弁済期より前に到来したときは、質権者は他行をしてその弁済金額を供託させることができ（民法494条～498条）、供託されたときは、質権は供託金請求権の上に存続する（民法366条3項）。

(4) 対抗要件の具備と取立ての実施

　質入他行預金については、指名債権の対抗要件（民法364条1項、467条）を他行やその他の第三者に対抗するため具備しておく必要があることはすでに述べた（「本章第2節7(3)」参照）。

　直接取立ての結果、質入預金全額の支払を受けたときは、預金証書・通帳を他行に返戻し、質入預金の一部の支払を受けたにすぎないときは、受取額を記載した領収書を発行するだけで、預金証書・通帳を返戻してはならない。また、直接取立ての結果、被担保債権が全部弁済になったときは、手形、債権証書、担保差入証などは質権設定者（預金者）に交付し、被担保債権額の一部弁済があったにすぎないときは、計算書を交付して、どの融資債権に弁済充当したかを質権設定者（預金者）に通知しておかなければならず、

第1章　預金担保　　49

その場合の弁済充当の順序方法は金融機関の自由であることはすでに述べた（「本章第4節2」参照）。質入預金が融資先以外の第三者のものであるときは、被担保債権が全部弁済になって手形等を交付する相手は、質権設定者（預金者）である第三者である（同法503条1項）ことも、すでに述べた自行預金の質権実行の場合と同様である。一部弁済の場合の留意点についてもそこで述べたとおりである。

　なお、債権譲渡の対抗要件として登記制度が導入されているが（動産・債権譲渡特例法4条）、預金担保に利用されるのは異例であろう。

第 2 章

代金債権担保

　債務者の代金債権は預金、商手、株式等に比較すれば担保的価値は見劣りするが、金銭的価値があり、かつ処分できるものである以上、担保にとれることはいうまでもない。そこで、本章ではまず一般的に代金債権担保の特色、特に担保の対象となる債権と担保のとり方について考察したのち、代金債権のうちで代表的な売掛代金、請負代金を例にとって、その担保実務を説明する。なお、入居保証金担保等については、第 4 章「特殊債権担保」で解説する。そして、ここで、電子記録債権についても触れなければならない。

第 1 節

代金債権担保の特色

1 金融取引と債権担保

　債権を担保にとるには、その債権が譲渡可能なものでなければならない。譲渡性からみると、債権は、①債権者が特定している指名債権（民法467条、468条）、②証券の所持人が権利者となる無記名債権（同法473条）、および③証券に記載されている特定の者またはその指図人が債権者となる指図債権（同法469条～472条）の3つに分けられる。なお、電子記録債権については後掲「本章本節2」のとおり。

　無記名債権の例として無記名社債があり、指図債権の例として手形があげられるが、これらは債権証券が権利を化体する有価証券となっており、証券自体を担保にとることによって債権担保が成立する。

　指名債権は、債権証書は有価証券とはならず、原因となった債権自体を担保の目的物としてとらなければならない。指名債権には、①売掛代金、融資金、預金のような金銭債権、②電話加入権、賃借権のような財産的価値のある債権、および、③財産的価値のない債権があるが、担保にとれるのは前者2つのうちで譲渡可能なものに限られる。融資先または担保提供者が第三者に対して有する金銭債権または財産的価値のある指名債権を担保にとる場合、その担保価値は、不動産、動産のような有体物におけるのとは違って、第三債務者の資力・信用によって大きく左右される。その意味で指名債権のなかでも第1章で解説した預金債権は最も価値の高い担保といえる。

2　電子記録債権について

　平成20年12月1日、電子記録債権法（平成19年6月27日法律第102号）が施行された。電子記録債権とは、その発生または譲渡についてこの法律の規定による磁気ディスク等をもって作成する記録簿に電子記録を要件とする金銭債権をいい（電子記録債権法2条1項）、通常の電子記録債権（同法15条）、電子記録保証債務履行請求権（同法31条）、特別求償権（同法35条）などがある。売掛金や貸金債権等の指名債権の支払のために、あるいは支払にかえて発生するのが通常だが、これらの原因債権とは別個の債権であり、原因債権の存否や瑕疵の有無にかかわらず、電子債権記録機関が発生記録をすれば、発生記録において記録された内容の債権として成立する。

　電子記録上、債権者であるとされている者が無権利者であっても、そのことを知らずに電子記録債権を譲り受けた者や、支払をしてしまった者は保護されるため、民法上の指名債権譲渡の方法によるよりも、安全に金銭債権の取引を対象とすることができる。債権の取引の安全の確保と事業者の資金調達の円滑化を図る観点から、今後この分野の発展が期待される。そして、シンジケートローンのように複雑な内容の金銭債権の流動化にも活用したいとのニーズに応えるため、電子記録債権質も記録原簿への電子記録をその要件とするとともに（同法36条〜42条）、電子記録債権の分割（同法43条〜47条）の制度を設けている。

　また、根抵当権の被担保債権の範囲を「銀行取引　手形債権　小切手債権　電子記録債権」とする根抵当権の設定登記の申請は、受理することができる（平成24年4月27日付法務省民二第1106号法務省民事局民事第二課長通知）。

3　担保の対象となる指名債権

　債権は原則として譲り渡すことができるが（民法466条）、例外として、①

第2章　代金債権担保

その性質がこれを許さない場合（同法同条1項但書）、②当事者が反対の意思表示をした場合（同法同条2項）、③法律で譲渡を禁止している場合には、その債権は譲り渡すことができず、担保として不適当である。債権を担保にとるときは、譲渡性の有無に注意しなければならない。

　債権の性質が譲渡を許さないもの（同法同条1項但書）とは、特定の債権者に対して弁済させるか、また少なくともこの者との間に決済させることを必要とする特殊の理由のある債権であって、たとえば交互計算に組み入れられた債権（商法529条以下）があげられる（大判昭11・3・11民集15巻327頁）。金融機関の当座貸越契約上の債権は当座預金と交互計算の関係に立つから、契約関係の存続中に貸越債権を譲渡しても無効であるとした判例がある（大判昭9・9・1判決全集1輯913頁）。

　当事者が譲渡禁止の意思表示をしたもの（民法466条2項）はかなり多く、預金債権や不渡異議申立提供金（預託金）返還請求権などはその代表的な例である。契約によって生ずる債権は同じく契約により譲渡性を奪うことができ、そして、譲渡禁止の特約のある債権であっても、当事者が譲渡禁止の特約を解くことに合意すれば、正式に担保にとることができる。特に第三債務者が担保権設定を承諾すれば、譲渡禁止が解かれたものと考えてさしつかえなく、有効に担保権が設定されるのは、預金担保におけるのと同じである（「第1章第2節4(3)」参照）。また、譲受人が譲渡禁止の特約があることを知らない場合、つまり善意であれば、債権は移転する（同法同条同項但書）。債権の財産性とこれを創造する取引における特殊性との調和を図ったものである（我妻栄『新訂債権総論』524頁）。もっとも、たとえ真実特約の存在を知らなかったとしても、特約を知らなかったことにつき重大な過失があるときは悪意の譲受人と同様、その債権を譲受けえないものと解されており（前掲最一小判昭48・7・19）、近時も売掛債権に付された譲渡禁止特約の存在を知らなかったことにつき譲受人である金融機関に重大な過失があるとした判例が出ていることから（最一小判平16・6・24金融法務事情1723号41頁）、金融機関

54　第1編　担保実務

については幅広く重過失が認定される向きがあるので、譲渡禁止の特約の有無の確認とそれに伴う第三債務者の承諾の徴求には慎重に対応しなければならない。

　一度悪意の者が譲り受け、その者から善意の者が譲り受けたときは、善意の者について譲渡の効果が生ずる（大判昭13・5・14民集17巻932頁）。また、譲渡禁止の特約のある指名債権を譲受人が特約の存在を知って譲り受けた場合でも、のちに（第三）債務者が譲渡について承諾を与えたときは、債権譲渡は譲渡の時にさかのぼって有効となり、譲渡に際し債権者（譲受人）から（第三）債務者に対して確定日付ある譲渡通知がされている限り、譲受人は上記承諾以後に差押・転付命令を受けた第三者に対し、債権譲渡が有効であることをもって対抗することができ、その承諾に際しあらためて確定日付ある証書をもってする債権者（譲受人）からの譲渡通知または（第三）債務者の承諾を要しない（最一小判昭52・3・17金融法務事情823号34頁）。

　法律上譲渡を禁止されるものについて民法に規定はないが、本来の債権者自身に弁済させることを必要とする趣旨に基づくもので、担保にとることはできない。恩給、社会保障の給付請求権、郵便貯金、郵便年金など特別法により認められている以外の者は担保にとることができない例もある。このほかにも、給料、退職金などの労働基準法上の賃金として扱われる債権は、譲渡は可能であっても本人以外の者が支払を受けることが禁止されているので（労働基準法24条）、正式担保にとることは事実上不可能である。

　なお、法制審議会民法（債権関係）部会第99回会議（平成27年2月10日開催）において決定された「民法（債権関係）の改正に関する要綱案」は、①譲渡禁止特約が付された場合でも債権譲渡を有効としたうえで、譲渡禁止特約につき悪意または重過失のある譲受人その他の第三者に対しては債務者はその履行を拒絶することができるものとし、また、②将来債権譲渡に関する判例を明文化し、これが可能であることを明記するものとしている。この点については、「第1章第2節7(2)b」参照。

4 債権担保の取得方法

　債権に対する担保権の設定方法として民法上認められているのは質権の設定である（民法362条）が、判例法上認められた譲渡担保の方法によることも多い。また、譲渡禁止の特約のある債権につき用いられる事実上の担保に相当する方法としては、代理受領と振込指定とがある。

　このうち、質権についてはこれまで預金担保、なかでも他行預金担保のところで説明したし、譲渡担保については預金担保の箇所で質権と対比させつつ説明したほか、手形担保（「第6章第1節2」参照）、有価証券担保（「第7章第1節3」参照）の箇所でも説明する。債権担保に特有な点は次節の「売掛代金担保・請負代金担保」（「本章第2節2」参照）の箇所で説明することとし、以下、代理受領、振込指定および一括支払システムをめぐる最近の問題点について解説を試みる。

5 代理受領

(1) 意　義

　代理受領とは、金融機関が融資債権を保全するため、融資先（債務者）から、融資先（債務者）が自己の債務者（第三債務者）に対して有する債権の取立ての委任を受け、第三債務者から受領した金銭を直接自らの債権の弁済に充当する方法による債権担保手段である、と定義づけられる。

　金融機関が債権を担保に徴する場合、通常は質権か譲渡担保権の設定を受けるが、この正式担保の方法による場合は、第三債務者の承諾をとっておくと対抗要件を備え完全であるが（民法364条、467条）、官公庁取引にみられるように、目的債権に当初から譲渡・質入禁止の特約がある場合や、第三債務者が取引の相手方の変更を望まない場合などに、代理受領が利用される。なお、債務者から第三債務者に通知する方式（同法364条、467条）や債権譲渡

の登記（動産・債権譲渡特例法4条）によって担保にとる方法もあるが、これらは、代金債権を担保に差し入れていることが公表されるのを債務者が好まないこと、第三債務者の異議のない承諾がないため担保の効力が弱い点が指摘されている。もっとも、代理受領について第三債務者の異議のない承諾が得られれば、第三債務者に請求できるなど、その効力が強力である。「本章本節5(4)b」参照。

(2) 方　　法

　代理受領は金融機関（債権者）と融資先（債務者）との間の債権取立委任契約と、第三債務者のこれに対する承諾によってなされるのが最適であるが、第三債務者の承諾が得られないこともあるのは、さきにみたとおりである（「本章本節5(1)」）。つまり、融資先（債務者）が第三債務者に対して有する特定債権についての請求および弁済の受領を金融機関（債権者）に委任する旨の「委任状」（書式6）を作成し、それに金融機関・融資先が連署したうえで第三債務者の承諾を求め、第三債務者がこれを承諾した旨の文言を記入し記名押印する方法をとる。第三債務者の承諾文言に確定日付をとる例が多いが、これは債権の質入れ・譲渡担保の際のような第三者対抗要件としての意味はなく、単に第三債務者の承諾文言がその日に実在していたのを証するにすぎない。なお、第三債務者の承諾が得られない場合には、その責任を追求できない。その効力については後掲「本章本節5(4)b」参照。

　代理受領の目的となる債権は、性質上もしくは特約により譲渡が禁止されている債権も目的となりうるし、将来の債権も含まれる。具体的な発生原因や債権額が未確定な債権であっても、当事者間にその発生が予想でき、その基礎となる法律関係が存在する限り、代理受領の目的となるとされているが、できるだけ特定すべきことはいうまでもない。

(3) 法的性質

代理受領の法的性質には、債権質に類似した無名契約説、単なる無名契約説、単なる委任説、第三者のためにする契約説などの諸説があるが、近時の判例・学説の認める効果からすれば「債権質に類似する無名契約」ということになろう。しかし重要なのは、法的性質云々より個々の具体的なケースでどのような効力があるかということである。

(4) 代理受領の効力

a 金融機関（債権者）・融資先（債務者）間の効果

金融機関（債権者）・融資先（債務者）間においては、代理受領は委任契約ないし代理権授与行為であり、双方がそれによって達成しようとする目的は融資債権の担保である。

両者の関係は委任状（書式6参照）のとおりで、それによると、金融機関は融資先から委任されることによって目的債権の請求、弁済の受領ができ（委任状1）、この委任を融資先は金融機関の同意なくして解除できず（委任状2ア）、弁済の受領は金融機関だけが行い、融資先は受領できず（委任状2イ）、融資先は当該委任契約における委任事項を重ねて第三者に委任（二重委任）しない（委任状2ウ）。

そして、金融機関は代理受領によって取り立てて受領した回収代金を融資先に返還する債務を負っており、この債務を受働債権として、融資債権と相殺することによって、融資債権の保全・回収を図っているのである。ここで注意すべき点は、代理受領した代金はそれにより直接債権の回収を図る必要がなくても、委任契約どおり受領しなければならないことである。もし、融資先（債務者）に直接受領することを認めてもさしつかえない場合は、そのつど代理受領契約を解除して、それを第三債務者に通知したうえで直接受領するようにしなければならない。

最高裁昭和43年6月20日第一小法廷判決（金融法務事情522号27頁）は次の

【書式6】 代理受領の委任状

委　任　状

平成　年　月　日

〇〇〇〇株式会社御中

　　　　　　　　　　　（住所）
　　　　　　　　　　　〇〇〇〇株式会社
　　　　　　　　　　　　代表取締役　〇〇〇〇　㊞

　〇〇〇〇株式会社（以下「委任者」という）は、株式会社〇〇銀行〇〇支店支店長（以下「受任者」という）を代理人と定め、次の件を委任します。
1.　委任者が〇〇〇〇に対して有する後記記載の債権について、その請求、弁済の受領（注1）に関するいっさいの件
2.　復代理人選任の件
　なお、本件委任は委任者が受任者に対し現在負担し将来負担することあるべき債務を担保するためであるので、あわせて次の事項を特約しています。
　　ア．委任者は受任者の同意なしに、本件委任を解除しないこと。
　　イ．弁済の受領は受任者だけが行い、委任者は受領しないこと。
　　ウ．本件委任の事項を受任者以外の者に重ねて委任しないこと。
　　　　　　　債　権　の　表　示
　上記委任をご承認のうえ、代金の支払は受任者に対してのみお支払いくださいますよう、連署をもってお願いいたします（注2）。
　　　　　　　　　　委任者　（住所）
　　　　　　　　　　　　　　〇〇〇〇株式会社
　　　　　　　　　　　　　　　代表取締役　〇〇〇〇　㊞
　　　　　　　　　　受任者　（住所）
　　　　　　　　　　　　　　株式会社〇〇銀行
　　　　　　　　　　　　　　〇〇支店
　　　　　　　　　　　　　　　支店長　　　〇〇〇〇　㊞

　上記の件、異議なく承諾いたします。
　　平成　年　月　日
　　　　　　　　　　　　　　（住所）
　　　　　　　　　　　　　　〇〇〇〇株式会社
　　　　　　　　　　　　　　　代表取締役　〇〇〇〇　㊞

（注1）　代理受領対象債権の支払方法が手形・小切手の場合は、この箇所に、「（当該債権が手形・小切手で支払われるときは、その取立権限も含めて）」の文言を追加する。
（注2）　代理受領対象債権の支払方法が振込形式の場合は、この箇所に、「なお、お振込の際は、株式会社〇〇銀行〇〇支店支店長宛直接お振り込みくださいますようお願いいたします。」の文言を追加する。
　　　なお、確定日付を徴しても第三者には対抗できない。ただし、確定日付を徴しておけば承諾がその日までになされたとの証拠になる。

第2章　代金債権担保　　59

ように判示する。X相互銀行はA社に対する融資金についてA社の有するY社に対する印刷代金債権を代理受領で担保に徴し、過去十余年にわたりかような代理受領契約を結んでいたが、実際にはいつもA社がY社に集金に行き、A社は自己の振り出した小切手でX相互銀行に弁済していたところ、たまたまA社の小切手が不渡になり、X相互銀行がY社に対して印刷代金の支払を求めたのに対し、Y社はすでにA社に支払ったことを理由にX相互銀行への支払を拒んだので、X相互銀行が提訴した事案について、最高裁はX相互銀行の請求を棄却し、「XはAに融資するようになってから十余年間十数回にわたり、AからYまたはYの子会社であるBに対する印刷代金の取立権限を授与する旨の委任状の交付を受けていながら、右印刷代金の取立について全く関与せず、YらのAに対する印刷代金の支払についてなんらの関心を示さなかった場合において、右取引が継続され、AからXに差し入れられた右委任状と同一内容の委任状につき、Yがその委任状の内容を承認する旨の奥書をしたとしても、YはXから印刷代金の支払を請求されたときはXに支払うことを認めたものにすぎず、Aが右支払を請求したときにはその支払を拒絶し、Xのため右印刷代金を留保しておくべき義務のあることを認めた趣旨ではないと解すべきである」と判示したのである。代理受領の管理について特に留意すべき点である。

b 金融機関(債権者)・第三債務者間の効果

まず、第三債務者が融資先に直接支払った場合、金融機関は第三債務者に対して重ねて支払うよう請求できるか。代理受領の方法による担保取得を債権質に準ずる無名契約として構成する考え方(金沢地判昭27・4・14下民集3巻505頁)に立てば、これを肯定できるが、このような考え方は少数であって、多数説は債権者である金融機関にそこまでの権利を認めない。しかし、第三債務者が融資先(債務者)に支払った結果として損害が生じたとすれば、金融機関は第三債務者に対して不法行為責任を追及することはできる。

最高裁昭和44年3月4日第三小法廷判決(金融法務事情548号26頁)は第三

債務者が担保の事実を知って代理受領を承認したのは「単に代理受領を承認するというにとどまらず、代理受領によって得られる債権者の利益を承認し、正当な理由がなく利益を侵害しないという趣旨をも当然包含するものと解すべきであり、したがって、第三債務者としては、承認の趣旨に反し、債権者の利益を害することのないようにすべき義務があると解するのが相当である。しかるに、第三債務者はこの義務に違背し、当該代金を債務者に支払い、債権者がその支払を受けることができないようにしたというのであるから、第三債務者の行為は違法なもの」であるとして、第三債務者の不法行為責任を認めた。債務者が第三者に重ねて代理受領を委任し、第三債務者がその第三者に支払い、その結果、債権者が融資金の回収を図れなくなった場合も同様に考えられるであろう。また、①甲の債務者乙に対する債権を担保するため代理受領契約が結ばれ、乙の債権の債務者丙がこれを承諾した場合においても、甲は取立委任を受けて取立権能を取得したにすぎず、丙は直接甲に支払うべき債務を負わないが、②この場合において、丙が乙に弁済してしまったときは、甲が他に保証人などの人的担保を有していても、甲は丙に対して代理受領により得べかりし財産上の利益の損害賠償を請求できる（最一小判昭61・11・20金融法務事情1147号34頁）。

次に、第三債務者はその債権につき債務者に対して有する抗弁をもって債権者に対抗しうるか。

代理受領においては、代金債権の債権者は変わらないから、第三債務者は融資先（債務者）に対するいっさいの抗弁をもって金融機関（債権者）に対抗できるとされている（加藤一郎＝吉原省三編『銀行取引〔新版〕』216頁）。このことは第三債務者が相殺権を有している場合にも認められる。東京高裁昭和52年4月14日判決（金融法務事情826号35頁）は、債権担保を目的とする代理受領を第三債務者が承諾した場合でも、同人が承諾前から有する反対債権をもって相殺することは妨げられない、とする。もっとも、場合によっては、相殺をした第三債務者が不法行為責任を問われることがあることは先に

述べたと同様である（東京地判昭46・3・23判例時報640号63頁）。

c 金融機関（債権者）と第三者との関係

代理受領の対象となる債権につき、融資先（債務者）が第三者に譲渡・質入れしたり、あるいは第三者によって差押えがなされた場合、または融資先（債務者）が第三者に重ねて代理受領を委任した場合、これら第三者と金融機関との関係はどうか。

代理受領は基本的には取立委任契約にすぎず、金融機関の代理受領権限は融資先の受領権限を前提としてのみ認められるので、有効な譲渡・質入れによって融資先の受領権限が失われる限り、金融機関の受領権限も消滅するから（奥田昌道ほか編『民法学(3)』54頁）、金融機関は第三者に対抗できず、しかもこの場合、金融機関はその権利を第三者である譲受人・質権者に対して主張しえないのであるから、対抗要件を具備する必要もないとされている（甲斐道太郎「代理受領・振込指定」『銀行取引法講座〈下巻〉』297頁）。この場合、金融機関としては、その債権の譲渡・質入れを受け、かつ、第三者より早く対抗要件を備えるしか方法がない。

同様に、差押えがあると、第三債務者は融資先に対する弁済を禁止され（民法481条）、一方、融資先はその債権の取立受領を禁止される以上、金融機関も債権の取立て・受領ができない。代理受領に基づく取立権の存在することをもっては差押債権者に対抗できない。

さらに、譲渡・質入れや差押えに限らず、代理受領を得た債権を、その後に二重に譲り受けた者がさきにその債権の返済を受けてしまえば、金融機関は、債務者（譲渡人）・第三債務者の責任を追及できるとしても、二重譲受人等のその他の第三者には対抗できないであろう。

d 融資先の法的整理と金融機関

代理受領の委任者である融資先が破産等法的整理に入った場合の問題について、結論だけをいえば、代理受領の契約が融資先の倒産前であっても、代金を実際に受領したのが支払停止後になった場合、融資先が破産等の法的整

理手続に進むと、その代金による回収金は払い戻さなければならなくなるおそれがある（破産法71条1項1号）。ただし、融資先の支払不能などの危機時機より前に代理受領の委任が結ばれ第三債務者も承諾している場合には、危機時機後の受領金による相殺であっても破産法71条2項2号により許容されるとの見解が有力である（条解破産法第2版561頁）。融資先の信用が極度に悪化している場合、代理受領に頼るのは危険である。

6　振込指定

　振込指定とは、融資先（債務者）が第三債務者に対して有する代金債権な

【書式7】　振込指定の依頼書

依　頼　書

（第三債務者）　　　　　　　　　　　　　　　　平成　　年　　月　　日
　　　株式会社御中
　　　　　　　　　　　　　　　　住　所
　　　　　　　　　　　　　　　　受注者　　　　　　　　　　　㊞
　　　　　　　　　　　　　　　　住　所
　　　　　　　　　　　　　　　　債権者　　　　　　　　　　　㊞

　貴社から当社に支払われるべき納入代金その他いっさいのお支払は、平成　　年　　月　　日以降支払分から、株式会社　　　銀行　　　支店における当社普通預金／当座預金口座にお振り込みくださいますようお願い申しあげます。
　なお、同行と当社との特約により、上記振込金は、当社の同行からの借入金の返済に充当することになっており、また、この依頼は同行と当社双方の合意がなければ変更できないことを確約しておりますので、上記以外のいかなる方法によってもお支払なきよう、特にご依頼申しあげます。

- -

　上記の件承諾いたしました。
　　　平成　　年　　月　　日
　　　　　　　　　　　　　　　　住所
　　　　　　　　　　　　　　　　発注者（第三債務者）　　　　㊞

どの支払方法を、金融機関（債権者）における特定の預金口座への振込に限定し、これによって振り込まれた預金と融資金とを相殺することによって、金融機関の融資債権の保全・回収を図ろうとするものである。

振込指定の手続は、通常、融資先（債務者・受注者）と金融機関が連署した振込依頼書（書式7）を第三債務者（発注者）に送付し、これに第三債務者（発注者）の承諾を得る一方、融資先（債務者）から別途念証（書式8）を徴しておく。振込指定に基づいて、後日、代金債権が融資先の預金口座に振り込まれた際は、かねての契約に従って債務の弁済に充当するか、あるいは相殺または払戻充当によって債権を回収する。

振込指定の効力は、第三債務者を拘束する度合いはかなり弱く、代理受領のような特殊な3面関係が成立しているとはみられず、代理受領よりも担保的機能は弱いと考えられていた。しかし、判例は、一定の要件を満たした振込指定の合意をすれば、第三債務者はその合意に従った振込をすべき契約上

【書式8】 振込指定の念証

念　　証

平成　年　月　日

株式会社　　　　銀行御中

住　所
債務者　　　　　　　　　㊞

　債務者は、債務者が貴行に対して、現在および将来負担するいっさいの債務の弁済を確保するため、債務者が、　　　　　（以下「発注者」という）から受領すべき代金債権その他の債権につき、次の事項を確約します。
1. 債務者は、発注者から受領すべき代金債権その他いっさいの債権につき、平成　年　月　日以降貴行における債務者の普通預金／当座預金口座に振り込ませます。
2. 債務者は、代金債権の確定のつど、その内容を貴行に通知します。
3. 第1項の振込指定については、貴行の承諾なくして、解除、変更することはいたしません。

の債務を負担することになるとしている（最一小判昭58・4・14金融法務事情1030号43頁。この最判の破棄差戻審たる福岡高判昭59・6・11金融法務事情1074号34頁参照）。一定の要件とは、債権者たる金融機関を甲、その融資先を乙、乙に対して債務を負っている第三債務者を丙とすれば、①甲・乙間に債権関係が存在し、その債権を担保しあるいはその弁済に充当するため振込指定の方法がとられること、②丙は、指定された振込の方法によらないで直接乙に支払ってはならないこと、③振込指定の方法の変更は乙単独でなしえず、甲の承諾を要すること、の３点が明確に合意内容となっていることである。書式７の依頼書はこの要件を満たすと考えられる。

7　一括支払システム

　一括支払システムには、昭和59年10月に第一勧業銀行（当時）とジャスコ（当時）が共同開発した「一括手形システム」と、それをきっかけに開発された手形を使わない譲渡担保方式の「一括支払システム」とがある。以下、簡単に解説する。

(1)　一括手形システム

　債務の決済のために支払企業が各仕入先に個別に約束手形を振り出すことにかえて、金融機関が支払企業にかわって期日管理をするとともに、支払企業が、仕入先の代理人である金融機関に対して、複数の各仕入先に対して負担する月間の買掛債務を手形金額とする約束手形を振り出すシステムで、この手形を一括手形という。支払企業はこの一括手形を取立金融機関に寄託し、金融機関は支払期日にこれを取り立て、取立代り金を同金融機関の本支店の各仕入先指定口座に振替入金することにより決済する。一括手形は流通することはなく、金融機関が手形期日まで保管するので、手形に係る事故を回避できる。一方、仕入先にとっては、集金を簡便化でき、また、一定の限

度で当座貸越を受けることができる。

(2) 一括支払システム

　昭和61年10月に一括手形システムから開発されたもので、金融機関が支払企業の商品代金の支払事務をコンピュータによる決済システムにより代行し、一方、支払期日前に資金を必要とする仕入先企業は、代金債権を譲渡担保とする当座貸越を利用して資金調達が可能となる。

　従来支払企業が多数の手形を振り出すことによっていた支払機能と、仕入先が手形の取立てまたは割引によっていた資金の回収または調達機能とを、金融機関を仲介として結合させたものである。これにより、支払企業は、手形の振出、期日管理等の事務負担や印紙税等の費用の削減ができ、一方、仕入先企業は、手形金回収の集金事務負担削減等のメリットがある。

(3) 問 題 点

a　譲渡担保権者の物的納税責任

　しかし、代金債権の担保手段として金融機関において扱われている債権譲渡担保方式の一括支払システムについては、当初の導入段階から国税徴収法24条に基づく譲渡担保権者の物的納税責任の告知に対抗できないのではないかという問題があったので、昭和63年2月に、上記「告知書が発せられたときは、これを担保とした当行の当座貸越債権は何らの手続を要せず、弁済期が来るものとし、同時に担保のため譲渡した代金債権は、当座貸越債権の代物弁済に充当されるものとします」旨の一括支払システムに関する契約書3条の2（停止条件付代物弁済予約）の特別条項を追加した。

　ところが、平成7年9月「債権譲渡担保方式の一括支払システムに係る銀行の譲渡担保権は、国税徴収法第24条に基づく譲渡担保権者の物的納税責任の告知に対抗できない」との審決が国税不服審判所で下され、これを不服とした当該金融機関による処分取消の訴訟に発展した。

b 裁判所の判断

　第一審判決（東京地判平9・3・12金融法務事情1478号42頁）、原判決（東京高判平10・2・19金融法務事情1512号22頁）とも国税不服審判所の審決を支持し金融機関の請求を棄却。そして平成15年12月最高裁（最二小判平15・12・19金融法務事情1702号68頁）も原判決を支持し「国税徴収法24条2項の告知の発出と到達との間の時間的間隔をとらえ、告知書の発出の時点で譲渡担保権者が譲渡担保権を実行することを納税者とあらかじめ合意することは、同条2項の手続が執られたことを契機に譲渡担保権が実行されたという関係があるときにはその財産がなお譲渡担保財産として存続するものとみなすこととする同条5項の適用を回避しようとするものであるから、この合意の効力を認めることはできない」とした。金融機関敗訴となった本判決は、一括支払システムにおける代物弁済条項と国税徴収法24条5項との関係を正面から判断したものとして重要な意義をもつものである。

第2節

売掛代金担保・請負代金担保

1　調査事項

(1)　債権の内容

　金融取引において担保の目的となる代金債権の代表的なものは、売買契約に基づく売掛代金債権と建設工事請負契約に基づく請負代金債権である。これら代金債権を担保にとることは営業収入から融資債権の回収を図ることとなり望ましいが、①代金債権は日々の営業活動から生ずるもので変動が激しく、債権の特定が困難であること、②売買（民法555条以下）、請負（同法632条以下）など双務契約から発生する債権のため債権に同時履行（同法571条、533条）、相殺（同法505条）等各種の抗弁権が付着していることが多く、その意味で不安定な債権であること、③第三債務者の資力の有無によってその価値が左右されること、④譲渡禁止の特約がなされていることが多いこと、などの問題を含んでいる。

　債権の内容をよく把握し、支払の可能性、確実性を確かめておく必要があるが、具体的に調査すべき事項としては、次の諸点をあげることができる。

　第1に、代金債権がどのような商取引によって生じたかを調査する。何を売ったか、どのような工事をしたのかを契約書・発注書によって確認する。特に工事請負代金はその債権の成否が工事の完成にかかっているほか、金額が大きく、契約の成立から支払まで相当の期間があることから、建設請負契約について書面を作成すべきことが義務づけられる場合があり（建設業法19条1項）、中央建設業審議会等民間の4つの会から建設工事請負契約について標準約款が発表されている。契約書等によって代金債権の金額・支払時

期・支払方法、特に工事請負代金については条件変更の場合の請負代金増額条項の有無、物価変動スライド条項の有無、工事中止時における代金支払の約定等を調査・確認しなければならない。また、代金支払のため手形が振り出されているかどうかを調査することも忘れてはならない。

第2に、契約がどこまで履行されているかを調査する。納品は完了しているか、検収は終わっているか、工事は完了しているか、工事内容に瑕疵はないかなどの諸点を調査することになろう。契約の履行段階によって、代金が分割して支払われる場合が多い。たとえば、工事請負代金の支払について、民法は仕事の完成後引渡しと同時に代金を支払うとあるが（民法633条）、これはむしろ例外で、通常は請負工事の進捗状況に従って支払われている。

第3に、代金債権について譲渡禁止の特約の有無、特約がある場合当事者の承諾を得られる可能性、第三者に対する譲渡・質入れの有無、第三者からの差押えの有無、第三債務者の担保提供者に対する反対債権の有無と相殺の可能性、代金債権への担保・保証の付着の有無、等々法律的側面からの調査も怠ってはならない。

(2) 第三債務者の支払能力・信用状態

債権担保は、第三債務者の支払能力・支払意思が重要であることは再三述べた。手形割引の際に行う支払人の信用調査と同様に、第三債務者の信用調査を行う。そのほか、工事請負代金については、請負人（担保提供者）の工事遂行能力もあわせて調査する必要がある。また、代金債権について担保の設定や保証がされているかどうかも調査して、これらにも金融機関の担保権が及ぶようにしておく。

(3) 権原調査と権限調査・意思確認

債権担保の提供者がその債権の真の債権者であるか（権原調査）、担保提供能力があるか、代理人による場合代理権限があるか（権限調査）、担保提

供者に担保提供の意思があるか（意思確認）等の調査を厳格に行うのは、預金担保におけるのと同じである。代金債権は指名債権であって、これの担保取得には有価証券担保と違って善意取得の成立する余地がないからである。

2 代金債権担保の設定

　代金債権の担保は、質権設定、譲渡担保、代理受領、振込指定のいずれでもできる。代金債権について譲渡・質入禁止の特約があり、しかも譲渡・質入れについて第三債務者の承諾が得られない場合には、正式な担保取得はできず、代理受領、振込指定などの事実上の担保によらなければならない。これらについてはすでに説明したので（「本章第1節5・6」参照）本項では代金債権の正式な担保取得について解説する。

　代金債権担保の設定手続は、基本的には他行預金担保の設定手続と異なるところはない。金融機関・担保提供者間の担保権設定契約によって効力を生じ、確定日付ある証書による第三債務者に対する通知もしくは第三債務者の承諾、または、登記によって第三者対抗要件を具備する。担保権設定契約を締結する場合、その設定意思を明らかにするためにも担保差入証を徴取する。

(1) 担保差入証

　代金債権の担保差入証は定型化されてはいないが、一般には書式9のような債権譲渡契約書を担保提供者から徴取する。この書式は代金債権を譲渡担保の方式で根担保としてとる場合であり、質権設定方式をとる場合には書式中の「譲渡」の文言を「質権設定」と改めて使用する。

a　債権の特定

　書式作成上まず注意すべき点は、担保目的の代金債権を特定することである。

【書式9】 債権譲渡契約書

印紙　　　　　　　　債権譲渡契約書

　当社は○○○○株式会社に対し有する代金債権の譲渡について下記のとおり約定します。
1. 当社は○○○○と貴行との間の平成○年○月○日付銀行取引約定書に基づき○○○○が貴行に対して現在および将来負担するいっさいの債務（以下「原債務」という）を担保するため当社と○○○○株式会社との間の末記表示の契約に基づき当社が平成○年○月○日現在同社に対し有する代金債権金○○○○円也を貴行に譲渡して上記契約に係るいっさいの証書を貴行に引き渡しました。
2. 貴行において前項の代金債権を取り立てられたときは、その全額を債務の期限前でも貴行任意の時期、方法により原債務の弁済に充当せられても異議ありません。
　　平成　　年　　月　　日
　　　　　　　　　住　所
　　　　　　　　　　株式会社
　　　　　　　　　　代表取締役　　　　　　㊞
　　　株式会社　　　銀行　御中
　　　　　　　　　契約の表示
1. 平成　年　月　日付　代金総額金　　　円也
　　　　　　　　　　契約

たとえば次の例による。

　例1　平成27年10月現在㈱甲野商店に対して有する建築資材売掛債権
　　　　金1,000,000円

　例2　㈱甲野商店に対する平成27年8月1日から平成27年9月30日までの間に売り渡した携帯電話売掛債権
　　　　金1,000,000円

代金債権の金額は明記すべきであるが、金額不明の場合には、他の方法で代金債権を特定する。将来の債権であってもその法律関係を特定することができ、その発生につき蓋然性があるときは譲渡・質入れは可能である。また

第2章　代金債権担保

電気・ガス・水道などの供給契約のように、一定または不定の期間、定められた種類の物を一定の代金または一定の標準によって定められる代金で供給する、いわゆる継続的給付契約も1個の売買契約であって（大判大8・7・8民録25輯1270頁）、予約ではないから、この継続的給付契約によって発生する将来の債権も譲渡・質入れできる。

　そのほか、被担保債権を明確にしておくこと、担保付代金債権の場合にはその担保の内容と、担保付きで代金債権を担保にとる旨を追記しておくことなどに注意しておく必要があろう。

b　将来債権について

　前述したように（「第1章第3節3(3)」参照）、近時、将来債権の担保化に関して判例は進歩を続け、その基準が示されており、将来債権も対象を特定することにより担保権が有効に成立すると解される（前掲最三小判平11・1・29）。一方、対抗要件についても、当初具備することで将来債権に及ぶと解してよいであろう（前掲最一小判平13・11・22）。

(2) 債権証書の交付の意味

　前述したように、従来、債権に質権を設定する場合に、その債権に証書があるときは、証書の交付が債権質の効力発生要件とされていた（民法旧363条）が、平成15年民法等改正法による改正民法363条により、証券的債権以外の債権を質権の目的とする場合においては、その債権に証書があるときでも、証書の交付を質権設定の効力発生要件とはしないこととした。しかし実務上は指名債権質の設定を受ける場合に、債権証書の交付を受けるべきである。質権の実行として第三債務者への取立ての際の目的債権の立証のために必要だからである。なお改正法施行日前に債権質の設定契約をした場合には、債権証書の交付を要する（平成15年民法等改正法附則3条）。「第1章第3節5」参照。

(3) 担保・保証の随伴

　代金債権に担保・保証がある場合、その代金債権を担保にとれば、代金債権の担保・保証は随伴する。抵当権の場合には付記登記が第三者対抗要件となる。保証の場合には、保証意思を再確認しておく必要があろう。なお担保差入証に、目的が担保付債権であることを記載しておく。

(4) 対抗要件

a　対抗要件具備の方法

　第三者に対する対抗要件の具備の手続は、一般に書式10のように、担保権者・担保権設定者双方の連署で第三債務者に対する承諾請求の依頼文書を作成し、第三債務者の承諾の署名を得てこれに確定日付を徴する方法による。

【書式10】　債権譲渡承諾請求書

　　　　　　　　　　　債権譲渡承諾請求書

　私は平成○年○月○日付債権譲渡契約により、私が貴社に対し有する平成○年○月○日付○○○○契約に基づく○○○○債権金○○○○円也の債権全部を株式会社○○銀行へ譲渡いたしましたから御承諾ください。
　ついては今後は、上記債権のお支払はすべて株式会社○○銀行○○支店へ直接御交付くだされたく、譲渡人、譲受人連署をもってお願いいたします。
　　平成　　年　　月　　日
　　　　　　　　　　住　　所
　　　　　　　　　　債権譲渡人　　　　　　　　　　　㊞
　　　　　　　　　　住　　所
　　　　　　　　　　債権譲受人　株式会社○○銀行○○支店
　　　　　　　　　　　　　　　　支店長　　　　　　　㊞

　　　　　　　　　殿
　上記債権譲渡を承認します。
　　平成　　年　　月　　日

　　　　　　　　　　　　　　　　　　　　　　㊞　｜確定日付｜

第2章　代金債権担保

これを「承諾」方式譲渡担保というが、このほかに債務者（譲渡担保権設定者）から第三債務者へ通知をする「通知」方式譲渡担保（民法467条）、さらに債権譲渡の登記がある（動産・債権譲渡特例法4条）。これらについては後述する。

将来の債権であっても、質権・譲渡担保の目的となること、対抗要件も集合物・集合債権については近年判例も広く認めていることから、当初具備することで将来債権にも及ぶと解してよいであろうことは、すでに述べた（「本章本節2(1)b」参照）。

ただし、一定の条件のもとに将来当然発生すべき債権の事前の通知は有効であって、条件成就の際に再度通知をする必要はないが（大判昭9・12・28民集13巻2261頁——合名会社の解散によって受けるべき残余財産請求権の譲渡の事例）、一般に譲渡前の通知は許されるかどうかは困難な問題である。古い判例に、通知の時期は譲渡と同時か、譲渡の後であって、譲渡の後に通知されるとその時から対抗力を生じ、遡及効はない（大判大3・5・21民録20輯407頁）としたものがある。

これに対して、事前の承諾は特定した第三者への譲渡の場合でも、特定しない第三者への譲渡の場合でもともに有効である（前掲最二小判昭28・5・29——預金の譲渡について金融機関があらかじめ承諾した事例）。

b　第三債務者の承諾——対抗要件の1

代金債権の譲渡について承諾を求められた第三債務者は、異議のない承諾を与える場合と、異議をとどめた承諾を与えるか、あるいは承諾をせず単なる通知をしたにとどまる場合とがある。

第三債務者が異議をとどめないで承諾をしたときは、譲渡人に対抗することができた事由があっても、これをもって譲受人に対抗することができない（民法468条1項）。たとえば、その債権が弁済その他の事由で消滅したこと（前掲大決昭6・11・21）、債権発生の原因となった契約が取り消され、または無効であるため債権が不成立であることも主張しえず、また、第三債務者

が譲渡人に対して反対債権があっても相殺できない。

　ただし、異議をとどめない承諾に上記のような効果が生じるためには、この制度が表見的なものへの信頼を保護する制度であるから、譲受人の善意を要するとされている。判例も、未完成仕事部分に関する請負報酬金債権の譲渡について、債務者の異議をとどめない承諾がされても、譲受人が右債権が未完成仕事部分に関する請負報酬金債権であることを知っていた場合には、債務者は、右債権の譲渡後に生じた仕事完成義務不履行を事由とする当該請負契約の解除をもって、譲受人に対抗することができるという（最二小判昭42・10・27金融法務事情499号29頁）。では、過失があった場合はどうか。過払金の返還等を求める事案において、最高裁判所平成27年6月1日第二小法廷判決は、「債務者が異議をとどめないで指名債権譲渡を承諾した場合において、譲渡人に対抗することができた事由の存在を譲受人が知らなかったとしても、このことについて譲受人に過失があるときは、債務者は、当該事由をもって譲受人に対抗することができると解するのが相当である」と判示した。

　第三債務者が異議をとどめた承諾をした場合について民法に規定はないが、通知と同一の効力を有する。譲渡人が譲渡の通知をしたにとどまるときは、債務者は、その通知を受けるまでに譲渡人に対して生じた事由をもって譲受人に対抗することができる（同法468条2項）。

　「承諾」方式譲渡担保が「通知」方式譲渡担保より優れているのは、次の3点である。
① 支払人（第三債務者）の承諾は、代金債権の存在とその特定を確認するための最良の手段である。
② 承諾は、支払人（第三債務者）からの相殺による代金債権の消滅等の各種抗弁を封じる手段となっている（同法同条1項）。
③ 債務者と支払人（第三債務者）との間で、代金債権に譲渡禁止の特約がある場合に、承諾は、この特約を解除する意味がある（同法466条2項）。

第2章　代金債権担保　　75

なお、法制審議会民法（債権関係）部会第99回会議（平成27年2月10日開催）において決定された「民法（債権関係）の改正に関する要綱案」は、①譲渡禁止特約が付された場合でも債権譲渡を有効としたうえで、譲渡禁止特約につき悪意または重過失のある譲受人その他の第三者に対しては債務者はその履行を拒絶することができるものとし、また、②将来債権譲渡に関する判例を明文化し、これが可能であることを明記するものとしている。この点については、「第1章第2節7⑵b」参照。

c　確定日付の徴取――対抗要件の2

　担保の目的となっている代金債権につき第三者から差押えがあった場合などに備えて、第三者に対抗できる手段を備えておかなければならない。そのため通知または承諾は、確定日付ある証書によってしなければならない（民法467条2項、364条）。承諾書に後に確定日付を得たときは、その時から対抗力が生ずる（大判大4・2・9民録21輯93頁）。

　確定日付ある証書については民法施行法5条に規定があり、それは公正証書（公証人法1条、36条）、登記所または公証人役場が日付印を押した私署証書、官庁や公署である事項を記入し日付を記入した私署証書などである。一般には内容証明郵便（配達証明付き）による通知や公証人役場が日付を押した証書による承諾などが用いられる。確定日付付与の手続、手数料等については民法施行法6条以下に規定がある。

　なお、質権方式による代金債権担保においては、債権証書の交付が質権成立の効力発生要件ではなくなったので（民法363条）継続占有は第三者対抗要件として必要ではなくなったが、実務上は債権証書を返戻したりせず継続占有すべきであって、このことは譲渡担保方式による場合でも同じであること、税債権との優劣は、担保権設定日と租税の法定納期限等との先後によりその優劣を決することになるが（国税徴収法15条1項）、確定日付ある証書の作成日が担保権設定日とみなされること（同法15条3項）は預金担保の項で述べたところと同じである（「第1章第2節4⑶・7⑶」参照）。

d　債権譲渡の登記──対抗要件の3

「債権譲渡の対抗要件に関する民法の特例等に関する法律」（平成10年6月12日法律第104号）の成立に伴い、指名債権譲渡の登記制度が導入され平成10年10月1日施行された（同法は、平成16年改正され、動産の譲渡の対抗要件についても登記による特例を認め、「動産及び債権の譲渡の対抗要件に関する民法の特例等に関する法律」として平成17年10月1日施行された）。

債権譲渡登記制度は、法人がする金銭債権の譲渡等につき民法の特例として、民法の定める対抗要件の具備方法のほかに、登記による対抗要件の具備を可能とするとする制度で、その骨子は次の3点である。

(イ)　債権譲渡登記制度と債権譲渡通知・承諾相互の優劣

法人が債権（指名債権であって金銭の支払を目的とするものに限る。以下同じ）を譲渡した場合において、当該債権の譲渡につき債権譲渡登記ファイルに譲渡の登記がされたときは、当該債権の債務者以外の第三者については、民法467条の規定による確定日付ある証書による通知があったものとみなし、この場合においては、当該登記の日をもって確定日付とする（動産・債権譲渡特例法4条1項。同法14条により債権質へも準用される）。

指名債権が二重に譲渡された場合、譲受人相互の優劣は、確定日付ある通知が債務者に到達した日時または確定日付ある債務者の承諾の日時の先後によって決すべきであり、この理は、債権の譲受人と同一の債権に対して仮差押命令の執行をした者との間でも異ならない（仮差押命令の債務者への到達日時の先後で判断される。最一小判昭49・3・7金融法務事情718号30頁）。債権譲渡登記においては、「登記年月日」に加えて「登記の時刻」が債権譲渡登記ファイルに記録され（動産・債権譲渡登記規則16条1項4号）、登記事項概要証明書および登記事項証明書にも記載される（動産・債権譲渡特例法11条1項・2項）。債権譲渡登記が競合した場合および債権譲渡登記と民法467条の通知または承諾が競合した場合でも、登記の日時と通知到達時・承諾時の先後により優先関係を判断することができる。

㈺　債務者保護の規定

　通知方式債権譲渡では、譲渡人が譲渡の通知をしたにとどまるときは、債務者は、その通知を受けるまでに譲渡人に対して生じた事由をもって譲受人に対抗することができる（民法468条2項）。債権譲渡登記がされた場合においては、譲渡人もしくは譲受人が当該債権の債務者に登記事項証明書を交付して通知をし、または当該債務者が承諾したとき（動産・債権譲渡特例法4条2項）に限り、民法468条2項が適用され、当該債権の債務者はこの通知を受けるまでに譲渡人に対して生じた事由を譲受人に対抗することができる（動産・債権譲渡特例法4条3項）。

㈻　登記申請や登記事項の開示方法

　債権譲渡登記は、譲渡人および譲受人の申請により、債権譲渡登記ファイルに、次の事項を記録することによって行う（動産・債権譲渡特例法8条2項）。

① 　譲渡人の商号または名称および本店または主たる事務所、譲受人の氏名および住所（法人にあっては、商号または名称および本店または主たる事務所）、譲渡人または譲受人の本店または主たる事務所が外国にあるときは日本における営業所または事務所、登記番号、登記の年月日（同法同条同項1号）

② 　債権譲渡登記の登記原因およびその日付（同法同条同項2号）

③ 　譲渡に係る債権の総額（すでに発生した債権のみを譲渡する場合に限る。同法同条同項3号）。したがって、譲渡の対象に将来債権が含まれている場合には、譲渡に係る債権の総額は登記事項から除かれている。

④ 　譲渡に係る債権を特定するために必要な事項で法務省令で定めるもの（同法同条同項4号）。将来債権の譲渡について、譲渡に係る債権の債務者を必要的登記事項としないこととされ、債務者が特定していない将来債権の譲渡についても登記することが可能となった。

⑤ 　債権譲渡登記の存続期間（同法同条同項5号）。その存続期間は、譲渡に

係る債権の債務者のすべてが特定されている場合50年、それ以外の場合10年である（同法同条3項）。

(5) 対抗要件の留保と予約型ないし停止条件型譲渡担保の終焉
a 対抗要件の留保と否認の危険

債権譲渡担保、特に将来の売掛金等の代金債権を一括して担保にとる「集合債権譲渡担保」において、金融機関は、担保提供者の依頼から、第三債務者に対してはもとよりその他の第三者に対する対抗要件を留保する扱いをすることがある。担保提供者の信用を慮ってのことはいうまでもない。しかしこれは、抵当権設定契約をしながら登記をしないのと同じことで、きわめて危険な対応といわなければならない。担保提供者が法的整理手続に入ると否認の問題が浮上するからである。以下、破産手続を例に解説するが、ことは他の法的整理手続についても同様である。

破産法は、破産者の行った担保権設定に係る否認に関して二重のストッパー機能を設けた。まず破産者が支払不能になったのちにした担保の供与等は破産財団のために否認できる特定の債権者に対する担保の供与等の否認（破産法162条）である。次に支払の停止等があったのち権利の設定、移転または変更をもって第三者に対抗するために必要な行為をした場合において、その行為が権利の設定、移転または変更があった日から15日を経過したのちに支払の停止等があったことを知ってしたものであるときは破産財団のため否認できる権利変動の対抗要件の否認（同法164条）である。つまり集合債権譲渡担保の設定を受けた後担保提供者が破産になって対抗要件を具備した場合、対抗要件を備えた日からさかのぼること15日内に集合債権譲渡担保契約を締結したものに限り否認を免れる。

b 金融機関の対応——予約型ないし停止条件型集合債権譲渡担保

そこで金融機関は、支払の停止後の対抗要件具備を否認されないように、集合債権譲渡担保契約の設定日を対抗要件具備の前15日内に定める方策を編

み出した。それは、①担保提供者の支払の停止等を金融機関の予約完結権の行使日とする債権譲渡の予約契約を締結する「予約型」と、②担保提供者の支払の停止等を停止条件とする停止条件付債権譲渡契約を締結する「停止条件型」の2つである。

　しかし最高裁判所は、①について「指名債権譲渡の予約につき確定日付ある証書により通知・承諾がなされても、債務者は、これによって予約完結権の行使により当該債権の帰属が将来変更する可能性を了知するにとどまり、当該債権の帰属に変更が生じた事実を認識するものではないから、これをもって第三者に対抗することはできない」とし（最三小判平13・11・27金融法務事情1634号63頁）、さらに②について「債務者の支払の停止等を停止条件とする債権譲渡契約は、その契約締結行為自体は危機時期前に行われるものであるが、契約当事者は、その契約に基づく債権譲渡の効力の発生を債務者の支払停止等の危機時期の到来にかからしめ、これを停止条件とすることにより、危機時期に至るまで債務者の責任財産に属していた債権を債務者の危機時期が到来するや直ちに当該債権者に帰属させることによって、これを責任財産から逸出させることをあらかじめ意図し、これを目的として、当該契約を締結しているものである。上記内容、その目的等にかんがみると、上記契約は、破産法72条2号（現破産法162条）の規定の趣旨に反し、その実効性を失わせるものであって、その契約内容を実質的にみれば、上記契約に係る債権譲渡は、債務者に支払停止等の危機時期が到来した後に行われた債権譲渡と同視すべきものであり、上記規定に基づく否認権行使の対象となる」とした（最二小判平16・7・16金融法務事情1721号41頁）。

　この結果、予約型ないし停止条件型債権譲渡担保契約によって否認権を回避する方策は完全に閉ざされた。債権譲渡の登記制度が導入された現在ではなおのこと、対抗要件を留保した債権譲渡担保は危険と隣合せであることを十分理解しておかなければならない。

3 代金債権担保の管理と実行

　代金債権担保の管理にあたっては、代金債権が間違いなく金融機関に支払われるかどうかをチェックすることである。理論的には、第三債務者が異議をとどめない承諾をし、その承諾書に確定日付を徴しておけば、第三債務者に支払能力がある限り、その後いかなる事態が生じても原則として担保権を失うことはない。しかし、第三債務者が正当な理由がないのに支払わなければ最終的には法的手段に訴えざるをえず、担保の実効性は疑わしいものとなる。そこで、担保提供者・第三債務者と接触を図るようにし、支払の期日・支払の方法・手段について打ち合わせておき、期日に直ちに代金を受領できるようにしておくことである。

　譲渡担保の方式では、金融機関はすでにその代金債権の債権者であるから、代金債権を直接取り立てることができるのは当然であり、また、質権設定の方式でも、金融機関は質権の目的の代金債権を直接に取り立てることができる（民法366条1項）。ただ、質権設定の方式によると、金融機関は融資債権の額に対応する部分に限り取り立てることができ（同法同条2項）、代金債権の弁済期が融資債権の弁済期前に到来したときは金融機関は第三債務者にその弁済すべき金額を供託させることができるにとどまる（同法同条3項）。

　しかし、この規定は任意規定と解されているから、質権方式をとる場合は、融資債権の残高いかんにかかわらず金融機関が直接受領できること、および融資債権の弁済期到来前でも金融機関が直接受領できることの2点を担保差入証に明記し、かつ質権設定承諾請求書にもその旨を付記しておくのが適当である。

第 3 章

保 険 担 保

　建物を担保にとる場合、火災の危険に備えるため、建物に火災保険をつけてもらい、その保険金を担保に取得する。また、個人に融資をする場合にも、債務者の生命保険金を担保にとる例が多い。住宅ローンにおいては、まず例外なくこれらの保険が付保されている。保険金を担保にとるとは、保険金請求債権を担保にとることである。この債権は対象建物が火災になったら、人が死亡したら、との条件がついた債権であり、かつ、保険契約によって債権の内容が定まる点に特色がある。本章では、火災保険、生命保険のそれぞれについて、保険金請求権の担保の実務とその法律的意味を解説する。ところで、商法第2編第10章（629条～683条）に100年間据え置かれていた「保険法」が、会社法に続いて商法から独立し（平成20年6月6日法律第56号）、平成22年4月1日施行された。なお第3編第6章815条～841条ノ2（海上保険）は存続。

第 1 節

火災等の損害保険担保

　債権者が債務者の火災保険金請求債権から支払を受ける方法は、抵当権に基づく物上代位によるほか、①質権設定、②抵当権者特約条項の追加、③債権保全火災保険の締結、④保険金受取人指定、および⑤単純譲渡の5つが考えられる。これらのうち、④の保険金受取人指定は、債権者である金融機関を保険金受取人に指定するもので、また、⑤の単純譲渡は質権と同様で、ともに実務で利用される例は稀有である。以下、前3者について解説する。

1　質　権

(1) 質権の設定

　質権の設定を受けるにあたっては、まず保険金請求権の内容を調査し、その後具体的手続に入るが、その前に、そもそも火災保険金請求債権を質権の目的とすることができるか否かを検討する。

a　質入れの可能性と内容の調査

　保険事故発生後の保険金請求権は通常の指名債権で金銭債権であるから、譲渡・質入れが可能である（民法362条、467条）。これに対して、保険事故発生前の保険金請求権は、保険事故が発生したときに保険金の支払を請求できるとの条件付権利であるから、建物のような被保険利益と切り離して、建物を譲渡あるいは担保の目的とせずその保険金請求権だけを譲渡・質入れできるかどうか疑問を抱くであろうが、通説はこれを肯定する。なお下級審だが、破産手続開始前に成立した抽象的保険金請求権は、将来の請求権として、破産財団に属する財産（破産法156条1項）になる（東京高決平24・9・12

金融法務事情1963号100頁）とした。参考までに掲げておく。

　保険金請求権を担保にとる際は、保険の金額・期間等保険証券記載事項の点検、抵当物件について保険証書と登記事項証明書との記載の異同（保険法6条）、保険料支払の確認を調査する必要がある。また、債権保全上特に重要なのは、保険金額（保険会社の支払うべき損害金の限度）と保険価額（保険契約の目的の価額、物件の時価）とを一致させることである。

　保険金額が保険契約の目的の価額を超過したときは、保険契約者は、その超過した部分の保険契約を取り消すことができる（同法9条）。保険者が支払うべき金額は保険事故の発生によって生ずる損害の範囲内に限られるのであって、当事者の約定する保険金額が当然に保険者の支払うべき金額となるのではないからである（大森忠夫『保険法』103頁）。判例も、保険価額を著しく過大に協定し、保険金額を協定保険価額より少額としてその外観上通常の一部保険のようにしても、その保険金額が被保険利益の客観的実価を超えるときは、実質上超過保険であるという（大判昭16・8・21民集20巻1189頁）。

　ある保険の目的について、保険事故・被保険者および被保険利益が同一で、かつ保険期間を共通にする数個の損害保険契約が併存する重複保険の場合に、各契約の保険金額の合計が保険価額を超過することがありうる。この場合、これを全部有効とするときは、たとえ各契約自体は超過保険でなくても、結果において、超過保険の効力を制限しようとする法の趣旨に反することとなる（大森・前掲書108頁）のは明らかである。そこで、他の損害保険契約が締結されている場合には、各保険会社は按分支払をせず、自らが締結した保険契約に基づく保険金の全額を支払う義務を負うこととなるが、ただし、損害額を超えて複数の損害保険会社から保険金を受け取ることはできないこととした（同法20条）。独立責任額全額支払方式という。

　したがって、付保指定額の算出にあたっては、超過保険にならないように留意するとともに、同じ物件にすでに保険契約を結んでいないかどうかを確認し、すべての保険金請求権を担保にとるようにする。また、その後に保険

契約を結ぶ場合には、その保険金も、担保に入れるようにしてもらう必要がある。しかし、こういった対策は債権的なもので、確実な方法は、後述の債権保全火災保険契約を結ぶことである。

次に、保険金額が保険価額に満たない場合を一部保険といい、保険者の負担は保険金額の保険価額に対する割合によって定まる（同法19条）。一部保険であるかどうか、その場合の負担額の決定に際しては、保険事故発生の地におけるその時の保険価額と保険金額とを比較して定めるのを原則とする（同法18条1項）。このためにも、保険金額を引き上げ保険価額に一致させておく。ここにいう価額は、事故発生時の目的物の市場価額であるが、実損額が市場価額を下回るときは、実損額がてん補すべき損害額となる（大判大5・9・27民録22輯1472頁）。

b　質権設定の手続

保険金請求権への質権設定の手続は、代金債権と同様、指名債権の質権設定の手続による。

金融機関・被保険者（担保提供者）間で質権設定契約を締結すること（民法363条）によって金融機関の質権は有効に成立し、第三債務者である保険者（保険会社）に対する質権設定の通知または保険者（保険会社）の承諾によって第三債務者に対する対抗要件が備わり、その他の第三者に対抗するためには、その通知・承諾が確定日付ある証書によってなされることが必要となる（同法364条、467条）。金融機関および被保険者から保険者に対して承諾を求め、保険者がこれを承諾し、確定日付を徴するのが実務の取扱いである。なお債権譲渡登記が保険金質の対抗要件に用いられる例はない。

先に述べたように、平成15年民法等改正法により、債権証書の交付が指名債権質の効力発生要件ではなくなったが（同法363条）、実務上は債権証書である保険証券の交付を受けるべきである（「第2章第2節2(2)」参照）。他行に質入れされている保険金請求権の上にさらに質権を取得する場合に、保険証券を占有している先順位の金融機関に対し保険証券の代理占有を依頼し（同

法181条)、その承認を求める。特に協調融資では多数の金融機関が保険金請求権に質権の設定を受けるので、この場合、各金融機関は、①幹事金融機関の決定、②幹事金融機関に委任される事務の内容・範囲、③被担保債権、質権者間の順位および保険事故発生時の保険金の配分方法、④債務者が協定外の債権者のために保険質を設定する場合に幹事金融機関のとるべき措置などを内容とする協定書(書式11)を取り交わし、幹事金融機関が代表して質権設定契約を結ぶ方法がとられる。質権者である各金融機関の行うべき質権設定等の事務を簡便にし、各金融機関間の権利関係を明確にすることを目的と

【書式11】 協 定 書

協　定　書

印紙

　株式会社　　　銀行および　　　(以下「協定者」という)は、　　　(以下「債務者」という)に対する現在および将来の債権の担保として、債務者が所有する末尾記載の物件について、現在締結しまたは将来締結することのある損害保険契約に基づく保険金請求権の上に、それぞれ第　順位の質権を取得するについて、下記事項を協定し、債務者はこれを承認した。

記

第1条　この協定の実施にあたっては、各協定者は株式会社○○銀行を幹事銀行とする。
②　弁済その他の事由により幹事銀行の債権が消滅したときまたはその他の事由により幹事銀行が幹事を辞任したときは、協定者間の協議に基づき後任の幹事銀行を決定するものとする。
第2条　幹事銀行は自己および他の協定者の代理人として、次の事項を処理するものとする。
1　保険証券およびその継続証の占有
2　保険金請求権に対する質権の取得
3　保険契約の継続、更改等の場合に必要な諸手続
4　保険事故発生の場合における損害補てん額の承認ならびに保険金の請求および受領
5　付保物件の修理、復旧等その価値復元のため幹事銀行が必要と認めた場合には、1件金　　　円以下に限り、幹事銀行が受領した保険金を債務者

へ還付することまたは債務者が保険金を直接受領することの承諾
② 幹事銀行は、前項の事項の処理について各協定者に通知するものとする。
第3条 協定者が債務者に代わって保険料を立て替え、または必要な損害保険契約を締結する場合には、他の協定者と協議のうえ行うものとする。
② 前項により保険料を立て替え、または必要な損害保険契約の保険料を支払った場合において、保険事故が発生したときは、幹事銀行は、受領した保険金からその保険金受領時における保険料の立替額または支払額に、当該協定者と債務者との約定に基づく損害金を付した金額を、第4条の債権に優先して、当該協定者に交付するものとする。
第4条 この協定に係る質権は、末尾記載物件に対し現在取得しまたは将来取得することがある抵当権(根抵当権を含む。以下同じ)により担保される債権を優先して担保するものとする。ただし、前記抵当権は登記されたものに限るものとする。
② 前項により保険金を債権の弁済に充当する場合には、幹事銀行は、前記抵当権の順位に従い、かつ、保険金受領時における前項の被担保債権額(元本およびこれに付帯する利息、損害金)に応じて配分交付するものとする。
③ 末尾記載物件に関して登記留保または担保留保である債権ならびに無担保である債権については、保険金受領時における債権額(元本およびこれに付帯する利息・損害金)に応じて配分交付するものとする。
第5条 この協定成立後、債務者が協定者以外の者に対し末尾記載物件についての保険金請求権の上に質権を設定しようとする場合には、あらかじめ幹事銀行の承諾を得るものとする。
第6条 前各条に定める事項の変更その他特に必要と認められる事項については、協定者協議のうえ定めるものとする。

　この協定を証するため、協定書　通を作成し、各協定者ならびに債務者がそれぞれ1通を保有する。
　　　平成　　年　　月　　日
　　　　　（協定者名）

　上記協定書の内容を承認する。
　　　平成　　年　　月　　日
　　　　　（債務者名）
　　　　　（物上保証人名）
　　　　　（付保物件の表示）

して行われる。

(2) 質権の効力と抵当権の物上代位との関係

質権の効力について民法に規定はないが、一般に差押えに関する民法481条を類推し、質入れ債権の債権者および債務者が行うその債権の取立て、弁済、免除、相殺、更改その他質入債権を消滅・変更させるいっさいの行為は質権者に対抗しえないものと解されている（我妻栄『新訂担保物権法』191頁）。

保険金請求権の質権の効力で問題となるのは、抵当権の物上代位との関係である。以下、解説する。

a 問題の所在

保険の目的物件の抵当権者以外の者が保険金請求権に質権の設定を受けた場合には、保険金請求権に対して物上代位を主張する抵当権者と保険金請求権上の質権者との間の権利の優劣の問題を生ずる。民法は抵当権の物上代位について、抵当権は、その目的物の売却、賃貸、滅失または損傷によって債務者が受けるべき金銭その他の物に対しても、行使することができるが、ただし、抵当権者は、その払渡しまたは引渡しの前に差押えをしなければならないと規定している（民法372条、304条）。そして、この物上代位の効力が火災保険金にも及ぶことは通説（我妻栄『新訂担保物権法』283頁、柚木馨＝高木多喜男『担保物権法〔新版〕』275頁）・判例（大判明40・3・12民録13輯265頁、大判大2・7・5民録19輯609頁、大判大5・6・28民録22輯1281頁、大連判大12・4・7民集2巻209頁）の認めるところであるが、抵当権者が差押えを行う前に他の債権者が保険金請求権上に質権を取得した場合、抵当権者は優先権を行使することができるかが問題となる。

学説はおおむね、抵当権者の物上代位権に基づく差押え前に他の債権者が保険金請求権につき差押・転付命令や譲渡を受けていた場合でも、抵当権者は優先権を行使しうるとし、保険金請求権上の質権との優劣は、抵当権の登記の時と質権の対抗要件の具備の前後によって両者の優劣を決すべきである

とする（我妻栄『新訂担保物権法』292頁、柚木＝高木・前掲書283頁）。

b 判例の変遷

判例は変遷を重ねたが、先取特権者が代位の目的たる債権（供託金還付請求権）につき、民法304条1項但書の差押えをしないうちに債務者につき破産宣告が行われても、その債権が譲渡または転付された場合と違って債権の特定性は維持されるので、なおこれを差し押えて物上代位権を行使することができ（最一小判昭59・2・2金融法務事情1056号44頁）、また、先取特権による物上代位の目的となる債権について、一般債権者が差押えまたは仮差押えをしても、先取特権者は物上代位権の行使を妨げられない（最二小判昭60・7・19金融法務事情1105号6頁）という。さらに、民法304条1項但書の「払渡し又は引渡し」には債権譲渡は含まれず、抵当権者は物上代位の目的である債権が第三者に譲渡され、その対抗要件が具備されたのちであっても、自らその債権を差し押えて物上代位権を行使することができる（最三小判平10・2・10金融法務事情1508号67頁）とし、一般債権者による差押えと抵当権者の物上代位権による差押えが競合したときは、前者の差押命令の第三債務者への送達と後者の抵当権設定登記の先後によって優劣を決すべきである（最一小判平10・3・26金融法務事情1518号35頁）とした。

c 火災保険金への質権設定

実務上建物に抵当権の設定を受けた場合には火災保険金請求権に質権の設定を受けるべきであり、そうしておけば抵当権による物上代位権に基づく差押えをしなくてすむ。

(3) 質権の管理

火災保険金請求権は保険契約の存続を前提とするから、質権にとった場合は、火災保険契約を有効に存続せしめることである。第1に、期日管理をしっかりして保険期間満了日には継続させる。火災保険は期間1年で結ばれるのが通常である。第2に、火災保険契約の解約である。特に保険料の不払

い等の約款に定められた事由により解約されないようにしなければならない。なお、解約には、このほか保険者と被保険者との合意による解約もあるが、これは質権者の承諾を得なければそれをもって質権者に対抗できないとされている（大森・前掲書189頁）。

　保険契約を継続する場合にも、質権の第三者対抗要件を引き続き具備するように留意しなければならない。保険契約を継続する場合には、更改契約と継続契約の2つの方式がある。前者は新たに保険契約を結び直すもので、質権の目的となっていた従前の保険契約に基づく保険金請求権は消滅するから、あらためて更改契約に基づく保険金請求権に質権を設定し直さなければならない。後者は、保険約款の規定により、保険契約者の保険申込書は必要なく、保険契約継続証を発行する手続によって、従前の保険契約の保険期間が満了した場合に引き続き保険契約を継続させるものである。

　従前の契約に基づく保険金請求権についての質権の効力が継続契約に基づく保険金請求権にも及ぶかどうかについて、下級審の判例のなかにはこれを肯定的に解し、旧保険契約の保険金請求権についての質権設定の効力は当然継続契約にも存続するとするものもある（名古屋高判昭37・8・10下民集13巻8号1665頁）が、多数説は、この継続契約も保険契約者と保険者の新たな合意を必要とするので、更改契約と同じく従前の契約とは別の新たな契約であり、したがって従前の契約に基づく保険金請求権についての質権の効力も継続契約に基づく保険金請求権には当然には及ばないとしている（南出弘『保険担保の法理と実際』167頁）。

　そこで、質権設定承認請求書には、「下記保険証券ならびに今後の保険継続証に基づく保険金請求権」を質入れした旨定めており、質権は有効に成立したものと解しうるのであるが、当初の保険契約についての質権設定承認書の確定日付によって第三者対抗要件としての効力が継続契約にも及ぶかどうかは疑わしい。したがって、保険契約継続証の差入れを受けるつど、保険契約継続証に保険者の質権設定承認裏書を徴取し、かつ確定日付をとっておく

ことによって、第三者対抗要件を備えておくことが堅実で望ましい。

最後に、保証人等から代位弁済を受けたときは、抵当不動産について代位の付記登記をすると同時に、火災保険金の質権の移転についても保険会社の承諾を得ておく。

(4) 質権の実行

保険事故が発生したとき、質権者は保険者に対して直接保険金の支払を求めることができ（民法366条1項・2項）、保険事故発生の当時被担保債権の弁済期が未到来であるときは、質権者は保険者をして保険金を供託させ、質権はその供託金の上に存する（同法同条3項）。

保険事故が発生して質権者に保険金が支払われたのち、たとえば保険の目的の罹災が被保険者の放火によるものであった場合のように（保険法17条）、保険者に免責事由があるなどのため、保険金支払義務が不存在であったことが判明した場合における返還請求の問題は不当利得の問題となる。質権者が保険金受領の際に「後日に至り貴社にお支払の義務がないことが判明したときは保証人と連帯していっさいの責任を負い貴社にご迷惑をおかけいたしません」との契約文言の記載のある領収証を保険会社に差し入れた事案について、この契約文言は返還義務の範囲に関する特約であって有効であるとし（大阪高判昭40・6・22金融法務事情429号49頁）、また、保険契約者兼被保険者が保険金を受領するにあたりこれとほぼ同趣旨の契約文言を差し入れた場合も、同趣旨の判決を下している（最二小判昭46・4・9金融法務事情620号56頁）。

質権者として受領した火災保険金を債務者に使わせる場合には、ほかに保証人、物上保証人がいるときには、債権者の担保保存義務との関係で（同法504条）、これらの者の同意をとっておく必要があるから注意を要する。

そのほか、構成部品の変動する集合動産を目的とする集合物譲渡担保権の効力は、譲渡担保の目的である集合動産を構成するに至った動産が滅失した

場合にその損害を塡補するために譲渡担保権設定者に支払われる損害保険金に係る請求権に及ぶ（最一小決平22・12・2金融法務事情1917号102頁）、との判例がある。

2 抵当権者特約条項

　抵当権者特約条項による保険金の担保取得は、抵当物件に付された保険契約の保険金請求権を譲渡担保として被保険者から譲り受け、その支払について特別の約定をするものである（様式1参照）。これは普通火災保険・住宅総合保険に限って認められ、優先する抵当権、租税債権があると、支払保険金からこれらの債権を控除したのち支払われる旨の譲歩条項が置かれている。

【様式1】　抵当権者特約条項

> 第1条　当会社は、被保険者が上記保険契約（その継続契約を含む。以下同じ。）による保険金請求権を下記保険の目的について抵当権を有する下記の者（以下「抵当権者」という。）に、損害発生時における当該抵当権付債権の額を限度として譲渡したことを承認し、上記保険契約によりてん補すべき額を損害発生時における当該抵当権付債権の額を限度として抵当権者に支払うものとする。
> 2　前項の抵当権に優先する他の権利がある場合は、前項の支払限度は、上記保険の目的中同一の保険の目的について存在するすべての保険契約によりてん補を受けるべき総額から損害発生時における優先する他の権利により担保せられる債権の額を控除した残額を超えないものとする。
> 第2条　当会社は、火災保険普通保険約款（以下「普通約款」という。）第8条第1項に定める保険契約者又は被保険者の義務の不履行があった場合においても、前条の規定により損害をてん補する責に任ずるものとする。
> 2　抵当権者は、普通約款第8条第1項各号に掲げる事実の発生を知った場合は、遅滞なく、書面をもってその旨を当会社に申し出て、保険証券に承認裏書を請求することを要する。但し、保険契約者又は被保険者がこの手続を完了した場合は、この限りでない。
> 3　抵当権者が前項の手続を怠ったときは、当会社は、抵当権者がその事実

の発生を知った時より承認裏書請求書を受領するまでの間に生じた損害をてん補する責に任じない。
第3条　抵当権者が前条第2項の承認裏書を請求する場合及び保険契約者が普通約款第9条第1項の規定による追加保険料の支払を怠った場合には、抵当権者は、当会社の請求により追加保険料を支払わなければならない。
2　抵当権者が前項の追加保険料の支払を怠ったときは、当会社は、追加保険料領収前に生じた損害をてん補する責に任じない。
第4条　当会社が普通約款の規定により又は保険契約者との合意により上記保険契約を解除する場合は、抵当権者に対して少なくとも10日間の猶予期間を設けて書面により予告するものとする。
第5条　当会社が第2条第1項の規定によって保険金を支払った場合は、その支払った金額の限度において、抵当権者より抵当権付債権及びこれに付随する権利の譲渡を受ける。この場合において、抵当権者は、当会社に対し、譲渡に必要な手続をとらなければならない。
2　前項の場合において、抵当権者に残存する権利があるときは、その権利は、前項の規定により当会社が譲渡を受けた権利に優先するものとする。
第6条　抵当権者特約条項付であると否とを問わず、同一の保険の目的について他の保険契約がある場合は、普通約款第17条の規定による。
第7条　この特約条項は、抵当権の消滅によりその効力を失うものとする。

3　債権保全火災保険

　債権保全火災保険は金融機関が保険契約者兼被保険者となるもので、取引先の協力が得られない場合に利用される。優先する抵当権、租税債権がある場合、保険金からそれらを控除した金額が支払われ、また、別に普通の火災保険契約があることを知った場合には、その保険金を差し押える義務が課せられ、その金額がこの保険金から控除される。債権保全火災保険の約款を掲げておく（様式2）。

【様式２】　債権保全火災保険普通保険約款（抄）

（当会社のてん補責任）
第１条　当会社は、保険証券記載の抵当権の目的（以下抵当物という。）が火災にかかったことにより保険の目的たる被保険者の被担保債権（以下被担保債権という。）について生ずる損失を、この約款に従い、てん補する責に任ずる。

第２条～第12条　＜略＞

（損失のてん補）
第13条　抵当物が火災にかかったときは、当会社は、被担保債権について生じた損失をてん補するため、被担保債権のうち第14条の規定により算出した額に相当する債権の譲渡を受けて、これと同額の保険金を支払う。

（譲渡債権の額の算出）
第14条　前条の規定により譲渡を受ける債権（以下譲渡債権という。）の額は、保険金額に抵当物の損害額の抵当物の価額に対する割合を乗じた金額とする。但し、保険金額が、抵当物の価額又は抵当物に損害を生じた時（以下損害時という。）の被担保債権の額（抵当物に火災による損害が生じたことにより、被保険者が、抵当物の所有者の取得すべき火災保険金若しくは損害賠償金を取得したとき又は第三者より損害賠償金を取得したときは、被担保債権の額から当該取得金額を控除した額）を超過するときは、これらのうちいずれか少ない額に当該割合を乗じた金額とする。

２　抵当物が２以上の不動産よりなる場合又は財団である場合は、前項の規定の適用については、保険証券に記載された不動産又は財団組成物件をもってそれぞれ抵当物とみなし、当該不動産又は当該財団組成物件について配分された保険金額（保険金額が配分されていない場合は、損害時における当該不動産又は当該財団組成物件の価額によって保険金額をあん分した額）をもってそれぞれ保険金額とみなし、当該保険金額によって被担保債権の額をあん分した額をもってそれぞれ抵当物の被担保債権の額とみなす。

３　抵当物が火災にかかったことにより被担保債権について生ずる損失をてん補すべき他の債権保全火災保険契約が存する場合において、この保険契約の保険金額と当該他の保険契約の保険金額との合計額（以下総保険金額という。）が抵当物の価額又は被担保債権の額を超過するときは、譲渡債権の額は、第１項中「保険金額」とあるのを「第３項に規定する総保険金額」と読みかえて同項の規定により算出した額に、この保険契約の保険金額の総保険金額に対する割合を乗じた額とする。

４　抵当物以外の抵当権の目的が火災にかかったことにより被担保債権につ

いて生ずる損失をてん補する他の債権保全火災保険契約が存する場合は、第１項の規定の適用については、被担保債権の額にこの保険契約の保険金額と当該他の保険契約の保険金額との合計額に対する割合を乗じた額をもって同項但書の被担保債権の額とみなす。
（抵当物の価額及び抵当物の損害額）
第15条　前条の抵当物の価額及び抵当物の損害額は、抵当物に損害の生じた時及び地において、抵当物を原状に回復するに要すべき費用を基準として算出する。
（優先する又は同順位の権利）
第16条　抵当物について被保険者の抵当権に優先する権利又は当該抵当権と同順位の権利がある場合は、第14条第１項但書の抵当物の価額及び同条第２項の損害時における当該不動産又は当該財団組成物件の価額は、下記各号の額とする。
　(1)　抵当物について被保険者の抵当権に優先する権利がある場合は、前条の規定により算出した抵当物の価額から損害時において当該権利により担保されている債権の額を控除した額
　(2)　抵当物について被保険者の抵当権と同順位の権利がある場合は、前条の規定により算出した抵当物の価額を損害時において当該権利により担保されている債権の額によってあん分した額
　(3)　抵当物について被保険者の抵当権に優先する権利及び当該抵当権と同順位の権利がある場合は、第１号の規定により算出した額について第２号の規定を適用して算出した額
２　前項の場合において、優先する権利、又は同順位の権利の目的が２以上の不動産よりなる場合又は財団である場合は、当該権利により担保される債権の額に前条の規定により算出した抵当物の価額の当該不動産の価額の合計額又は当該財団の価額に対する割合を乗じた額をもって当該権利により担保される債権の額とする。
（損害時の債権の額）
第17条　第14条の被担保債権の額は、損害時における元金と損害時前最後の２年間の未収利息の合計額とする。但し、被担保債権が無利息債権である場合は損害時後弁済期日までの法定利息を、利息前払債権である場合は損害時後弁済期日までの約定利息を、それぞれ損害時における元金から控除した額とする。
（火災保険金請求権又は損害賠償請求権）
第18条　被保険者は、抵当物に火災による損害が生じたことにより、抵当物の所有者に火災保険金請求権又は損害賠償請求権のあることを知った場合、又は自己に損害賠償請求権がある場合は、遅滞なく、その旨を当会社

に通知し、且つ、第13条の規定により当会社に債権を譲渡する以前においては、当会社と協議の上、当該火災保険金請求権又は当該損害賠償請求権を差押又は行使しなければならない。
2 　被保険者が正当な理由がなくて、前項の手続をしないことにより、当該火災保険金請求権に基づく火災保険金又は当該損害賠償請求権に基づく損害賠償金を取得できなかったときは、当会社は、当該手続の行使によって免れることができる金額の限度において、損失てん補の責を免れ、又は損失をてん補した金額の返還を請求することができる。

第2節

生命保険担保

1 担保権の設定

a 生命保険金債権とは

　生命保険契約は、「保険契約のうち、保険者が人の生存又は死亡に関し一定の保険給付を行うことを約するもの（傷害疾病定額保険契約に該当するものを除く。）をいう」（保険法2条8号）と定義している。契約の当事者は、保険金の支払義務を負う「保険会社」と保険料の支払義務を負う「保険契約者」である。このほかに、その者の生死に関して契約が締結される「被保険者」と保険金を受け取れる「保険金受取人」があり、保険契約者、被保険者、保険金受取人は同一人であってもよい。

　生命保険金債権とは、生命保険契約により生ずる保険会社に対する金銭債権で、それには保険金請求権、解約返戻金請求権、積立金払戻請求権、利益配当請求権等がある。

b 担保の取得方法

　生命保険金債権を担保に取得する方法には、①金融機関が保険金受取人となる方法と②質権（譲渡担保権）の設定を受ける方法とがあり、前者はさらに、ⅰ金融機関自身が保険契約者となり、かつ保険金受取人となる、ⅱ金融機関を保険金受取人とする生命保険契約を締結させる、の2つがある。

①ⅰ：金融機関自身が保険契約者となりかつ保険金受取人となるのは、住宅ローンにおける団体信用生命保険にみられる。しかし生命保険契約の締結を債務者に強制する問題から、上記を除きほとんど利用されていない。

①ⅱ：金融機関を保険金受取人とする生命保険契約を締結させるのは、新た

に保険契約を締結させるだけではなく、既存の生命保険契約の保険金受取人を金融機関に変更させることによってもできる。

②：質権または譲渡担保権の設定を受けるのは、債権質（民法362条）または債権譲渡（同法467条）の方法によるもので、設定契約の相手方は保険金受取人で、その指定がないときは保険契約者である。

2 担保の管理

　保険会社の義務は保険料の払込みがあった時から開始するので、保険料払込みの有無を確認する。前記①ⅰは金融機関が保険契約者であるから問題はないが、①ⅱと②は債務者等が保険料を支払うので特に注意しなければならない。そのほか、被保険者の自殺、戦争その他の変乱による被保険者の死亡など保険者の免責（保険法51条）や保険給付の履行期（同法52条）などにも注意を払わなければならない。

　なお、保険料の払込みがなされない場合に履行の催告なしに保険契約が失効する旨を定める約款の条項は、消費者契約法10条にいう「民法第1条第2項に規定する基本原則に反して消費者の利益を一方的に害するもの」に該当しない（最二小判平24・3・16金融法務事情1948号75頁）。

3 担保の実行

　保険事故が発生した場合、保険金受取人として金融機関は遅滞なく保険会社に保険事故の発生を通知し（保険法50条）、保険金を受領のうえ債権の返済に充当する。また、金融機関自身が保険契約者となった場合には、解約権を行使し、保険会社から解約返戻金の支払を受けることができるが、その例はまれであろう。

第4章

特殊債権担保

　本章では、特殊な代金債権担保について解説する。①入居保証金・建設協力金担保、②ゴルフクラブ会員権担保、③診療報酬債権担保、④退職金・恩給・賃金・年金債権担保、⑤議員報酬債権担保、⑥リース債権担保、および、⑦集合債権担保の7つがそれである。

　これらは、基本は代金債権を担保とするものであり、債権者と担保提供者との譲渡担保権設定契約あるいは質権設定契約の締結によって担保権が成立し、第三債務者（担保目的債権の債務者）に対する担保権設定の通知または第三債務者の承諾によって第三債務者に対する対抗要件が備わり、かつ、その通知または承諾が確定日付ある証書によってなされることによりその他の第三者に対する対抗要件も具備することになる。さらに第三者対抗要件には債権譲渡の登記制度がある。この点はすでに触れた売掛金債権・工事請負代金債権等の一般の代金債権担保となんら異なるところはない。

　しかしこれらの特殊債権は、①はビル・建物の賃貸借契約との関係、②はゴルフ場の利用形態との関係、③は将来発生する債権である点、④、⑤は労働基準法上の賃金との関係、⑥はリース契約との関係、そして⑦は債権が入れ替わる点がそれぞれ問題となり、それが各債権の性質、ひいては担保取得上の留意点に影響を及ぼしている。

　以下、これらの点を視野に入れながら各債権の特色と担保実務について検討しよう。

第1節

入居保証金・建設協力金担保

1　入居保証金・建設協力金と敷金・権利金

　入居保証金は貸ビルに入居する際に賃借人から賃貸人に交付される金銭であり、それにはおおむね3つある。

　その1は、滞納賃料や損害賠償等の賃貸人の債権の担保となるもので、敷金と同じ性質をもつ。家屋賃貸借における敷金は、賃貸借契約終了後家屋明渡義務履行までに生ずる賃料相当額の損害金債権その他賃貸借契約により賃貸人が賃借人に対して取得するいっさいの債権を担保するものであり、敷金返還請求権は、賃貸借契約終了後家屋明渡完了の時までに生じた上記被担保債権を控除した残額につき発生する。賃貸借終了後明渡し前に家屋の所有権が他に移転した場合、敷金は、旧所有者と新所有者との合意のみによっては、新所有者に承継されず（最二小判昭48・2・2金融法務事情677号45頁）、家屋の賃貸借終了に伴う賃借人の明渡債務と賃貸人の敷金返還債務とは、特別の約定のない限り、同時履行の関係に立たない（最一小判昭49・9・2金融法務事情738号37頁）。一方、賃借権の移転を賃貸人が承諾したことにより旧賃借人が賃借関係から離脱した場合においては、敷金交付者が賃貸人と敷金を新賃借人の債務の担保とすることを約し、または新賃借人に対して敷金返還請求権を譲渡するなど特段の事情のない限り、敷金は新賃借人に承継されない（最二小判昭53・12・22金融法務事情883号52頁）。敷金の交付は金銭所有権の信託的譲渡と解されており、敷金は本節の入居保証金とは異なる。

　なお、法制審議会民法（債権関係）部会で平成27年2月10日に決定された「民法（債権関係）の改正に関する要綱案」に、敷金に関する規定が新設さ

れている。また、通常の使用および収益によって生じた賃借物の損耗ならびに賃借物の経年変化については、賃借人の原状回復義務の範囲から除くとされるなど、借主の義務に関する規定にも変更がある。債権法改正の動向にも注目しよう。

その2は、約定期間に反して早期に賃貸借関係を終了させた場合の制裁金である。

そしてその3は、ビルを建設しようとする者または建設した者がビルについて賃貸借の予約または賃貸借契約を締結して、その予約者または賃借人からビル建設資金に利用または充当することを目的として交付を受ける金銭で、賃貸借契約中に特約される場合と賃貸借契約とは別の金銭消費貸借契約で締結される場合とがある。未完成ビルの場合には建設協力金といわれる。

なお、このほか、ビル賃貸借に際して権利金が授受されることがあるが、これは営業権の対価、賃料の前払い、賃借権譲渡の事前承諾の対価等の意味をもつものに分けられ、権利金の所有権は賃貸人に移転し、返還を予定されていない。

返還請求権を生じない権利金は担保の目的とはならない。また、敷金返還請求権は停止条件付債権なので、停止条件の成否に権利が依存することからその担保価値はあまり高いものとはいえない。担保として適当なのは入居保証金・建設協力金である。その担保権の設定と担保としての問題点について解説する。

2 担保権の設定

(1) 債権内容等の調査

担保取得にあたっては、まず入居保証金に関する契約内容・契約条件を調査する。調査の対象は、①入居保証金の金額、②返還請求権者、返還義務者（まれではあるが入居保証金をビル賃借人以外の第三者が差し入れたり、ビル賃貸

人以外の管理会社が受け入れていることがある）、③返還の時期・条件・方法、④賃料を担保する規定の有無、敷金との関係、⑤譲渡・質入れの禁止の有無、等である。

　次に、ビル賃貸人、賃借人の資力・信用力を調査する。ビル賃貸人の資力・信用によって入居保証金返還請求権の価値はまったく異なったものとなり、また、ビル賃借人が賃料を延滞したり、ビル設備を損傷すると、入居保証金からそれ相応の金額が控除され、担保価値が低減するおそれがある。

(2) 担保権の設定手続

　入居保証金は賃貸借に関連して締結されるが、その返還請求権は指名債権であり、担保に取得する方法は債権質と譲渡担保である。

　債権質は、金融機関がビル賃借人と質権設定契約を締結することによって効力を生じ（民法363条）、第三債務者であるビル賃貸人への通知またはその承諾によってビル賃貸人に対抗することができ、さらにこの通知または承諾が確定日付ある証書によってなされればその他の第三者にも対抗することができる（同法364条、467条）。さらに、債権質についても登記による対抗要件取得が認められている（動産・債権譲渡特例法14条、4条）。質権設定の書式は別掲のとおりである（書式12）。

　一方、譲渡担保の場合には、金融機関がビル賃借人と債権譲渡契約を結ぶことによって効力を生じ（民法466条）、対抗要件については、債権質におけると同様である（同法364条、467条、動産・債権譲渡特例法4条）。

　ビル入居保証金には譲渡・質入禁止の特約があるのが一般的であり、その場合でも、債務者が譲渡を承諾したときは、債権譲渡は有効となる（前掲最一小判昭52・3・17）。もっとも、債権の譲受人が、債権譲渡禁止特約の存在につき善意であったときは、債権の取得を妨げられないが（民法466条2項但書）、金融機関が入居保証金の契約内容を調査しないことはありえず、また特約の存在を知らなかったことにつき重大な過失があるときは、当該債権を

【書式12】 入居保証金担保差入証

入居保証金担保差入証

平成　年　月　日

株式会社〇〇銀行御中

　　　　　　　　　　　　　　住　所
　　　　　　　　　　　　　　債務者
　　　　　　　　　　　　　　氏　名　　　　　　　㊞

　債務者は、債務者が貴行に対して現在および将来負担するいっさいの債務の根担保として、別に貴行と締結した銀行取引約定書の各条項のほか、下記の各条項を承認のうえ、債務者が有する下記に表示した債権に質権を設定し、その債権証書を貴行に差し入れます。

質権の目的たる債権の表示

　債務者と△△株式会社の、平成〇〇年〇〇月〇〇日付賃貸借契約証書第　　条の規定に基づいて、債務者が△△株式会社に交付した入居保証金返還請求権　金　　　　円也

第1条　債務者が貴行に対する債務を履行しなかった場合には、債務者に事前に通知することなく、直ちに質権を実行されても異議はありません。
②　前項の場合、債権債務の利息・割引料・損害金などの計算については、その期間を質権実行の日までとし、利率・料率などについては貴行の定めによります。
第2条　前条によって債務の弁済に充当し、なお残債務がある場合には直ちに弁済いたします。
第3条　本契約により質権の目的となっている債権の全部または一部の弁済期が到来した場合には、債務者の債務の弁済期未到来のときでも、貴行において任意受領され、これをその債務の弁済に充当されても異議はありません。
第4条　債務者は、本契約によって質権の目的となった債権については、無効・取消その他の瑕疵または相殺の原因などのないことを保障いたします。
第5条　債務者は、本契約によって質権の目的となった債権の原契約である△△株式会社との賃貸借契約を忠実に履行し、貴行の質権に損害を生じさせないことを確約いたします。

　上記契約による質権設定を承諾いたします。

平成　年　月　日

　　　　　　　　　　　住　所　×××××××
　　　　　　　　　　　氏　名　△△株式会社
　　　　　　　　　　　　　　　代表取締役　　　　㊞

（注）1．被担保債権を特定する場合には、前文中「現在および将来負担するいっさいの債務の根担保として」の部分を適宜修正する。
　　　2．第三債務者の承諾文言（上記担保差入証の下部）は、別紙の承諾書によってもさしつかえない。別紙にする場合には、担保差入証書3条の規定を第三債務者に了知させるため別紙承諾書上でも特約しておくのがよい。
　　　3．上記担保差入証の書式を利用する場合には承諾文言の部分に、別紙承諾書の場合にはその承諾書に、確定日付を受けておくことを忘れてはならない。

取得することができないとされているので（前掲最一小判昭48・7・19）、金融機関が善意の第三者としてビル賃貸人に対して担保取得を主張できる可能性はないであろう。なお前述したように近時（「第2章第1節3」参照）、債権譲渡禁止特約のある売掛金債権を譲り受けた金融機関に重大な過失があるとした判例がある（前掲最一小判平16・6・24）。また、賃貸人の承諾をとっておいたほうが、担保権の管理・実行も容易になる。その点からも、賃貸人の承諾はとっておくのが適当である。

3　担保としての問題点

　まず担保評価をどうするかが問題になる。ビル賃貸人、賃借人の資力・信用力が担保価値を左右することはすでに説明した。賃借人が賃料を延滞すればそれだけ控除されるものとして入居保証金の評価をしておくのが無難であり、また、賃貸人の資力は入居保証金の担保価値に直接に影響する。入居保証金の返還時期は長期なので、賃貸人の資力・信用力は返還時期まで長期にわたって考慮しておかなければならない。

　次に、ビル所有者が変わった場合に、新所有者に対して入居保証金の返還請求をできるかが問題となる。この点については、ビルの貸室の賃貸借契約

に際し賃借人から差し入れられた保証金について、賃貸人がビル建築資金として他から借り入れた金員の返済に充てることを主要な目的とするいわゆる建設協力金であり、賃貸借契約成立の時から5年間これを据え置き、6年目から利息を加えて10年間に返還する約定であり、ほかに敷金も差し入れられているなどの事実関係のもとでは、ビルの所有権を取得した新賃貸人は旧賃貸人の上記保証金返還債務を承継しないとした判例がある（最一小判昭51・3・4金融法務事情788号27頁）。すると、入居保証金の対象がビルの区分所有権となっているのなら、賃借人がそのビル区分所有権に入居保証金返還請求権を被担保債権とする抵当権の設定を受け、そのうえで入居保証金に質権（あるいは譲渡担保権）を取得した金融機関がその抵当権に転抵当権の設定を受けて保全を図る方法もありえよう（民法376条）。

　入居保証金の評価・管理にはこれらの点にも留意しなければならない。

第2節

ゴルフクラブ会員権担保

1　社員会員制・株主会員制・預託金会員制

　ゴルフ会員権の権利の内容は、一般には、ゴルフ場の施設を優先的かつ継続的に利用することができる権利を本体とする法律上の地位をいい、権利者はゴルフクラブの会員になるのが通例であるため、ゴルフクラブ会員権といわれる。ゴルフクラブと会員権の関係には、社員会員制、株主会員制、預託金会員制の3つがある。

　ゴルフを愛好する者が社団法人あるいは財団法人を設立し、その社団法人・財団法人がゴルフ場を経営する場合、ゴルフ場の所有・経営と会員組織とが分離されていない。このようなゴルフ場の経営形態を社員会員制といい、名門コースに多く、現在新しく設立される例はない。

　現在では、ゴルフ場は株式会社によって経営される。一方、ゴルフ会社とは別にゴルフクラブという任意団体をつくり、ゴルフクラブの会員に対してゴルフ場施設を優先的に利用させることにしている。この会員となるためには入会金を必要とし、この入会金がゴルフ場を所有・経営する株式会社の株式払込金に充当され、会員がすべて会社の株主となる形態を株主会員制といい、この入会金が会社の預り金として預託され、退会のときに返還する形態を預託金会員制という。

2　担保権の設定

(1)　ゴルフ会員権の調査

　まず、ゴルフ会員権は市場価格によって左右されるので、ゴルフ場経営会社の資力・信用力を調査しなければならない。代金債権担保における第三債務者、入居保証金におけるビル賃貸人の資力・信用力が重要なのと同じである。

　次に、ゴルフ会員権が株主会員制か預託金会員制かを調査する。

　株主会員制では、会員は株主として株主総会を通じて会社の経営に参加でき（会社法295条以下）、会社が解散したときには残余財産の分配を受ける（同法504条）。一方、会員としての地位においてゴルフ場施設を利用する権利を有し年会費支払義務等を負う。株主会員権の譲渡は、株式の譲渡として、会社法上の株式譲渡の手続（同法128、130条）のほか、会員としての地位の譲渡をも伴うので、前会員の脱退および新会員の加入手続、理事会の承認、名義書替料の支払を要することになる。なお、「第7章第2節1(3)」参照。

　預託金会員制では、会員は預託金返還請求権を有するのみで、経営に関与することはできず、クラブは任意団体で、クラブおよびクラブの代表者はゴルフ会社の1つの機関にすぎない（最三小判昭50・7・25金融法務事情765号33頁）。会員権は預託金返還請求権とゴルフ場施設の優先利用権・会費納入義務等が包含されたゴルフ会社と会員との契約上の地位である（前掲最三小判昭50・7・25）。預託金会員権を譲渡するには、預託金の譲渡のほかに株主会員権と同じ契約上の地位を譲渡する手続が必要となる。そして、預託金会員制においては、会社は一般に会員に預託金証書を発行しており、預託金譲渡の手続は預託金証書の裏書によってなされる。

　預託金証書の法的性質は議論の分かれるところであるが、有価証券ではないとされ（最一小判昭57・6・24金融法務事情1020号38頁）、実務上は単なる証

拠証券として扱われている。

(2) 設定の手続

　株主会員制のゴルフ会員権を担保にとるには、会社法の規定に基づく質権（会社法146条）と譲渡担保権（同法128条）があり、質権ないし譲渡担保権設定契約を締結したうえ株券の交付を受け、かつ、継続して占有することにより第三者対抗要件を備えることになる。そのほか会員としての地位の譲渡を伴うので、会員の加入脱退手続、理事会の承認、名義書替料の支払を要するのは前記「(1)ゴルフ会員権の調査」のとおりである。

　預託金会員制のゴルフ会員権を担保にとるにも質と譲渡担保があり、質権ないし譲渡担保権設定契約を締結したうえ（書式13）、質権・譲渡担保権とも確定日付ある証書によるゴルフ場経営会社への通知またはその承諾（民法364条、467条）により第三者対抗要件を備える。判例は、預託金会員制ゴルフの会員権の譲渡をゴルフ場経営会社以外の第三者に対抗するには（会員名義書替手続の完了ではなく）指名債権譲渡の場合に準じて譲渡人が確定日付ある証書によりこれをゴルフ場経営会社に通知し、またはゴルフ場経営会社が確定日付ある証書によりこれを承諾することが必要であり、かつそれで足りるという（最二小判平8・7・12金融法務事情1491号65頁）。そのほか会員としての契約上の地位の譲渡手続と預託金証書の裏書を要するのは前記「(1)　ゴルフ会員権の調査」のとおりである。

　ただ、担保提供者が引き続きゴルフ場を利用する場合には、第三者対抗要件の手続を留保し、金融機関と担保提供者間で担保権設定契約をするとともに、株券または預託証書の交付を受け、さらに名義書替申請書、脱会届などの名義書替必要書類をあらかじめ徴取しておく。

【書式13】　ゴルフクラブ会員権担保差入証

ゴルフクラブ会員権担保差入証

平成　　年　　月　　日

株式会社○○銀行　殿

債　務　者　住所
担保権設定者　氏名　　　　　　㊞
担保権設定者　住所
（物上保証人）氏名　　　　　　㊞

第1条　担保権設定者（以下「設定者」という）は、債務者が別に貴行と締結した銀行取引約定書1条に規定する取引によって貴行に対して現在および将来負担するいっさいの債務の根担保として、上記銀行取引約定書の各条項のほか、下記の各条項を承認のうえ、設定者が有する下記内容のゴルフクラブ会員権を貴行に譲渡しました。

ゴルフクラブ会員権の内容

　△△株式会社に対する預託金返還請求権金　　　　円也（預託金証書番号△△号）
　〔△△株式会社の額面記名普通株式××株（株券番号△△号）〕
　△△ゴルフクラブ施設の優先的利用権および年会費納入等の義務

第2条　設定者は、前条の預託金証書に譲渡裏書をし、それに名義書替申請書および会員脱退届を添えて貴行に交付しました。

　〔設定者は、前条の株券に名義書替申請書および会員脱退届を添えて貴行に交付しました。〕

第3条　年会費その他会員として要求される費用は、債務者および設定者（物上保証人）が連帯して負担します。

第4条　債務者が貴行に対する債務を履行しない場合には、設定者は、貴行において上記会員権を一般に適当と認められる方法、時期、価格等で売却処分し、債務の弁済に充当されても異議ありません。

②　前項の場合、会員権の譲渡に伴う名義書替料、滞納年会費その他会員としての債務および売却処分に要した費用は債務者および設定者（物上保証人）が連帯して負担し、前項の充当に先立って前項の処分代金から控除されても異議ありません。

第5条　債務者は前条によって債務を弁済し、なお残債務がある場合には直ちに弁済します。

第6条　設定者（物上保証人）は、貴行がその都合によって他の担保もしくは保証を変更、解除しても免責を主張しません。

> ② 設定者（物上保証人）が第1条に定める債務を履行した場合、代位によって貴行から取得した権利は債務者と貴行との取引継続中は、貴行の同意がなければこれを行使しません。もし貴行の請求があればその権利または順位を無償で譲渡します。

(注) 1. 根担保ではなく特定債務担保とする場合には、アンダーラインの部分を次のように改め「ゴルフクラブ会員権の内容」の前に次のように「債務の表示」を挿入する。
……貴行に対して負担する下記債務の担保として、別に差し入れた……
債務の表示
1. 原　因　平成　年　月　日金銭消費貸借契約による債務
2. 金　額　元金　金　　　　円也
3. 弁済期　平成　年　月　日
2. 預託金会員制・株主会員制の担保差入証であるが、〔　〕内は株主会員制の場合の読替部分である。

3　担保権の実行

　ゴルフクラブ会員権の担保の実行方法は、あらかじめ徴取しておいた名義書替に必要な書類を使って会員権を第三者に売却する方法による。売却代金が融資債権より多い場合には、余剰分は担保提供者に返戻して清算する。ただし、預託金会員制ゴルフ会員権を目的とする譲渡担保権設定契約において、設定者が、あらかじめ、譲渡担保権者の換価処分によりゴルフ会員権を譲り受けた者のために、ゴルフクラブの規則上譲渡に必要とされているゴルフクラブ理事会の承認手続に協力することを承諾している場合には、設定者は、譲受人に対し、同時履行の抗弁により、譲渡担保権者が清算金を提供しないことを理由として右譲渡承認手続に協力することを拒絶することはできない（前掲最三小判昭50・7・25）。

　担保権の実行に際しては名義書替料等の手数料に気をつけなければならない。譲渡担保権実行により第三者に直接名義書替ができればよいが、とりあえず金融機関に名義を移し、その後第三者に譲渡・売却をすると、さらに名義書替料等の手数料が必要となるからである。特に、金融機関名義にする旨

の債務名義に基づいてゴルフ会員権を差し押えると、このような事態になるのを回避できるようゴルフ場の理解を求めるのが適当である。

　被担保債権の弁済期の到来を前提として、譲渡担保権者が譲渡担保権設定者とゴルフ場経営会社との入会契約をそのままにして預託金返還請求権のみを行使できるのか、それとも、譲渡担保権設定者がゴルフクラブを退会する必要があるかが問題となるが、下級審のなかに、譲渡担保権者は自ら譲渡担保権設定者を退会させて預託金返還請求権を行使することができると判示したものがある（東京地判平14・11・20金融法務事情1668号80頁）。

4　預託金返還請求訴訟

　バブル崩壊後ゴルフクラブ会員権の価格が下落し、会員権市場で売却できない、できても大幅に額面割れする状況に追い込まれたため、多くの会員は市場で回収するのを断念、直接ゴルフクラブに対して預託金の返還を求めるようになり、訴訟に発展するケースが多発したのは周知のとおりである。これに対してゴルフクラブ側は、据置期間の延長を主張したものの、裁判上認められず、勝訴した会員によるゴルフクラブの売上金の差押えの事態にまでなった。

　そこでクラブ側は差押えを回避するため、ゴルフクラブの営業を別会社に譲渡する手段を講じるようになった。これに対して平成16年2月最高裁判所は、「預託金会員制のゴルフクラブの名称がゴルフ場の営業主体を表示するものとして用いられている場合において、ゴルフ場の営業の譲渡がなされ、譲渡人が用いていたゴルフクラブの名称を譲受人が継続して使用しているときは、譲受人が譲受後延滞無く当該ゴルフクラブの会員によるゴルフ場施設の優先的利用を拒否したなどの特段の事情がない限り、会員において、同一営業主体による営業が継続しているものと信じたり、営業主体の変更があったけれども譲受人により譲渡人の債務の引受けがなされたと信じたりするこ

とは無理からぬものというべきである。したがって、譲受人は、上記特段の事情のない限り、商法26条1項（現行会社法22条―筆者注）の類推適用により、会員が譲渡人に交付した預託金の返還義務を負うものと解するのが相当である」とした（最二小判平16・2・20金融法務事情1710号49頁）。

第 3 節

診療報酬債権担保

1 診療報酬債権と担保適格

　診療報酬債権とは、医師（保険医）が患者（被保険者）を診療したときに、診療報酬支払義務者である患者にかわって支払を担当する社会保険診療報酬支払基金（以下「基金」という）または国民健康保険団体連合会（以下「連合会」という）から支払を受ける権利である。

　指名債権であり、医師が安定した診療をしていれば月々の基金等から支払われる報酬も安定するのみならず、第三債務者である基金等に支払不能などは考えられないので、金融取引に適した担保であるが、その半面、将来発生する債権であり、しかも債権額が特定していない点に問題がある。代理受領や振込指定の方法が可能なことに異論はないが、譲渡担保、質入れが可能であるかどうか、担保権の設定とその管理について検討してみよう。

2 担保権の設定

(1) 担保取得の可否

a　将来の債権は譲渡できるか

　将来の債権も譲渡できることは判例が古くから認めている。しかし、判例が譲渡の目的として認める将来の債権は発生の可能性があるのみでは足らず、債権発生の基礎である法律関係がすでに存在していることを要するようである。たとえば、将来発生することあるべき利益配当金請求権（大判明43・2・10民録16輯84頁）や組合の解散後その清算終了前に出資金返還・利

益請求等の諸権利（大判昭8・9・19法学3巻331頁）を将来の権利として譲渡するのを有効としている。では、診療報酬債権はどうか。

b　判例の変遷

判例は変遷する。

①東京地裁昭和39年4月30日判決（下民集15巻999頁）、②その控訴審（東京高判昭43・9・20金融法務事情527号32頁）とも債権譲渡の効力を認めなかったが、③上告審（最一小判昭48・12・20民集27巻11号1594頁）は支払担当機関が医師に直接支払義務を負担することを認め、破棄差戻した。④差戻審（東京高判昭50・12・15判例時報805号72頁）は譲渡を有効と認め、⑤上告審（最二小判昭53・12・15金融法務事情898号93頁）は、それほど遠いものでなければ、始期と終期を特定してその権利の範囲を確定することによって、これを有効に譲渡することができると、将来の診療報酬債権の譲渡性を認めた。⑥さらに平成11年最高裁は、「医師が社会保険診療報酬支払基金から将来8年3箇月の間に支払を受けるべき各月の診療報酬債権の一部を目的として債権譲渡契約を締結した場合において、右医師が債務の弁済のために右契約を締結したとの一事をもって、契約締結後6年8箇月目から1年の間に発生すべき目的債権につき契約締結時においてこれが安定して発生することが確実に期待されたとはいえないとし、他の事情を考慮することなく、右契約のうち右期間に関する部分の効力を否定した原審の判断には、違法がある」とし、「もっとも、契約内容が譲渡人の営業活動等に対して相当とされる範囲を著しく逸脱したり、他の債権者に不当な不利益を与えるなど特段の事情のある場合は、公序良俗違反等として契約の全部又は一部が無効となり得る」とした（前掲最三小判平11・1・29）。本判決によって、将来の長期の診療報酬債権であっても質権または譲渡担保権の対象とすることができることとなったが、一方で医師の営業活動や他の債権者に不当な不利益を与えないようにしなければならない。

(2) 設定の手続と注意点

a　設定の手続

　前掲⑤最二小判昭53・12・15により、将来債権についても譲渡担保あるいは債権質の対象とすることが可能であると認められた。譲渡担保は、金融機関（譲受人）・医師（譲渡人）間で譲渡担保契約を締結することによって効力を生じ（民法466条）、基金等支払担当機関に対して譲渡の通知をするかまたはその承諾を得ることによって第三債務者である基金等への対抗要件を具備し（同法467条1項）、さらに基金等以外の第三者にも対抗するためには、上記通知または承諾を確定日付ある証書をもって行う（同法同条2項）。もっとも基金等が承諾する例はないようで、通知方式になるであろう。診療報酬債権担保差入証と債権譲渡通知書の書式を掲げておく（書式14・15）。債権譲渡の登記制度は法人が債権を譲渡した場合に限られるので（動産・債権譲渡特例法4条）、医療法人との取引では利用できるが、個人の開業医には適用されない。

　債権質は、金融機関（質権者）・医師（質権設定者）間で質権設定契約を締結することによって有効に成立し、基金等およびその他の第三者に対抗するためには、確定日付ある証書をもってする質権設定の旨の通知あるいは承諾が必要であること（民法364条、467条）、登記による対抗要件取得は医療法人との取引に限られるのは、譲渡担保におけるのと同様である。また、質権設定者との間で、①金融機関は質入診療報酬債権の金額を取り立てる権限があること（同法366条2項参照）、②被担保債権の弁済期日が未到来であっても、質権の実行が可能であること（同法同条3項参照）を特約するのは代金債権担保におけると同様である。「第2章第2節3」参照。

　なお、代理受領や振込指定も理論上は可能だが、基金、連合会とも代理受領は認めず、振込指定だけを認めている。

b　担保取得上の注意点

　診療報酬債権の性質から、担保取得にあたってはいくつかの注意点があ

第4章　特殊債権担保

【書式14】 診療報酬債権担保差入証

診療報酬債権担保差入証

印 紙

平成　年　月　日

株式会社○○銀行　殿

債　務　者
担保権設定者　　　　　　　　　㊞

　債務者は、①債務者が別に貴行と締結した銀行取引約定書1条に規定する取引によって貴行に対して現在および将来負担するいっさいの債務（以下「原債務」という）の根担保として、前記銀行取引約定書の各条項のほか、下記の各条項を承認のうえ、債務者が現在有し、また将来有すべき下記に表示した診療報酬債権（以下「担保債権」という）を貴行に譲渡しました。

譲渡の目的たる債権の表示

　債務者②（医家番号○○○番）の社会保険診療報酬支払基金（または国民健康保険団体連合会）に対して有する③平成○○年○○月○○日から平成○○年○○月○○日までのいっさいの診療報酬債権

第1条　貴行は上記診療報酬債権が発生し、これの支払を受けられたときは、その全額を債務の期限前でも貴行任意の時期・方法により原債務の弁済に充当することができます。

第2条　前条によって原債務の弁済に充当し、なお残債務がある場合には債務者は直ちに弁済します。

第3条　債務者は、本契約によって譲渡の目的となった債権については、無効、取消その他の瑕疵または相殺の原因などのないことを保障いたします。

第4条　④債務者は、本契約によって譲渡の目的となった債権を保全するために誠実に診療業務を継続し、また毎月の診療報酬の請求を滞りなく行い貴行の担保権に損害を生じさせないことを確約します。

（注）①　特定債務を担保する場合は、担保差入証前文下線部分を「平成○○年○○月○○日付金銭消費貸借契約証書に基づく債務の担保として、同契約書に記載の各条項のほか」のように適宜修正する。
　　　②　医家番号の記載は必須ではないが、債権特定の一助となり、かつ基金等の事務処理にも便利であるからなるべく記入する。なお、医師によっては、診療所を複数開いている等の理由により、医家番号を複数有している者があるから、記入にあたってはこの点にも注意する。
　　　③　診療報酬は1カ月単位で支払われるから、債権の範囲特定のために表示する

暦月は必ず月初日から月末日とする。
④　第4条はいわゆる精神規定であって法律上の効果はない。また実際の医師取引においてこのような文言に異を唱える医師も少なくないであろうから、そのような場合には削除してもかまわない。

【書式15】　債権譲渡通知書

```
                    債権譲渡通知書⑤

                                    平成　　年　　月　　日

     社会保険診療報酬支払基金　殿
     （または国民健康保険団体連合会）

                                 住　　所
                                 譲　渡　人
                                 氏　　名　　　　　　　㊞

     私⑥（医家番号○○○番）は平成○○年○○月○○日、私の貴基金に対し
    て現在有しまたは将来有すべき下記表示の診療報酬債権を株式会社○○銀行
    に譲渡しましたからご通知いたします。なお譲渡した債権につきましては、
    株式会社○○銀行宛　同行○○支店へ振り込んで下さい。
                   譲渡した診療報酬債権の表示
     平成○○年○○月○○日から平成○○年○○月○○日までのいっさいの診
       療報酬債権
```

（注）　⑤　通知は確定日付ある証書によらなければ債務者以外の第三者に対抗できないので、郵便により通知する場合は、内容証明郵便にし、配達証明をとる。
　　　　⑥　【書式14】の（注）②と同様。

る。

　第1は、どの部分の診療報酬債権を担保にとるのか、その範囲を明確にさせておく必要がある。前掲本節2(1)b⑤最二小判昭53・12・15は「始期と終期を特定してその権利の範囲を確定することによって」有効に譲渡でき、また前掲同⑥最三小判平11・1・29は「適宜の方法により右期間の始期と終期を明確にするなどして譲渡の目的が特定されるべきである」としている。具体的には「基金に対して有する平成○○年○○月○○日から平成○○年○○月○○日までのいっさいの（あるいは健康保険法に基づく）診療報酬債権」と

第4章　特殊債権担保　　119

記載することになろう。

　第2は、「将来」とはどの程度の先まで有効かである。前掲(1)b⑤最二小判昭53・12・15は「遠い将来のものでないこと」とし、同判決の事例では1年内であったが、前掲同⑥最三小判平11・1・29の事例は将来8年3カ月の期間であり、案件によっては将来相当長期間の診療報酬債権も担保に取得できるものと解してよいであろう。

　第3は、前掲(1)b⑤最二小判昭53・12・15が「特段の事情のない」ことを求め、また前掲同⑥最三小判平11・1・29は「契約内容が譲渡人の営業活動等に対して相当とされる範囲を著しく逸脱したり、他の債権者に不当な不利益を与えるなど特段の事情のある場合は、公序良俗違反等として契約の全部又は一部が無効となり得る」とした点である。具体的にどのようなことが「特段の事情」に当たるのか、今後の判例が待たれるところだが、この点も注意しておく。

　第4に、診療報酬債権は毎月支払われるものであるから、融資債権の弁済期前に診療報酬債権を取得することがありうる。その際、期限の利益を失っていれば直ちに融資債権の弁済に充当できるが、そうでない場合はどうなるのか。譲渡担保の場合でも、融資債権の弁済期日前でも任意に弁済に充当できる旨の特約を結んでおくのが適当である。

3　管　理

　まず、医師が通常どおり診療業務を行っていることに注意する必要があり、これは代金債権担保において、契約の履行状況に注意するのと同様である。医師との合意により診療報酬債権の設定契約を解除することが実務上多いと予想されるが、ほかに保証人等がいる場合には、担保保存義務との関係で（民法504条）、これら保証人等の同意を得ておくのが望ましい。診療報酬債権は正式担保にとらず、振込指定等の略式担保にとることも多いが、その

場合は他へ譲渡・質入れされたり他からの差押えがないかなどに注意する必要がある。なお基金、連合会とも代理受領を認めていないことは先に述べた（「本節2(2)a」参照）。

第4節

退職金・恩給・賃金・年金債権担保

1 退職金の法的性質と譲渡性の有無

　退職金は、支給条件が明確に定められている場合には労働基準法11条の賃金とされ、判例も国家公務員の退職手当てについて「欠格事由のないかぎり、法定の基準に従って一律に支給されなければならない性質のものであるから、その法律上の性質は労働基準法11条にいう労働の対価としての賃金に該当する」とする（最三小判昭43・3・12金融法務事情506号31頁）。

　退職金債権は譲渡できるか。前掲最高裁昭和43年3月12日第三小法廷判決は、国家公務員等退職手当法に基づく一般の退職手当ては労働基準法11条にいう賃金に該当するので、退職者に対する支払はその性質の許す限り同法24条1項本文の規定が適用ないし準用されるものと解するのが相当であるとしたうえ、「退職手当の給付を受ける権利については、その譲渡を禁止する規定がないから、退職者またはその予定者が右退職手当の給付を受ける権利を他に譲渡した場合に譲渡自体を無効と解すべき根拠はないけれど」「退職手当の支給前にその受給権が他に適法に譲渡された場合においても、国または公社はなお退職者に直接にこれを支払わなければならず、したがって、この譲受人から国または公社に対しその支払を求めることは許されないといわなければならない」とする。民間会社の退職金についても同旨の判決があり（最三小判昭43・5・28金融法務事情516号28頁）、通説も同様である（石井照久ほか『註解労働法』1358頁）。

　通説・判例によれば、支給条件が明確に定められている退職金債権は債権譲渡により譲受人に移転するが、債務の履行方法が法律により直接払いとし

て制約されている結果、その取立権は従業員（譲渡人）に残る。

2 退職金債権の担保取得

　退職金債権の特殊性から、担保取得の方法もいままで述べた債権担保とは異なったものとなる。

　まず、代理受領の方法は法律上とることができない。先に述べたように、退職金債権の取立権は従業員に残るので、従業員が直接受け取るならよいが、従業員を代理して使用者に直接支払を請求することができないからである。行政解釈でも、賃金受領に関する委託・代理等の法律行為は無効とされている（昭和26年12月27日基発840号）。同様の理由により、債権譲渡・質権設定による担保取得もその実行段階に問題があり、好ましくない。

　そこで従業員（債務者）本人が受領する退職金によって債権保全を図る方法として、会社が退職金から融資債権を控除してその融資債権相当金を金融機関に交付する方法が最善の策である。すなわち、労働基準法24条1項は、賃金は（退職金も賃金であることについて本節1）、通貨で、直接労働者に、全額支払わなければならないとしつつ、同項但書により、法令に別段の定めがある場合のほか、労働組合または労働組合がないときは労働者の過半数を代表する者との書面による協定があれば、賃金の一部を控除することが認められているので、この規定に基づいて会社と労働組合との間で、金融機関の融資債権について退職金から控除することを書面により協定してもらったうえ、融資の約定等にその旨を織り込む方法が考えられる。もっとも、この方法がとれるのは、金融機関と会社とが提携してその従業員に制度的に融資を行う場合であろう。上記の方法がとれなければ、従業員（債務者）本人から退職金につき振込指定を受けておく方法も考えられるが、従業員の意思によるとはいえ、労働基準法24条にいう通貨で、直接労働者に支払うとの規定とのからみで、無効とされる危険もあろう。

なお、死亡退職金は相続財産ではなく、退職金の受領権者の特有財産であって、公務員の死亡退職金については国家公務員退職手当法2条の2によって受給順位が法定されており、また、一般会社の従業員については労働協約、就業規則等の退職金支給規程によって定められているのが一般的である。判例も「死亡退職金の支給等を定めた特殊法人の規定に、死亡退職金の

【書式16】　依 頼 書

依 頼 書

株式会社　御中

　　　　　　　　　　　　　　　　　　　　　　　平成　　年　　月　　日
　　　　　　　　　　　　　住　所
　　　　　　　　　　　　　従業員　　　　　　　　　　　　　　　　㊞
　　　　　　　　　　　　　住　所
　　　　　　　　　　　　　配偶者（注）　　　　　　　　　　　　　㊞
　　　　　　　　　　　　　住　所
　　　　　　　　　　　　　債権者　株式会社○○銀行○○支店
　　　　　　　　　　　　　　　　　支店長　　　　　　　　　　　　㊞

　貴社より私または配偶者（注）に支払われるべき退職金は株式会社○○銀行○○支店における、私名義の口座（配偶者に支払われる場合は、その名義の口座）にお振込み下されたく、上記以外のいかなる方法をもってもお支払なきようお願い申し上げます。
　なお、同行と私との特約によって上記ご依頼は、双方合意のうえでなければ取消・変更できない旨確約いたしておりますので、お含み願いたく連署をもってご依頼申し上げます。

　　上記の件承諾しました。
　　　平成　　年　　月　　日
　　　　　　　　　　　　　　　　　　住所
　　　　　　　　　　　　　　　　　　株式会社
　　　　　　　　　　　　　　　　　　代表取締役　　　　　　　　　㊞

（注）　退職金支給規程等による第1位の死亡退職金受領権者を具体的に記載する。また、この者を金銭消費貸借証書等および念書の保証人とする。

支給を受ける者の順位は内縁の配偶者を含む配偶者であって、配偶者があるときは子はまったく支給を受けないことなど、受給権者の範囲、順位につき、民法の規定する相続人の順位決定の原則と異なる定め方がされている場合には、右死亡退職金の受給権は、相続財産に属さず、受給権者である遺族固有の権利である」という（最一小判昭55・11・27金融法務事情949号38頁）。したがって、死亡退職金により債権保全を図るためには、上記の規定の第1位の受領権者を保証人に徴しておく方法と、死亡退職金につき振込指定を受けておく方法とをあわせてとる。

退職金と死亡退職金とについて、振込指定の方法によって担保にとる場合の書式を掲げておく（書式16）。

3　恩給と賃金債権

恩給の受給権を担保にとることは禁じられている（恩給法11条本文）。例外として、株式会社日本政策金融公庫および別に定める金融機関に担保に供することが認められているにすぎない（同法11条但書）。振込指定も第三債務者が国または地方公共団体であるから協力が得られることは期待できない。

賃金については退職金に準じた扱いとなろうが、雇用関係の先取特権（民法308条）や差押禁止債権（民事執行法152条）との関係もあり、その対応には十分注意しなければならず、担保として消極扱いなのはいうまでもない。

4　年金担保融資

一般に年金を担保にした融資は禁止だが、独立行政法人福祉医療機構（WAM）のみ取扱いが認められている。利用できるのは各年金証書の所有者で、公的年金（共済年金と恩給は対象外）の受給者。融資金額は、10万〜200万円の範囲内で年金年額の0.8倍以内、かつ、1回返済額が1回の年金支

給額の1／3以下、の3要件を満たす額の範囲。担保は年金受給権。融資利率1.60％（労災年金0.9％）。いずれも平成26年12月1日現在。

第 5 節

議員報酬債権担保

　議員報酬債権のうち、すでに発生した具体的請求権は一種の財産権として相続・譲渡・放棄することができるが、基本債権は公法上の権利であるからあらかじめ相続・譲渡・質入れ・放棄することは許されないと解するものがある（長野士郎『逐条地方自治法』672頁）。

　判例は、村会議員の実費弁償金の事前の放棄（大判大 7・12・19刑録24輯1569頁）と、市立小学校教員の俸給の譲渡（大判昭 9・6・30法律新聞3725号 7 頁）を、いずれも許さないとしながらも、国会議員の歳費請求権は俸給またはこれに類する継続収入の債権に当たり、これに対する差押えは有効とし（大判明45・5・8 民録18輯469頁、大判昭10・2・27法律新聞3820号 5 頁）、普通地方公共団体の議員の報酬請求権について、議員は大幅な兼職の自由があり、その報酬は生活給ではないから官吏の職務上の収入には当たらないとして（民事執行法152条）、差押えの目的となることを認めている（仙台高判昭39・7・1 判例時報385号55頁）。

　最高裁昭和53年 2 月23日第一小法廷判決（金融法務事情864号32頁）は、「地方議会の議員の報酬請求権は、当該普通地方公共団体の条例に譲渡禁止の規定がないかぎり、譲渡することができるものと解すべく、Y市特別職の職員給与等に関する条例（昭和26年 4 月 1 日条例第18号）をはじめY市の条例にはこのような禁止規定がないから、本件債権譲渡は有効と解すべきである」と判示した。

　これで、議員報酬債権も譲渡担保あるいは質権設定ができることが明らかになったが、そのための前提として、条例等を調査し、譲渡禁止の特約の有無を確認しておかなければならない。なお、譲渡担保、債権質の取得手続に

ついては、売掛代金等の代金債権担保の箇所で述べたところと同様である（「第 2 章第 2 節 2 」参照）。

第6節

リース債権担保

1　リース取引とリース債権

　リース（Lease）とは、直訳すれば賃貸借であるが、わが国においては、民法の規定する賃貸借契約（同法601条以下）とは異なる点があり、それを強調するため「リース」との名称を使用してきた。リース契約は、「企業等が必要とし自らの責任で選定した物件をリース会社がその指定された売主から購入のうえ、その企業だけに比較的に長期間にわたって賃貸する契約である」と説明され、物件の取得価額、金利、保険料や税金等の経費および利益等のおおむね全額がリース料によって回収できるように算定されているものである。

　リース期間中の解約を認めず、リース期間が終了したときにはユーザーが再リースを希望すれば、従来の10分の1程度のリース料で再リースがなされる。このような類型のリースをファイナンスリース（狭義のリース）といい、日本ではほとんどがこの類型である。これに対して、それ以外でたとえば汎用性のある物件のリースで、契約期間中の予告期間を置いた解約が認められるものをオペレーティングリースと呼んでいる（稲葉威雄「特殊な債権担保取扱い」『銀行取引法講座〈下巻〉』274頁）。

　リース会社のユーザーに対するリース契約上の債権をリース債権といい、具体的には、①リース期間中におけるリース料債権、②リース契約がリース期間の中途で終了した場合に発生する規定損失金債権、③再リース料債権、④リース終了時のリース物件の返還債権および⑤保険会社に対する保険金請求権等が考えられる。通常、担保の対象としてリース債権といえば、このう

ちリース料債権と規定損失金債権を指す。

2 担保権の設定

(1) 債権内容の調査

　リース債権は将来の債権であって、分割支払がなされる点に特徴があるが、回収が長期間にわたるので、まず第三債務者であるユーザーの資産状態に注意を払う必要がある。

　次に、リース債権の内容は一定していないので、その点の調査も必要である。具体的には、①リース期間は何年間か、ユーザーからの解約権の有無、②リース物件の瑕疵担保責任、修繕義務はどちらが負担するか、③ユーザーに賃料不払い等の債務不履行があった場合、期限の利益喪失約款があるか、④その場合、リース会社に契約解除権があるか、また規定損失金の請求権があるか、といった諸点を調査することになろう。なお、契約の解除に関して判例は、ユーザーについて民事再生手続開始の申立てがあったことを契約の解除事由とする旨の特約は、民事再生手続の趣旨・目的に反するものとして無効である（最三小判平20・12・16金融法務事情1869号42頁）という。

(2) 担保権設定の手続

　リース債権の担保取得の方法には、代理受領、振込指定、譲渡担保、質権設定があるが、一般には質権設定がとられている。その手続は、代金債権の質権取得と基本的に異なるところはなく、リース会社と質権設定契約を締結し（書式17）、債権証書であるリース契約書の交付を受ける。前述のように証書の交付は債権質の効力発生要件としては必要でなくなったが（民法363条）、権利関係を明確にするためにも実務上証書の交付を受けるべきである（「第2章第2節2(2)」参照）。リース会社からユーザーに対する質権設定の通知またはユーザーの承諾によって第三債務者であるユーザーに対する対抗要

件を備え、さらにその通知または承諾が確定日付ある証書によってなされることによりその他の第三者に対する対抗要件を備えることになる（同法364条、467条）。なお、これらにかわり、債権譲渡の登記制度も利用できるのはいうまでもない（動産・債権譲渡特例法4条）。

　質権設定にあたって注意すべき点は、第1に、質権の効力は債務不履行による損害金や危険負担の場合にユーザーが支払ういわゆる規定損失金にも及

【書式17】　質権設定契約証

```
                                  平成　　年　　月　　日
                   住　所
             （甲）　株式会社　　銀行　　支店
                     支店長　　　　　　　　　㊞
                   住　所
             （乙）　　リース株式会社
                     代表取締役　　　　　　　㊞
```

第1条　株式会　　銀行（以下、甲という）と　　リース株式会社（以下、乙という）との間において、乙が甲に対し現に負担し将来負担すべき一切の債務を担保するため、乙の有する下記債権の上に質権を設定した。
　　乙が　　株式会社（以下、丙という）との間で締結した平成　　年　　月　　　日付リース契約書（以下、リース契約書という）に基づき丙に対して有するリース料債権及びいわゆる規定損失金などの損害金債権。

第2条　乙は甲に対し、リース契約書を交付した。

第3条　乙は甲から請求があったときは、直ちにリース契約書記載のリース物件に付された保険契約に基づく保険金請求権の上に質権を設定するものとする。
　　乙は、前項の保険及び質権設定については甲の指示に従うものとする。

　　　　　　　　　　　　　　　　　　　　　　　　以　　上

本契約による質権の設定を承諾しました。
　平成　　年　　月　　日
```
  ┌─────┐
  │確　定│　　　　　　　（丙）　　株式会社
  │日　付│　　　　　　　　　　　　代表取締役　　　　　　㊞
  └─────┘
```

第4章　特殊債権担保

ぼしておくこと（書式17、質権設定契約証1条）、第2に、リース物件に対してはリース会社を被保険者とする保険が掛けられているから、この保険金請求権の上にも質権を設定すること（質権設定契約証3条）、第3に、リース物件はリース会社のものであるから、リース債権を質権取得した金融機関は、同時にこの物件をも譲渡担保により取得するのが望ましいことである。最後に、リース会社がリース料債権等を担保するためユーザーから保証や不動産担保等を徴することがあるから、金融機関がリース債権を担保にとるときは、これらの担保もあわせて取得し、対抗要件を備えておく。

3 管理と実行

　リース料債権担保の管理で問題なのは、個々のリース料をリース会社に使用させるケースである。リース料はリース会社の営業収益だから、会社が通常に営業していれば、会社の運転資金にあてるのが通常であり、リース料債権を担保にとっている債権者に異論はまったくない。では、どう対応するか。

　担保権が質権の場合、取り立てたリース料を（民法366条）、そのつど担保権を解除しなければならず、煩瑣であるだけでなく、債権者の担保保存義務云々の問題も生じかねない（同法504条）。譲渡担保においても同様だ。そこで、代理受領の方法が取られる。担保が代理受領の場合は、個々の支払期のリース料を遅滞なく取り立てて受領しておくこと、もしリース会社に直接受領させるならば、そのことを認容する旨の文書（書式18）を作成して、リース会社とユーザーに明らかにしておくことである。この点を不明確にしたまま、しかもリース会社の直接取立て・受領を黙認したままにしておくと、ユーザーにはリース料を金融機関に支払うためにリース料を留保しておく義務がないとされる懸念が生じるからである（前掲最一小判昭43・6・20）。このことは、「第2章第1節5(4)」ですでに説明した。

【書式18】　代理受領を委任してあるリース料の直接支払依頼書

```
                                        平成　年　月　日
  株式会社御中
                              リース株式会社
                              代表取締役　　　　　　　㊞
                              株式会社　　銀行　　支店
                              支　店　長　　　　　　　㊞

             未払リース料直接支払方のご依頼

  拝啓　貴社愈々御清栄の段大慶に存じ上げます。
　さて貴社の　　リース株式会社に対するリース料については株式会社○○
  銀行が代理受領の委任を受けておりますところ、リース料のうち約定支払日
  平成　年　月　日の支払金については、これを　　リース株式会社に
  直接お支払下さるようご依頼いたします。
                                          以　上
```

　リース債権担保権の実行は、ことさら換価処分することを要せず、個々のリース料を受領したうえ（同法366条）、金融機関の融資債権の弁済に充当し、あるいはユーザーから振り込まれた預金を融資債権と相殺する。それは代理受領、振込指定、質権、譲渡担保のいずれの方法をとっても同じである。

　なお、ファイナンスリースのユーザーの会社更生手続における未払リース料債権の法的性質について、最高裁平成7年4月14日第二小法廷判決（金融法務事情1425号6頁）は、「いわゆるフルペイアウト方式によるファイナンス・リース契約において、リース物件の引渡しを受けたユーザーにつき会社更生手続の開始決定があったときは、未払のリース料債権はその全額が更生債権となり、リース業者はこれを更生手続によらないで請求することはできないものと解するのが相当である」とした。

第7節 集合債権担保

1 集合債権とは

　債務者の第三債務者に対して有する債権を担保取得する、これが代金債権担保だが、そのうち現在の債権とともに将来発生し、しかもそれがたえず入れ替わる債権を集合債権という。先にみた診療報酬債権がその例で、貸金業者向け融資の担保に徴する業者の小口多数の融資債権もあげられ、いずれも担保の目的となるかどうかが論点となる。

　判例は、法律行為の目的が特定され、その債権発生の可能性があり、譲渡人の資産・営業状況を総合的に考慮し、期間の長さに社会通念上の妥当性が確保されている場合には、集合債権譲渡担保の有効性を認めている（前掲最三小判平11・1・29）。同判決では設定時から8年3カ月先までの診療報酬債権について譲渡の有効性を認めている。

2 担保取得手続

(1) 担保権の設定

　担保取得手続は本章第3節2(2)で解説した。

　貸金業者向けあるいは販売業者向け融資では、担保の目的となる債権が小口多数の融資債権や販売代金債権のため、流動化が激しく常にその内容が入れ替わる。そこで、①譲渡目的の融資債権（販売代金債権）の元本の残高は、常に被担保債権の元本の残高の110％相当額を下回らないものとする、②設定者は、毎月末に、融資債権（販売代金債権）につきその債務者の氏名およ

び住所、融資日（販売日、契約日）、融資金額（販売金額、契約金額）、現在債権額その他目的債権を特定するに足る事項を記載した明細書により、毎月末の譲渡目的債権の特定を図ることが必要となる。

(2) 対抗要件の具備

　判例は、金銭債務の担保として既発生債権および将来債権を一括して譲渡するいわゆる集合債権譲渡担保契約における債権譲渡の第三者に対する対抗要件は、指名債権譲渡の対抗要件（民法467条）の方法により具備することができるという（前掲最一小判平13・11・22）。

　このようなケースでは債権譲渡登記制度によるのが適当である。法人が債権（指名債権であって金銭の支払を目的とするものに限る）を譲渡した場合において、当該債権の譲渡につき債権譲渡登記ファイルに譲渡の登記がされたときは、当該債権の債務者以外の第三者については、民法467条の規定による確定日付ある証書による通知があったものとみなされる。この場合においては、当該登記の日付をもって確定日付とされる（動産・債権譲渡特例法4条1項）。債務者が特定されていない将来債権についても債権譲渡登記をすることができる（同法8条2項3号参照）。この制度が集合債権譲渡担保ひいては債権流動化の面で機能を発揮するのが期待される。

3　ABL（動産・売掛金担保融資）の積極的活用

　平成25年2月5日金融庁は、「ABL（動産・売掛金担保融資）の積極的活用について」を発表し、ABLの積極的な活用を推進することにより、中小企業等が経営改善・事業再生等を図るための資金や、新たなビジネスに挑戦するための資金の確保につながるよう、金融検査マニュアルの運用の明確化を行うこととし、同日実施された。そこでは、電子記録債権を担保としたABLの活用を推進するため、電子記録債権のうち決済確実な商業手形に準

じた要件を満たすものについては、「優良担保」として取り扱うことを明確化するなどの対応がとられている。

第5章

知的財産権担保等

　知的財産権とは無体財産権ともいい、主なものに人間の知的創作活動の所産である創作物に対する権利である特許権、実用新案権、意匠権、著作権や、営業に関する識別標識に対する権利である商標権がある。この権利の客体は、発明、考案など事実として占有することができないが、特許法等の関連諸法は、権利者の許諾なく行われるこれらの無体物の利用行為を侵害行為と構成することにより、排他的な支配権を作出している。

　本章では、特許権、実用新案権、意匠権および商標権を工業所有権として、それに著作権、出版権、ノウハウ、温泉権を加えて、これらの担保実務を検討する。

第 1 節

工業所有権担保

1　工業所有権とは——専用実施権と通常実施権

　工業所有権とは、産業上の知的財産権のことで、広義には産業的利益一般の保護権の総体をいうが、わが国では通常狭義に、特許権、実用新案権、意匠権、商標権の 4 種の産業上の排他的支配権を指称する。専用実施権または専用使用権と通常実施権または通常使用権とがある。

　前者は設定行為で定められた時間的・場所的・内容的制約の範囲内で特許発明・登録実用新案・登録意匠またはこれに類似する意匠を業として独占的に実施しうる排他的な権利で（特許法77条、実用新案法18条、意匠法27条）、商標使用権では専用使用権といい（商標法30条）、物権的権利であるとされている。したがって特許権者等は専用実施権を設定したときは、同一内容の専用実施権を重ねて設定することはできず、また自ら実施することもできない（特許法68条、実用新案法16条、意匠法23条、商標法25条）。

　後者は許諾もしくは法律の規定または裁定により定められた時間的・場所的・内容的制約の範囲内で特許発明・登録実用新案・登録意匠またはこれに類似する意匠などを業として実施できる権利で（特許法78条、実用新案法19条、意匠法28条）、商標使用権では通常使用権といい（商標法31条）、債権的権利であるとされている。したがって特許権者等は既存の通常実施権と同一内容の通常実施権を重ねて許諾することができ、また自ら実施することもできる。

2 担保権の設定

　工業所有権は、質権、譲渡担保権および仮登録担保権により担保取得する。

　まず質権の取得には工業所有権者の承諾が必要である。さらに専用実施権では、質権設定の合意のほかに、特許原簿等に登録しなければ質権の効力を生じない（特許法98条、実用新案法25条、意匠法35条、商標法34条）。一方、通常実施権では特許原簿等への登録は対抗要件となっており、すべて登録しなければ第三者に対抗できない（特許法98条、実用新案法25条、意匠法35条、商標法34条）。

　譲渡担保権の取得も質権と同様であり、まず工業所有権者の承諾を得、専用実施権では譲渡担保権設定の合意のほかに特許原簿等に登録しなければその効力を生ぜず（特許法98条ほか）、一方通常実施権では登録は第三者対抗要件となる。

　仮登録担保権は、仮登記担保契約に関する法律（昭和53年6月20日法律第78号）により、工業所有権等の権利移転請求権保全のための仮登録が明文化されたことから（特許登録令2条、実用新案登録令2条、意匠登録令1条の2、商標登録令2条）、金銭債権担保のために、工業所有権について代物弁済予約または売買予約契約が締結された場合に、権利移転請求権保全の仮登録をすることによって設定が可能となった。

3 担保権の管理と実行

　工業所有権は、たとえば特許権は出願公告の日から15年間・出願の日から20年間のように、権利期間が限定されているから、残存期間は何年か、期間中の登録料が納付されているかなどを常に把握しておかなければならない。

　担保権の実行は民事執行法による。担保権者の申立てにより執行裁判所が

発する差押命令によって開始され（民事執行法193条、167条、143条）、譲渡命令・売却命令・管理命令（同法161条）の手続により換価する。

第2節

著作権担保

1 著作権とは──著作財産権・著作者人格権・著作隣接権

　著作権は広義には著作財産権、著作者人格権および著作隣接権からなり、著作権法によって規制されている。

　著作財産権は著作物を独占的に利用して利益を受ける排他的な権利で（著作権法17条1項）、狭義の著作権はこれを指す。著作物とは、思想または感情を創作的に表現したものであって、文芸・学術・美術または音楽の範囲に属するものをいう（同法2条1項1号）。支分権として複製権・上演権・演奏権・上映権・公衆送信権・口述権・展示権・頒布権・譲渡権・貸与権・翻訳権等が認められている（同法21条～28条）。著作権の発生には、いかなる方式の履行も必要とせず（無方式主義、同法17条2項）、創作と同時に発生し（同法51条1項）、その保護期間は原則として、創作時から著作者の死後50年までとされている（同法52条以下）。上記著作権ないしその支分権は、譲渡、利用許諾および質権等の対象となり（同法61条、63条、66条）、登録が第三者対抗要件とされている（同法77条）。

　著作者人格権は著作財産権とは別個の人格的権利で（同法17条1項）、具体的には、未公表の著作物を公衆に提供しまたは提示する権利（公表権、同法18条）、著作物の原作品に、または著作物の公衆への提供・提示に際しその実名・変名を著作者名として表示し、または著作者名を表示しない権利（氏名表示権、同法19条）、著作物およびその題号の同一性を保持する権利（同一性保持権、同法20条）である。一身専属権であって譲渡することができない（同法59条）。

第5章　知的財産権担保等

著作隣接権は、著作物を公衆に提示し伝達する媒体としての実演・録音・放送という利用行為自体に著作物の創作に類似した知的な創作的価値を認め、それぞれ実演家、レコード製作者、放送事業者、有線放送事業者に認められている権利である（同法第4章）。

2 担保権の設定と留意点

　著作権の担保取得とは、著作財産権を担保にとることで、質権と譲渡担保権とがある。著作権者と質権ないし譲渡担保権の設定契約を締結し、第三者対抗要件として登録する。

　留意点として、まず設定者が著作権者かどうかを確認することである。実名の登録がなされている者は、当該登録に係る著作物の著作者と推定されるから（著作権法75条3項）、著作権登録原簿による照合をすれば十分であろう。次に著作権の存続期間は、著作物創作の時から原則として著作者の死後50年であるから（同法51条）、著作者が死亡している場合はこの点に留意する。最後に、登録は欠かせないことで（同法77条）、文化庁長官が著作権登録原簿に記載して行うから（同法78条1項）、その謄本・抄本の交付を受けるか、閲覧をする（同法同条4項）。

第3節

出版権担保

1 出版権とは

　出版権とは、著作物を出版することに関する排他的な権利であり、出版者が著作物の著作権者または複製権者と出版権の設定契約を結ぶことにより設定される（著作権法79条1項）。出版権の設定を受けた出版権者は、頒布の目的をもって著作物を原作のまま印刷その他の機械的または文化的方法により文書または図画として複製する排他的権利を専有し（同法80条1項）、第三者の出版権侵害に対し差止請求権・損害賠償請求権を行使でき（同法112条、114条、民法709条）、告訴もできる（著作権法119条、123条）。出版権者は当該著作物を出版する義務を負い（同法81条）、第三者に出版権の目的である著作物の複製を許諾することはできない（同法80条3項）。

2 担保権の設定と留意点

　出版権は複製権者の承諾を得た場合には譲渡し、または質権の目的とすることができる（著作権法87条）。出版権の設定・移転、出版権を目的とする質権の設定等は、登録しなければ第三者に対抗できない（同法88条1項）。出版権の担保取得と取得にあたっての留意点も著作権とほぼ同様である。ただ、出版権の存続期間は設定行為で定めるところによるが、定めがない場合には最初の出版の日から3年で消滅する（同法83条）。

第4節

ノ ウ ハ ウ

　広義には営業上の秘訣および技術上の秘訣を指すが、狭義には後者の意味で用いられる。顧客情報・技術情報・個人的熟練等の無形物のほか、顧客名簿・図面・青写真・ひな型等の有形物に化体されているものが含まれる。特許権が発明の公開とともに排他権が付与されるのに対し、ノウハウは秘密としておくことに意義があり、その秘密を解除するのと引き換えに対価を得る契約を締結することになる。ノウハウに関しては、第三者の取得・使用・開示行為に対する契約法あるいは不法行為法の保護、窃盗・業務上横領・背任など刑法上の保護、また、不正競争防止法で営業秘密としての保護が与えられている。

　以上のことから、ノウハウの担保取得は困難であり、強いていえば有形物に化体されているものの譲渡を受けるか、質権の設定を受けることになるのであろうか。

第 5 節

温泉権担保

1 温泉権とは——湯口権・引湯権

　温泉源利用の権利である。湯の湯出口に対する権利だけでなく、湯出口から引湯する権利をも含めて用いられる。前者は湯口権といわれ、民法の原則からすれば地盤である土地の一部となるはずだが、地盤から独立して取引の対象とされることが多く、判例も、温泉権を慣習法上の物権として認め、湧出地の地目を「源泉地」とする登記や温泉組合または地方公共団体の登録などを公示方法としている（大判昭15・9・18民集19巻19号1611頁）。後者は引湯権といわれ、源泉地より湧出する湯の分配を受けて個々の温泉企業が自己の旅館やホテルに引いてくる権利、湯口権者との間の債権関係にすぎない。

2 担保権の設定と留意点

　温泉権の担保取得は質または譲渡担保だが、後者の例が大多数であり、担保提供者から湯口権または引湯権の譲渡担保差入証を受け、譲渡担保権設定契約を締結する。証書の交付は債権質の効力発生要件としては必要でなくなったが（民法363条）、権利関係を明確にするためにも湯口権または引湯権を証明する証書の交付を受けるのが実務である。

　湯口権の第三者対抗要件は、当該源泉地を譲渡担保として所有権移転登記を受けるのが最善だが、それができないときは温泉組合ないし地方公共団体への登録により、登録もないときは湯口権者の承諾と立札などの標識によるほかないであろう。引湯権は確定日付ある証書による湯口権者への通知また

はその承諾である（同法364条、467条）。

　しかし、温泉権をめぐる権利関係は明確でなく、立法整備が望まれている。現行の温泉法（昭和23年法律第125号）は、土地の掘削の許可・温泉の採取に伴う災害の防止などもっぱら行政的規制を目的としているにすぎない。

第6章

手形担保

　商業手形担保の実務には法律問題が豊富に含まれている。
　まず、手形担保は、質権設定によらず、必ず譲渡担保権設定によるが、それは質入裏書の効力に比べて、国税滞納処分との関係で圧倒的に有利だからである。
　次に、手形に関する知識も欠かせない。特に小切手・確定日払手形で振出日が白地のもの、および受取人白地の手形については、支払金融機関としての立場では当座勘定から引き落とすが、担保にとるときは必ずこれを補充する。補充しなければならない理由と、担保取得した金融機関の白地補充権の根拠についても理解を要する。
　さらに、手形担保においては、その管理と実行とが一体化している点に特色があるのみならず、手形担保権の実行を前提として担保取得している。これに伴い、担保手形代り金の性質、金融機関の権利行使の態様、債務者が法的整理手続に入った場合の対応についても遺漏のないようにしなければならない。
　最後に、金融機関は手形を留置し占有しているが、同じく留置している代金取立手形の破産手続および再生手続における金融機関の権利行使の方法について、触れておいた。下級審の判断が分かれていたところ、最高裁判所の判決が出たので紹介する。

第1節

手形担保取得の方法

1 手形担保貸付をする場合

　商業手形担保貸付は、形式的には商業手形を担保とした手形貸付（「商担貸」ともいう）であるが、実質的には商業手形割引と同様な効果を生ずる。

　では、商業手形割引によらず、商業手形担保貸付が行われるのはどのような場合か。

　第1に、手形の金額が小さく、枚数の多い商業手形を割り引く必要がある場合で、これを手形割引で対応すると割引料の計算に手数がかかり面倒なので、一括して担保とするのである。自動車販売業者がもっている自動車購入者の月賦手形や問屋業者が小売業者から受け取った手形などがその例で、商業手形担保貸付の大部分を占める。なお、「第2章第1節7(1)」参照。

　第2に、融資限度枠や必要資金量との関係から、手形金額の一部の割引（いわゆる内割）をする必要がある場合で、法律関係が複雑になるのを避けるため、手形担保貸付の方法をとる。

　第3に、支払期間が長すぎたり、信用力が十分でなかったりする場合で、手形を担保として、前者の場合、2カ月ないし3カ月の手形貸付を何回か手形の書替を行い、後者の場合は掛目を掛けることによって安全性を高めることが可能になる。

　以上から明らかなように、商業手形担保貸付を利用するのは、もっぱら手形割引によって生ずる技術的・法律的な難点を避けるためである。

2 譲渡担保権の設定

(1) 商業手形担保約定書の徴取

　商業手形を担保にとるときには、手形に債務者（担保提供者）の譲渡裏書を求めたうえ交付を受けるが、最初の取引の際に商業手形担保約定書（書式19）の差入れを受け、2回目以後は担保差入れのつど、この商業手形担保約定書に基づく担保手形である旨を記載した担保手形明細表（書式20）を添付のうえ手形の交付を受けるか、または、商業手形担保差入証の提出を受ける。

　商業手形担保約定書は、銀行取引約定書等の基本取引約定書と一体となって商業手形担保貸付の基本的な事項を規定する。そこでは、「……根担保として、担保手形明細表記載の手形を貴行に譲渡する……」とあり、金融機関と担保提供者との間に譲渡担保権の設定契約が締結されたことを明らかにしている。金融機関が手形を担保にとる方法としては、ほかに質権設定、取立委任などがあるが、もっぱら譲渡担保として取得しているのは金融機関にとってこの方法が最も有利だからである。詳細は後ほど対抗要件の項で説明

【書式19】 商業手形担保約定書

```
                    商業手形担保約定書
                              平成　　年　　月　　日
 株式会社○○銀行御中
                          住　　　　所
                          債　務　者
                          担保権設定者　　　　　　㊞

　私は、別に貴行と締結した銀行取引約定書1条に規定する取引によって貴
行に対して現在および将来負担するいっさいの債務の根担保として、担保手
形明細表記載の手形を貴行に譲渡するについては、上記銀行取引約定書の各
条項のほか、次の条項を確約します。
第1条（担保手形の取立金）
　貴行は、担保手形の取立金を、上記債務の期限のいかんにかかわらず、直
```

第6章　手形担保　　149

ちに、または担保手形の代り担保として保管のうえ、随意の時期にその弁済に充当することができます。

第2条（担保手形の不渡等）
① 担保手形の主債務者が期日に支払わなかったとき、または銀行取引約定書5条1項の一にでも該当したときは、その者が主債務者となっている手形について、貴行から通知催告等がなくても当然に、直ちに、手形面記載の金額を支払い、またはかわりの担保手形を差し入れます。
② 担保手形について債権保全を必要とする相当の事由が生じた場合には、前項以外のときでも、貴行の請求によって、直ちに、手形面記載の金額を支払い、またはかわりの担保手形を差し入れます。
③ 前2項により支払う担保手形代り金については、貴行は第1条の担保手形の取立金と同様に処理してさしつかえありません。

第3条（再担保）
貴行は、担保手形を、都合によって、他に譲渡し、または再担保とすることができます。

以　上

【書式20】　担保手形明細表

担保手形明細表

平成　　年　　月　　日

株式会社〇〇銀行御中

債　務　者
担保提供者　　住所　　氏名　　　　印

私は貴行に対し現在および将来負担するいっさいの債務を担保するため平成　年　月　日付商業手形担保約定書各条項を承諾のうえ、下記手形を信託的に譲渡いたしました。

記

手形支払人	手形種類	振出日	期　日	手形金額	支払場所	備　考

する。後掲「本章本節3(2)b」参照。

　譲渡担保権の被担保債権について、商業手形担保約定書は「……貴行に対して現在および将来負担するいっさいの債務の根担保と」すると約定している。直接の手形担保貸付だけを担保するものではなく、他の融資債権があれば、担保手形を取り立てたうえでそれに充当することも可能である。

　手形担保の場合、他の担保と違って第三者担保提供は行われていない。他の担保では、担保権を実行して担保物件の処分代金で融資金の回収をするのは債務者の倒産など異例なケースであるが、手形担保では担保権の実行すなわち担保手形を取り立ててその代金で融資金の回収をするのが普通であり、また、実質は第三者の手形であっても、その手形を第三者から債務者に裏書譲渡させ、そのうえで債務者から担保の提供を受けることができるからである。

(2) 手形の点検

　手形を点検する際に注意すべきことは、手形を割り引く際となんら変わるところはない。手形の信用は良好か、融通手形ではないか、手形銘柄が特定の者に集中していないか、手形の要件は備わっているか、裏書は連続しているか、などを点検し、債務者の譲渡裏書を受けて、手形の交付を受ける。

　手形要件で特に注意すべきことは、振出日、受取人等の手形要件を白地のまま取立てに回してはならない点である。交換所経由で呈示される手形のなかには振出日や受取人が白地の手形が多数あり、しかも取引先に連絡することなく決済している。これは、全銀協制定の当座勘定規定ひな型17条で、小切手・確定日払手形の振出日が白地のものおよび受取人白地の手形に関し、取引先に連絡することなく支払えると特約しており、判例もまた、「特段の事情があれば、…白地手形についても支払を委託する趣旨の合意が成立したものと見ることができないわけではない」として（最一小判昭46・6・10金融法務事情618号50頁）、この特約の効力を是認しているので、このような当座

勘定実務の現状は認められることになる。

　しかし、これは金融機関が手形を支払う立場に立ったときにいえることで、手形を担保に取ったり割り引いたりするときはそのような対応は許されない。白地手形は商慣習法上、手形と同様な流通方法による流通が認められ、手形の裏書に関する規定が類推適用されるが（通説、鈴木竹雄『手形法小切手法』213頁）、未完成な手形であるから、白地のまま満期に支払のため呈示しても無効であり、後日補充してもその呈示がさかのぼって有効になるものではないから、裏書人に対する遡求権等を行使することができない（最一小判昭41・10・13金融法務事情460号6頁）。そこで、手形を担保にとるときに、債務者に振出日、受取人を補充させるが、それができなければ、補充権は手形に追随して輾転し、手形を取得した者が同時にこれを取得する（大判大10・10・1民録27輯1686頁、最三小判昭34・8・18金融法務事情225号9頁は、受取人白地の為替手形を引渡しにより譲り受けて所持人となった者は、同時に白地補充権も取得するという）から、取立てに回す金融機関が補充しておく必要がある。補充する振出日はいつにしてもよいが、暦にない日や満期より後の日（最一小判平9・2・27金融法務事情1491号62頁）のような不能な日、不合理な日を記載すると、手形要件を欠き手形が無効とされる（大判昭6・5・22民集10巻262頁、大判昭9・7・3法学3巻1466頁）ので注意しなければならない。

　最後に、代金取立手形として預かっている手形を担保手形とすることがあるが、この場合、手形の裏書を調査し、取立委任裏書がなされていれば、手形を債務者に返戻したうえ取立委任裏書の抹消、新たな譲渡裏書をさせて担保の提供を受ける。譲渡裏書がなされていれば、担保手形明細表に手形明細の記入をさせてそれの差入れを受ければ、そうすることによって、金融機関と債務者との間に「取立委任のため」を「担保のため」と変更する合意が成立したとみられるから、手形はそのままでよい。

3　対抗要件の具備

(1)　対抗要件

　金融機関と債務者（担保提供者）間で手形の譲渡担保権設定契約が締結されても、対抗要件を具備しなければ第三者に対抗できない。

　手形担保の対抗要件は、手形の裏書譲渡である（手形法16条、77条1項1号）。商業手形担保約定書や担保手形明細表に確定日付を徴する必要はない。

　金融機関は担保提供者のもつ権利のうえに担保権を設定したのではなく、手形を譲渡担保によって取得したのであるから、商業手形担保約定書を徴取することにより、手形の譲渡担保契約が成立したのち手形に譲渡裏書を受けて手形そのものを現実に占有するので、その占有が第三者対抗要件となる。そして金融機関は裏書の連続している手形を所持することによって、手形の正当な権利者と推定される（同法16条1項、77条1項1号）。

(2)　他の方法による担保取得との比較

　金融機関が手形を担保取得する方法は、譲渡担保のほかに、取立委任、質権設定の方法があることは簡単に述べた（「本節2(1)」参照）。そこで、対抗要件を中心に、それらの得失を比較してみよう。

a　取立委任の方法

　取立委任の方法とは、いわゆる「代手」であって、手形に取立委任裏書をさせる方法である。これによって、金融機関は債務者の代理人として「手形ヨリ生ズル一切ノ権利ヲ行使」できるが（手形法18条1項、77条1項1号）、手形支払人から裏書人に対抗することができる抗弁を援用されることがあり（同法18条2項、77条1項1号）、また、手形上の権利が金融機関に移転したのではないから、手形が他から差し押えられることも考えられる。よって、手形を取立委任の方法によって担保に取得するのは適当でない。もっとも、金融機関は商事留置権を有するが、この点については後掲「本章第3節3」参

第6章　手形担保　　153

照。

b 質権設定の方法

質権設定とは、手形の裏書の目的欄に「担保ノ為」とか「質入ノ為」とかの文言を記載することによって公然の質入裏書をさせ、手形の交付を受ける方法である。これにより、金融機関は「手形ヨリ生ズル一切ノ権利ヲ行使スルコト」ができる（手形法19条1項、77条1項1号）のみならず、質権を実行する場合は自己の名でその権利を行使するのであり、その際、手形支払人は裏書人に対する人的抗弁をもって手形の所持人である金融機関に対抗できないから（同法19条2項、77条1項1号）、取立委任の方法よりまさるといえる。しかし、質入裏書を受けた金融機関は、手形を第三者に譲渡することによって債権の回収を図ろうとしても、その金融機関の「裏書ハ代理ノ為ノ裏書トシテノ効力」すなわち取立委任裏書としての効力しかもたない（同法19条1項但書、77条1項1号）から、譲渡担保よりその効力が劣ることになる。

さらに、次に述べるように、国税の滞納処分があったとき、両者の効力の差は歴然とする。

担保権と税債権の優劣について、国税徴収法に規定があるのは周知のとおりである。それによると、金融機関が担保手形を質権により取得した場合には、質権設定の日が、税債権の法定納期限等より前の日であるときに限って、税債権に優先するので（国税徴収法15条）、手形に質権の設定を受けるときは、常に債務者（担保提供者）に税等の滞納がないかどうかを確認しておかなければ安全とはいえない。これに対して、譲渡担保については、債務者（担保提供者）に租税公課の滞納があると、担保権者が物的納税責任を課せられる場合もあるが（同法24条）、手形の譲渡担保については特に例外が認められ、当分の間担保提供者の滞納税金を徴収するために滞納処分がなされることはない（同法附則5条4項）。

金融機関が手形を担保にとるときは必ず譲渡担保とするのは、このように税債権に対する対抗力が質権に比べて格段に強いからである。

第 2 節

手形担保の管理

1　金融機関の担保保存義務

　金融機関が手形の譲渡を受け、占有するのは担保の目的であるから、融資債権が返済されれば手形は担保提供者に返戻しなければならない。また、手形担保は担保物件を換価することが前提となっているという特殊性も考慮しなければならない。そして、金融機関はいくつかの義務を負っている。

　まず、債務者との関係において担保手形は金融機関の融資債権の償還財源であるから、担保手形を期日に取り立て、その代り金から回収を図ることが手形担保の管理の最も重要な点である。銀行取引約定書旧ひな型10条3項には「……権利保全手続の不備によって手形上の権利が消滅した場合」でも債務者は手形面記載の金額の責任を負う旨の規定があるが、この規定は金融機関側の故意・過失に基づく場合は適用されないと解されているから（水田耕一『貸付取引（上）』363頁）、期日に手形の呈示を怠ってはならない。

　次に、担保提供者との関係において、金融機関は担保権が存続している間その手形を留置し、占有することになるので、善良な管理者の注意義務をもって保管しなければならない（民法298条1項）。具体的には、金融機関が担保手形の支払期日に支払のための呈示をすることである。それが順調に決済されれば問題ないが、不渡になった場合は、手形面記載の金額の支払、または代り担保手形の差入れの請求ができる。商業手形担保約定書2条は、担保提供者にその義務があることを明記する。不渡になった場合、支払拒絶証書の作成（手形法44条、77条1項4号。一般的には、支払拒絶証書作成免除文言がある）、裏書人に対する遡求通知（同法45条、77条1項4号）等の権利保全

手続は、上記で述べたとおり、銀行取引約定書旧ひな型10条3項によって金融機関は行わないこととしているが、不渡手形を長期間放置しておいた結果、手形の権利が消滅した場合は、金融機関の善管注意義務違反を問われるケースもありえよう。手形担保のほか不動産の上に根抵当権の設定を受けていた金融機関が、担保手形が不渡になったために根抵当権を実行して融資債権の回収をしたが、その間占有している担保手形について時効中断のための手続をとらなかったので、手形の時効が完成したケースについて、金融機関の善管注意義務違反を理由に損害賠償義務が生じるとした判例がある（大阪高判昭39・7・3金融法務事情383号6頁）。

　なお、担保手形を占有する金融機関は、債権担保のために目的物を留置しているのであるから、その物の保存に必要な使用をすること以外は担保提供者の承諾なしに譲渡や担保に供することができないが（民法298条2項）、商業手形担保約定書3条は「貴行は、担保手形を、都合によって、他に譲渡し、または再担保とすることができます」と規定することによって（書式19参照）、担保提供者の承諾をとっているので、金融機関は担保手形を再担保として使用できる。

　最後に、金融機関は債務者（担保提供者）の他の保証人、物上保証人等の法定代位権者のために担保保存義務を負っており、故意または過失によって担保を喪失または減少させたときは、その喪失または減少したことによって法定代位権者が償還を受けられなくなった分について免責を主張されることがある（同法504条）。担保保存義務との関係で実務上問題となるのは、担保手形の差替えである。担保手形の差替えとは、旧担保手形を返還し、新手形を担保に徴取することであって、新手形の価値が旧手形の価値と同一であるかあるいはそれより価値の高いものであれば問題はない。

　ところで、担保手形の価値はその手形額面だけでは比較できない。新手形が不渡になったのではなんにもならないからである。そこで、担保手形の差替えにあたっては、新手形の手形金額のみならず、新手形について、手形の

必要的記載事項の完備、裏書連続の整備等を点検し、手形に法律的瑕疵がないことを確認するとともに、手形支払人の信用状態や手形の偽造の有無等を厳格に調査し、手形の信用面もあわせて確認しなければならない。特に、①支払人が会社を設立したばかりである、②支払人が支払金融機関と取引開始後間もない、そして、③支払人が預金のみの取引先である、このような手形は融通手形の懸念大である、といわれているから、手形差替えにあたっては十分注意しなければならない。

　このような点検・調査をどこまですれば、たとえ新手形が不渡となったとしても、金融機関の担保保存義務について「故意又は過失」がなかったといえるかはケースバイケースであって、いちがいに結論の出せない困難な問題である。したがって、手形担保の差替えに際しても、不動産等他の担保物件の解除・差替えや保証人の加入・脱退のときと同じように、保証人・物上保証人等法定代位権者の承諾をとっておくのが堅実な対応といえよう。

2　担保手形取立金の処理

　担保手形の取立金は融資債権の弁済期がきているかどうかを問わず、直ちに融資債権の弁済に充当することもでき（商業手形担保約定書1条、銀行取引約定書旧ひな型4条3項）、また、担保手形の代り担保として保管のうえ随意にその弁済に充当することもできる（商業手形担保約定書1条）。手形が小口分散している場合などに、取立てのつど融資債権の弁済に充当するのは戻し利息の計算・記帳等事務手続上煩わしいので、一定の期日あるいは一定の額に達した時点で取立金を一括して融資債権の弁済に充当することとし、それまでの間金融機関が別段預金等で保管する例が多い。

3 担保手形取立代り金による預金の性質

担保手形取立代り金を保管する方法として、仮受金として留保する方法、普通預金とする方法もあるが、一般的には別段預金とする方法がとられており、この方法は、金融機関が借主名義でしかし実は担保として保管するという担保手形取立代り金の性質をよく表しているといえる。

この別段預金の性質について、旧国税徴収法のもとで差し押えられた事案について、「この担保手形は訴外会社の、被控訴人に対する手形貸付金債務の担保として訴外会社から被控訴人に裏書譲渡せられたものであるから、右手形は担保の目的をもって被控訴人に信託譲渡せられたものというべきであり、この担保手形の手形代り金は、手形にかわるものとして同様被控訴人に信託譲渡せられた金員というべきである。従って右手形代り金は担保目的が消滅して、右信託譲渡の契約上被控訴人から訴外会社にその返還義務があるのは格別、そうした事態の生じない限り、被控訴人は訴外会社に対しその返還義務を負わないといわなければならない。そして本件において右のような返還義務を生ずる事態の発生したことは全然これを認むべき資料はないのであるから、訴外会社が被控訴人に対し本件別段預金の返還請求債権を有することを前提としてした控訴人の右別段預金に対する差押は、その効力を生ずるに由がない」とした判例がある（東京高判昭37・9・20金融法務事情320号2頁）。

担保手形代り金は、金融機関が担保として譲渡を受けた手形の取立代金であるから、一般の預金とは異なり、担保提供者に払戻請求権はない。商担手貸の融資残高を超える代金についても他に融資金がある以上その引当てとなるので、担保権が消滅したとき、あるいは融資金が完済になったときに、返還請求権があるにすぎない。このような返還請求権が生じない限り、担保手形代り金に対する差押えは効力を生じる余地がない（村岡二郎＝寿円秀夫『預金取引』465頁）。

第 3 節

手形担保の実行

　手形を期日に取り立てて換金をすることは担保権者の手形担保の管理に属することであることはすでに説明したが（「本章第2節1」参照）、それが同時に担保権の実行となっている。

　担保の管理と実行とが常に一体となっている点に手形担保の特色がある。だが、手形担保の実行についての問題がないわけではなく、担保手形が不渡になった場合、融資先が破産等法的整理手続に入った場合、そして、法的整理と代金取立委任手形の取扱いの3点において、手形担保権の実行の問題がある。代金取立委任手形に金融機関は商事留置権を有しているからである。

1　担保手形不渡の場合の手形所持人たる金融機関の権利

　商担手貸をした場合、金融機関は、基礎となる消費貸借契約に基づく融資債権（原因債権）、およびそれを単名手形によって担保するからその手形債権、さらにそれらの債権の担保として徴取する商業手形上の権利、と3つの権利を有するが、本項で取り上げる手形担保権の実行の場面における金融機関の権利とは、3つめの商業手形上の権利である。

　金融機関は担保手形所持人として、手形の期日に支払のため呈示し、手形の振出人から手形金の支払を受ける権利を有すること、商業手形担保約定書の約旨により、担保手形を再担保に供することができること（商業手形担保約定書3条）、担保手形が不渡になった場合、融資先に対し手形の支払あるいは代り担保を請求できること（同約定書2条）は、すでに手形担保の管理で説明したが、これらは、手形担保の管理の問題であると同時に手形担保権

実行の問題でもある。

　そのほか、適法な呈示をしたのに担保手形が支払われなかったときは、支払人に対して訴訟を提起して手形債権を取り立てることもでき、また、手形法上、裏書人に対して遡求権を行使できる（手形法43条、77条1項4号）。そして、担保手形は直接の商担手貸だけを担保するものではないから、他の融資債権が残っている以上、その融資債権が完済されるまで担保手形上の権利を行使できる。

2　法的整理と手形担保

　手形担保の法律的性質については「譲渡担保」であると説明してきたが、この譲渡担保について明文の規定がないため、これを「譲渡」かそれとも「担保」か、そのいずれを重くみるかが問題となる。

　融資先が破産手続開始決定を受けた場合、金融機関は譲渡担保権者として融資先の差し入れた各手形につき別除権を有し、破産手続によらないで別除権の行使として、各手形を順次取り立て、その取立代り金を手形貸付債権の弁済に充当することができる。そして特段の事情のない限り、破産手続開始決定後の遅延損害金についても別除権の保護を受けることができるとする高裁の判決があり（名古屋高判昭53・5・29金融法務事情877号33頁）、最近の多数説もこの見解をとる（柚木＝高木・前掲書606頁、小野木常『破産法概論』111頁）。

　これに対して、手形の譲渡担保は別除権と関係なく所持人として権利を行使できるとする立場に立って、手形の譲渡担保において、手形上は完全な裏書譲渡が行われており、被裏書人（金融機関）は独立の経済的利益を有するから、通常の裏書の効果として認められるものがすべて認められると考えてもよい。すなわち、権利移転的効力、資格授与的効力があり、担保権者は完全な手形権利者として手形債権を行使できる。

担保権者としては破産手続外で担保手形の取立てを行うと同時に、被担保債権全額を破産債権として行使でき、この問題は破産債権につき保証人がいる場合と同様に考えればよい（吉原省三『銀行取引法の諸問題』200頁）とする立場もある。いずれの説に立っても、破産手続外で担保手形を自由に取り立てて、弁済に充当できるとの結論に異なるところはない。

　これに対して、融資先に会社更生手続開始決定がなされた場合、担保手形の取扱いについては、定説がない。担保であるから、更生担保権として届け出るべきであるとするのは「更生会社の占有している機械器具の譲渡担保について更生担保権として扱うべきである」とした最高裁の判例（最一小判昭41・4・28金融法務事情443号6頁）に根拠を置くもので、前記破産手続において手形担保権者を別除権者として取り扱う前者の説と軌を一にする。一方、前記破産手続における後者の立場からは、更生手続開始決定の時点において、担保手形上の権利が更生会社の財産から逸脱し、更生会社の財産ではないから、担保手形の取立ておよび融資金への充当は保証人など第三者の弁済に準じて自由にできるとする。更生債権説をとる根拠でもある（菅野孝久「更生手続と商業手形の譲渡担保」金融商事判例554号109頁）。

　後説に立って、商担手貸の債権の届出は、「更生債権として届出をするが、担保手形の取立てを続行し、融資金に充当することを付記する」のが実務の大半を占めている。

3 法的整理と代金取立委任手形

　最後に、担保商手と関連するものとして取立委任手形（代金取立手形）と法的整理手続について検討してみよう。検討の前提として、代金取立委任手形について金融機関は、単に取立の委任を受けているだけではなく、商事留置権を有している、この点を見過ごしてはならない。

(1) 破産手続と取立委任手形

　破産手続開始決定前に代金取立手形が決済になれば、その手形決済代金を受働債権とする相殺により融資債権を回収できる。判例もまた、支払停止または破産申立てを知った後に破産債権者が、取立委任手形を取り立てた結果として破産者に対して負担した取立金引渡債務を受働債権として相殺を行う場合には、支払停止および破産申立てを知る前に破産者との間に締結した銀行取引約定書の存在が、旧破産法104条2号（現・71条2項2号）にいう「前ニ生ジタル原因」と認められる（最三小判昭63・10・18金融法務事情1211号13頁）として、このことを認める。

　では、破産手続開始決定までに代金取立手形が決済にならない場合はどうか。銀行は代金取立手形の上に商事留置権を有する。商人間においてその双方のための商行為によって生じた債権が弁済期にあるときは、債権者は弁済を受けるまでその債務者との間における商行為によって自己の占有に帰した債務者所有の物または有価証券を留置することができるからである（商法521条）。そして、破産財団に属する財産の上に存する留置権にして商法又は会社法の規定によるものは、破産財団に対して特別の先取特権とみなされ（破産法66条1項）、破産財団に属する財産の上に存する先取特権、質権または抵当権を有する者はその目的たる財産につき別除権を有し（同法2条9項）、そして、別除権は破産手続によらずしてこれを行うことができる（同法65条1項）から、銀行は代金取立手形について、破産手続によらず、別除権を行使しうる。この点に異論はない。問題は別除権行使の方法であって、これを競売処分に限るとするもの（大阪高判平6・9・16金融法務事情1399号28頁）、通常の代金取立手形の決済の方法で可とするもの（大阪地判平6・2・24金融法務事情1382号42頁）、とに下級審の見解が分かれており、最高裁の判断が待たれるところであった。

　そして平成10年7月最高裁判所は、「破産財団に属する手形の上に存在する商事留置権を有する者は、破産宣告後においても、右手形を留置する権能

を有し、破産管財人からの手形の返還を拒むことができるものと解するのが相当である。銀行取引約定書4条4項による合意に基づき、本件手形を手形交換制度によって取り立てて破産会社に対する債権の弁済に充当することができる」として（最三小判平10・7・14金融法務事情1527号6頁）この問題に決着をつけた。

(2) 民事再生手続と取立委任手形

では、民事再生手続ではどうか。問題の中心は、商事留置権の優先弁済権が、破産法では、商事「留置権は、破産財団に対しては特別の先取特権とみなす」と規定されている（破産法66条1項）のに対して、民事再生法では規定されていないところにある。このことから、取立委任手形につき商事留置権を有する銀行が、民事再生手続開始決定後にその手形を取り立て、債権の弁済に充当することはできないとするものと（東京高判平21・9・9金融法務事情1879号28頁）、充当することができるとする（名古屋高金沢支判平22・12・15金融法務事情1914号35頁）、とに下級審の見解が分かれており、最高裁の判断が待たれるところであった。

そして、平成23年12月最高裁判所は、「会社から取立委任を受けた約束手形につき商事留置権を有する銀行は、同会社の再生手続開始後の取立てに係る取立金を、法定の手続によらず同会社の債務の弁済に充当し得る旨を定める銀行取引約定書に基づき、同会社の債務の弁済に充当することができる」として（最一小判平23・12・15金融法務事情1940号96頁）、この問題に決着をつけた。

第7章

有価証券担保

　本章では、株式に代表される有価証券担保について解説する。有価証券は、株式、公社債、信託受益証券などその種類が多いうえ、株式のなかにも自己株式、譲渡制限株式、種類株式、単元未満株などがあるので、まず各有価証券の特色を理解するとともに、それぞれに特有な担保取得と担保の管理、実行について習得し、実務に遺漏なきようにしなければならない。
　また、特に株式は経済情勢や発行会社の業績により市場価格が変動するので、処分の時期を逸することのないように留意する。なお、平成21年1月5日株券電子化が完全実施された。

第 1 節

有価証券担保の特色

　不動産担保は別として、預金担保、手形担保に次いで多く利用されるのは、本章で取り上げる株式などの有価証券担保である。有価証券は権利の移転に強い公信力があるため、担保の取得、管理、処分、換価が比較的容易であるうえ、金銭的価値が明確なので、金融取引の担保として多く利用されているが、半面、特に株式担保については、時の経済情勢や発行会社の業績により、あるいは投機筋の介入などもあって市場価格が大きく変動することがあるから、担保の評価には常に注意を要する。

1 有価証券の意義と担保としての適格性

　有価証券とは、財産権を表章する証券であって、その権利の発生・行使または移転について証券の占有または移転を要するものと定義づけられている。権利の円滑・安全な行使を図り、かつその流通性を高めるための制度であって、この権利と証券の密接な結合関係を表現して「権利が証券に化体する」といわれている。

　借用証書は単に融資の存在を証明する証拠証券にすぎず、また預金証書は預金の存在を証明する証拠証券であるほか、届出印を押印した預金証書の所持人が正当な権利者でない場合でも、預金を預かっている債務者・金融機関が善意・無過失である限り、預金証書の所持人に行った預金の支払によって債務を免れうる効力を有するいわゆる免責証券でもあるが、権利を表章するものではないから、有価証券ではない。

　有価証券が担保として適しているのは、その特色である権利の発生・行

使・移転に証券の占有・移転を必要とする点に求められる。証券の移転を受ければ金融機関は権利者となるので、担保にとる手続が簡単であり、また証券を所持していれば他の第三者によって権利を害されることがなく、さらに証券を処分すれば換金できるので、融資担保として適当なものである。もっとも、預金担保と比較すると、証券上の支払人に支払能力がなかったり、あるいは株式のように市場価格が変動することもあり、担保評価の面において困難な点がある。

2　有価証券の種類

　有価証券に関する規定は民法、商法、会社法および金融商品取引法の分野にわたっている。一般通則規定としては、民法では物（民法86条3項）、権利質（同法365条、366条）、債権譲渡（同法469条～473条）などに主として権利の側から、断片的に規定され、商法や会社法では主として証券の側から、手形、小切手、株券、債券、貨物引換証、倉庫証券、船荷証券等個々の有価証券に関するもののほか、一般的には商法の商行為編中に数カ条（商法516条～519条）の規定がある。また、金融商品取引法では、公社債、株券、証券投資信託・貸付信託の受益証券、コマーシャル・ペーパー（CP）などが有価証券として掲げられている（金融商品取引法2条1項）。

　これら有価証券は、流通方式、表章する権利の種類、発行の態様、権利の証券化の程度その他種々の観点から分類され、金融機関の融資担保としての有価証券は、大別して、次の3種類に分類される。①手形、②株式・公社債、および③貨物引換証・船荷証券・倉荷証券の類の3つである。第1の手形については「第6章　手形担保」ですでに解説したし、第3の貨物引換証等はいずれも特定の商品の返還請求権などを表章する有価証券であるので「第9章　商品担保」で扱うこととし、本章では、第2の、株主としての権利あるいは公社債の債権者の権利を表章する、株式と公社債の担保について

第7章　有価証券担保　　*167*

解説する。無記名の金融債や貸付信託受益証券、証券投資信託受益証券もこのグループに属するので、本章で取り上げる。

3 担保権の取得方法

　有価証券を担保にとる方法として、譲渡担保と質権設定があることは預金担保や手形担保と異なるところはない。譲渡担保は担保の目的で有価証券の譲渡を受けるもので、外形的には通常の有価証券の譲渡である。質権設定には民法上では動産とみなされる無記名債権（民法86条3項）の質入れと記名社債の登録質（同法365条）とがある。会社法上では略式質と呼ばれている株式の質入れ（会社法146条）と株式の登録質（同法147条）とがある。金融取引では、特に登録質による場合のほか、譲渡担保か質権設定かを明らかにせず、担保差入証には単に「……担保として……下記の有価証券を貴行に差し入れました」とする例が多い。

第2節

株式担保

1　対象株式の調査

　株式を担保にとるには、有価証券担保差入証を徴求することによって当事者間で担保権設定契約を締結し、株券の交付を受ける。基本的には預金担保・手形担保の取得と異なるところはない。しかし、預金や手形と違って、株式はその種類も多く、かつ、株券の記載事項も複雑である。

　そこで、株式を担保にとるにあたっては、対象株式の種類、株券の記載事項の調査から始めなければならない。なお、後掲「本節1(3)」を参照。

(1)　株式の種類

　株式は、普通株式と種類株式（会社法108条）、譲渡自由株式と譲渡制限株式（同法107条）、上場株式と非上場株式等に分類され、その組合せからさまざまな株式が存在するが、譲渡制限株式が担保にとりにくい以外は、どのような種類の株式であっても、一応金融取引の担保となりうる（民法343条）。

a　普通株式、種類株式

　会社法は、株式会社は、株主を、その有する株式の内容および数に応じて、平等に取り扱わなければならない（会社法109条1項）としながら、非公開会社においては①剰余金の配当を受ける権利、②残余財産の分配を受ける権利および③株主総会における議決権については株主ごとに異なる取扱いを行う旨を定款で定めることができるとしている（同法同条2項、105条）。担保取得の方法には影響がないが、担保価値に影響があるので、担保評価にあたっては注意を要する。

b　譲渡自由株式と譲渡制限株式

　会社法は、株主は、その有する株式を譲渡することができる（会社法127条）としながらも、定款の定めにより、発行する全部の株式または株式の種類ごとに譲渡制限をつけられることとしている（同法107条、108条）。これを譲渡制限株式という。非上場の株式にはこのような株式がかなりあるから、発行会社の商業登記事項証明書で確認することにより、厳密を期すべきである。譲渡制限株式は担保にとりにくく、担保価値も劣る。これについては後述する（「本章第3節2」参照）。

c　上場株式と非上場株式

　各地証券取引所に上場されている上場株式とそうではない非上場株式とでは、担保価値および換金の難易の点で大きな開きがあるのは周知のとおりである。そして、担保の評価については、前者は市場価格で、後者は会社の資産内容、配当率、最近の売買事例などからそれぞれ時価を算出したうえ、これに一定の掛目を掛けて決定する。なお、株券電子化の完全実施に伴い上場会社の株券は廃止された（「本章本節1(3)」参照）。

d　単元株式と単元未満株式

　従来はおおむね額面株式の券面額5万円に相当する数の株式（1株50円の場合は1000株、1株500円の場合は100株）を単位株式、それに至らない数の株式を単位未満株式とし、単位株式には、株主としての諸権利に制限がないのに対し、単位未満株式には、利益の配当を受ける、残余財産の分配を受けるなどの自益権はあるが、株主総会に出席して議決権を行使する権利などの共益権はないとされていた。単位株式制度は、平成13年法律第79号の商法改正により単元株式制度に改められた。会社法も単元株式制度に統一、かつ端株制度が廃止されている（会社法188条以下）。

(2)　株券の発行

　会社法では、株券を発行するときは定款にその旨定めることとされてお

り、株券の不発行が原則とされている（会社法214条）。非公開会社では、株券発行の定款の定めがある場合でも、株主から請求されるまでは株券を発行しなくともよい（同法215条4項）。株券を発行するときは記載事項が法定されており（同法216条）、株券は要式証券である。

(3) 株券電子化

平成21年1月5日、「社債、株式等の振替に関する法律（平成13年6月27日法律第75号）」の施行による株券電子化が完全実施された。これにより上場会社の株式等に係る株券をすべて廃止し、株券の存在を前提として行われてきた株主権の管理を証券保管振替機構および証券会社等の金融機関に開設された口座において電子的に行うものである。株券不発行に関する会社法の理解は欠かせない。

2 株式担保の設定手続

(1) 株式担保の種類

a 株券不発行会社の場合

質権の設定は質権者と質権設定者との合意により成立し、その質権者の氏名または名称および住所を株主名簿に記載し、または記録しなければ、株式会社その他の第三者に対抗することができない（会社法147条1項）。譲渡担保の設定についても同様で、譲渡担保設定について合意があれば成立し、譲渡担保権者の氏名または名称および住所を株主名簿に記載し、または記録しなければ、株式会社その他の第三者に対抗することができない（同法130条1項）。なお、株券電子化に留意する（前掲「本節1(3)」参照）。

b 株券発行会社の場合

株式の担保権は、金融機関と担保提供者間の担保権設定契約と株券の交付によって効力を生ずる。株式担保の取得方法には質権と譲渡担保があり、名

義書替をするか否かにより、①略式質、②登録質、③略式譲渡担保、④登録譲渡担保の4つに分けることができる。

　質権設定の合意と株券の交付だけの質入れを略式質といい（会社法146条2項）、継続して占有することによって第三者に対抗できる（同法147条2項）。また、質権設定の合意と株券の交付に加え、質権者の氏名および住所を株主名簿に記載し、または記録する質入れを登録質という（同法同条1項）。登録質権者は会社から利益もしくは利息の配当、残余財産の分配を受ける権利をもっており（同法154条1項）、その効力は略式質とは異なる。

　株式を譲渡担保とする合意と株券の交付のみによって成立する譲渡担保を略式譲渡担保という（同法128条1項）。株券の占有者は、当該株券に係る株式についての権利を適法に有するものと推定される（同法131条1項）。外形上は略式質と同じだが、合意の内容が株式を譲渡する点に差異がある。株式の譲渡担保に関して法律の規定はないが、財産的価値のある権利で譲渡することのできるものは、すべて譲渡担保の目的とすることができるので（我妻栄『新訂担保物権法』609頁）、株式の譲渡担保が可能なことはいうまでもない。譲渡担保とする旨の合意と株券の交付に加え、株主名簿の名義書替を行う譲渡担保を登録譲渡担保といい、登録譲渡担保権者は会社との関係では完全な株主となり、株主としてのすべての権利を取得する（同法130条）。

(2)　金融取引と株式担保（株券発行会社の場合）

　金融機関が株式を担保にとる場合、有価証券担保差入証（書式21参照）を徴取することによって担保権設定の合意をしたうえ、株券の交付を受ける。

　まず、登録質や登録譲渡担保は金融取引の実務からすると異例であり、それは、株式を担保にとる金融機関は登録質・登録譲渡担保として利益・利息の配当や残余財産の分配まで望んでいないこと、特に登録譲渡担保の場合、融資先が会社に対していっさいの株主権を行使できなくなること、登録やその抹消の手続が煩雑であること、などによる。配当金を回収財源としたり、

増資新株についての権利を確保したい場合は、登録質・登録譲渡担保とするのはいうまでもない。

次に、金融機関の株式担保は「質権」か「譲渡担保」かが問題になる。

書式21の有価証券担保差入証は「……根担保として……有価証券を貴行に差し入れ」ると記載されているだけで、質権の設定か、譲渡担保かこの差入証からは明確にされていない。

質権と譲渡担保権の相違は、①原則として質権の実行は競売手続によるが、譲渡担保権の実行は任意処分による、②質権の第三者対抗要件は株券を

【書式21】 有価証券担保差入証
（表面）

```
                    有価証券担保差入証
                                      平成　　年　　月　　日
株式会社〇〇銀行御中
                        住　　　所
                        債　務　者
                        担保権設定者                      ㊞
                        住　　　所
                        担保権設定者                      ㊞
                        （物上保証人）

　担保権設定者（以下「設定者」という）は、債務者が別に貴行と締結した銀行取引約定書1条に規定する取引によって貴行に対して現在および将来負担するいっさいの債務の根担保として、上記銀行取引約定書の各条項のほか、この証書裏面約定を承認のうえ、下記の有価証券を貴行に差し入れました。
```

種類・銘柄	額面・株数・口数	備　　考
	(単位は円、株または口)	

第7章　有価証券担保　　173

(裏面)

約　　　定

第1条（担保の処分）
① 債務者が表記債務を履行しなかった場合は、貴行は、設定者に事前に通知することなく、担保有価証券を一般に適当と認められる方法、時期、価格等によって処分のうえ、その取得金から諸費用を差し引いた残額を法定の順序にかかわらず債務の弁済に充当することができます。
② 貴行は、前項によるほか、設定者に通知のうえ、一般に適当と認められる価格、時期等によって債務の全部または一部の弁済にかえて担保有価証券を取得することもできます。
③ 第2項によって表記債務の弁済に充当しなお残債務がある場合には、債務者は直ちに弁済します。

第2条（増資新株等）
① 担保株式に新株の割当があったときは、増担保として、その新株予約権または新株式を貴行に差し入れます。
② 担保株式に割り当てられた新株の払込みを貴行が行ったときは、これに要した申込証拠金、その他の費用は債務者または設定者（物上保証人）が負担します。
③ 担保有価証券の償還金、利息、配当金、清算分配金等を貴行が直接受領するために必要な手続を要求したときは、設定者は直ちにこれに応じます。

第3条（免責）
① 担保有価証券変更依頼書、受取書等の証書の印影を、貴行が債務者または設定者（物上保証人）の届け出た印鑑と、相当の注意をもって照合し、相違ないと認めて取り扱ったときは、それらの証書、印章について偽造、変造、盗用等の事故があっても、これによって生じた損害は債務者または設定者（物上保証人）の負担とし、証書記載の文言に従って責任を負います。
② 担保有価証券に係る償還公告、提出公告等については設定者が注意するものとし、これらの公告があった場合には、直ちに貴行に通知します。この通知がなかったため貴行が担保有価証券の取立てその他の権利の行使または保全の手続をとらなかった場合、それによる損害はすべて設定者が負担します。

第4条（担保保存義務の免除、代位）
① 設定者（物上保証人）は、貴行がその都合によって他の担保もしくは保証を変更、解除しても免責を主張しません。

② 設定者（物上保証人）が表記債務を履行した場合、代位によって貴行から取得した権利は債務者と貴行との取引継続中は、貴行の同意がなければこれを行使しません。もし貴行の請求があればその権利または順位を貴行に無償で譲渡します。

以　上

継続して占有することであるが（会社法147条2項）、譲渡担保権では名義書替をしておけば、法的には継続占有は必要がない、③質権では第三者による差押えが可能である、④租税債権との優劣は双方とも法定納期限等との先後によって決められるが（国税徴収法15条）、譲渡担保権の場合には、第2次的納税責任を負う（同法24条、58条）、⑤会社更生手続において、質権は更生担保権として扱われるが、譲渡担保権の取扱いについては明らかでない、⑥租税債権との関係で、譲渡担保権は集合物譲渡担保の扱いが可能である、⑦譲渡担保権だと有価証券取引税を課せられるおそれがあるなどの諸点に現れる。

しかし、実際は、前記①の担保権の実行については、流担保の特約があるので（有価証券担保差入証の約定1条2項）、事実上の差はなく、②の第三者対抗要件については、譲渡担保権であっても、株券の占有を失えば第三者に善意取得されるおそれもあり、占有を伴わない譲渡担保は現実にはない、また、⑦の有価証券取引税についても、徴税実務ではこのような株式担保を質権として扱っているので、結論は同じことになる。

なお、このように質権の設定のためか、それとも譲渡担保のためであるかが外形上明らかでない場合、そのいずれとして取り扱うべきかについては定説がなく、判例では譲渡担保とみるものがあるが（大阪地判昭30・11・25下民集6巻11号2429頁）、国税庁の通達では原則として質権設定として扱っている（昭和36年7月31日付国税庁長官通達）。

(3) 他人名義の株式担保

　株式担保においても、真実の権利者から担保の差入れを受けなければならず、この権原の調査が重要なことは、預金担保の箇所で預金者の認定の問題として説明した（「第1章第2節2(2)」参照）。

　預金担保ではよく知れた通称名義預金を担保にとるような例は別として、預金名義人と預金担保差入人とが一致しているのが原則であるが、株式担保では、他人名義の株式をそのまま担保にとる例が多い。その場合、有価証券担保差入証にはどのような署名を徴するのが正しいのか。

　たとえ他人名義の株券であっても株式担保の設定者（株券の占有者）の記名捺印を、本人提供の場合は「債務者担保権設定者」の欄に、第三者担保提供の場合は「担保権設定者（物上保証人）」の欄に、徴取する。

　株券発行会社の場合、株式の譲渡は譲渡の意思表示とともに株券を譲受人に交付することによって成立する（会社法128条1項）のみならず、譲受人は株券を占有ないし所持することによって当然に適法な所持人と推定され（同法131条1項）、さらに、株券の所持人である譲渡人がたとえ無権利者でも、これを権利者と信じて譲り受けた者は株券を善意取得する（同法同条2項）。

　以上から、原則として第三者名義の株式であっても、そのまま担保として受け入れてもさしつかえない。ここで「原則としてさしつかえない」といったのは、株式の担保取得に際し、金融機関に「悪意又は重大な過失があるときは」善意取得の制度によって保護されないからである（同法同条2項但書）。

　したがって、明らかに担保提供者のものであるかどうか疑わしいときは、その者に株式の名義についての説明を求めるなどの注意を必要とする。特に、担保提供者から相続に基づき株式を取得したと告げられたときは、金融機関の悪意または重過失を認定されないように、相続の事実を十分調査しなければならない。

3 株式担保の管理

　株式の価格は経済情勢や発行会社の業績等によって変動すること、担保取得後に増資等により新たな権利関係が生じることが多いこと、しかも、一般に多くとられている略式質・略式譲渡担保では、それらの事実がつかみにくいことが株式担保の管理上念頭に置くべきことである。

(1) 株式価格の変動と担保の差替え

　株式の価格は変動するから、常に担保価値の把握に努めていなければならない。担保価値が下落した場合には、追加担保を徴求したり、別担保と差し替えたりすることによって債権の保全を図るように努める。

　さきに商手担保で説明したように、担保の差替えをする場合には、従前の担保の解除を伴うから、他の保証人・物上保証人等の法定代位権者から担保保存義務違反による免責の主張を受けないようにする（民法504条）。そのためには、新たに徴求した株式の担保価値が従前のものより高いものであるとともに、その価値が低い場合には、それらの者から担保差替えについて同意書をとっておくのが堅実で望ましい。

(2) 増資の場合

　担保株式の発行会社が増資をしても担保権の効力に変わりなく、また、増資に伴って特別な手続をとる必要もない。ただ、増資は発行済株式1株についての会社の総資産に対する持分の減少を意味し、増資によって1株当りの価値が下落する傾向がある。ことに上場会社では権利落ちと呼ばれ、時価にはね返ってくるから、担保価値の把握の面で注意する必要がある。

　有価証券担保差入証の約定2条1項は、「担保株式に新株の割当があったときは、増担保として、その新株予約権または新株式を貴行に差し入れます」と規定している（書式21）。

これは、株主割当てによって増資が行われる場合、名義書替をすませた正式な譲渡担保権の設定を受けている金融機関には新株予約権が付与されるが、それ以外の略式譲渡担保、登録質、略式質の金融機関には付与されないので、担保提供者（株主）からその者に付与されている増資新株自体をも担保にとり、担保価値の維持を図る必要があるからである。有価証券担保差入証の約定2条2項は、金融機関が正式譲渡担保権を取得している場合、そのほか担保提供者（株主）が増資新株について払込みを懈怠しているため、金融機関がかわって払込みをしたときは、申込証拠金等それに要した費用は、債務者または設定者（物上保証人）が負担する旨を規定している。

(3) 減資の場合

　減資は一般に、株式の併合（会社法180条）または株式の消却（同法178条）の方法で行われる。担保株式がこのような減資の対象となった場合、株券発行会社においては新株券が交付されるから、発行会社の定めた一定の期間内に株券を会社に提出し、それと引き換えに新株券の引渡しを受けておく。

　なお、減資等があった場合、これは公告事項であるが、公告を見落として引換期間を徒過してしまう危険がある。有価証券担保差入証の約定の3条2項は「担保有価証券に係る償還公告、提出公告等については設定者が注意するものとし、これらの公告があった場合には、直ちに貴行に通知します。この通知がなかったため貴行が担保有価証券の取立てその他の権利の行使または保全の手続をとらなかった場合、それによる損害はすべて設定者が負担します」と規定しているが、可能な限り公告等に注意し権利保全に努めたい。

(4) 発行会社の代表者・住所・商号の変更

　発行会社の代表者、住所、商号等が変更されても金融機関の担保権には影響ない。もっとも、特に商号の変更の場合には、株券発行会社においては株券上の記載の変更のため株券の提出を求められることもある。これに応じな

くても失権することはないが、提出し所定の手続に応じるのが望ましい。

(5) 発行会社の合併・分割・組織変更

会社の合併とは、2つ以上の会社が契約によって1つの会社に合同することで、株主は存続会社または新設会社に当然に吸収される。消滅会社の反対株主（会社法785条）および存続会社の反対株主（同法797条）は株式買取請求権の行使が認められているから、その行使を検討する。詳しくは会社法に当たられたい。

会社分割とは、事業に関する権利義務の全部または一部を、新たに設立する会社または既存の他の会社に承継させることをいい、分割会社は吸収会社または新設会社の株主等となる。株主総会特別決議により承認が必要であり、分割に反対する株主には株式買取請求権が認められるから（同法785条、797条）、その行使を検討する。詳しくは会社法に当たられたい。

組織変更とは、株式会社から合名会社・合資会社・合同会社等の持分会社へ変更することである。総株主の同意を得なければならない。株主は持分会社の社員となるか、株式に代わる対価を得る（同法745条）。その対応を検討する。詳しくは会社法に当たられたい。

(6) 発行会社の破産・会社更生

発行会社が破産した場合、株主に対してまで配当があることはまずない。担保価値はまったくなくなる。

一方、会社更生手続においては、株主は会社更生手続に参加できる（会社更生法165条）。この場合、通常大幅な減資がなされるので、担保価値はほとんどなくなるが、減資後の新株券の受領に注意する。

(7) 発行会社の解散

発行会社が清算手続に入った場合、株主権は会社財産に対する残余財産分

配請求権になり（会社法504条）、担保権者は残余財産に対し分配請求権を行使できる。しかし、このためには、略式担保権者は、登録質・名義書替の手続をしておかなければならない。それができなければ代理受領の方法となろう。

4 株式担保の実行

　株式担保の実行としては、任意処分、代物弁済、競売の3つが考えられるが、いずれの場合も、実行の時機を失しないこと、処分価格が適正であることに留意する。

(1) 任意処分

　担保権の実行は、通常、任意処分による。有価証券担保差入証の約定1条1項は「債務者が表記債務を履行しなかった場合は、貴行は、設定者に事前に通知することなく、担保有価証券を一般に適当と認められる方法、時期、価格等によって処分のうえ、その取得金から諸費用を差し引いた残額を法定の順序にかかわらず債務の弁済に充当することができます」と規定し、このことを明らかにしている。

　重要なのは「一般に適当と認められる方法、時期、価格等によって処分」しなければならないことである。まず、方法としては、上場株式であれば、証券会社を通じて証券市場において売却するのが簡便かつ一般的である。非上場株式は、適宜株主を選んで市場外で売却せざるをえない。次に、時期については、株価が毎日変動するので売却のタイミングもむずかしいが、担保権実行の要件が整った日以降、できるだけ早期に売却する。ただし、取引先の株式を担保にとっている場合に、未公開の内部者情報をもとに株式を処分すると、インサイダー取引違反に問われかねないので（金融商品取引法166条）、注意を要する。最後に、価格については、公正な時価をもって行う。

特に非上場株式はその算定がむずかしいが、担保提供者や債務者に疑惑をもたせないようにしなければならない。

質権実行は競売によるのが法律上の建前となっており、特に任意処分について有価証券担保差入証の約定1条1項のような規定を置くことは、質権設定者は設定行為または弁済期前の契約をもって質権者に質物の所有権を取得させたり、その他法律に定めた方法によらないで質物を処分してはならないとする流質契約の禁止（民法349条）に該当するのではないかとの疑問が生じる。しかし、商法515条によって、商行為によって生じた債権を担保するために設定した質権については流質契約は許されているから、この規定による任意処分は可能である。

(2) 代物弁済

担保株式を売却せず、金融機関が取得して自己名義に書き替えることもできる。有価証券担保差入証の約定1条2項は「貴行は、前項（任意処分）によるほか、設定者に通知のうえ、一般に適当と認められる価格、時期等によって債務の全部または一部の弁済にかえて担保有価証券を取得することもできます」と規定し、このことを明らかにしている。いわゆる清算型代物弁済に当たるが、価格、時期が一般に妥当と認められることを要するのは任意処分におけるのと同じである。

代物弁済の場合、発行会社の発行済株式数の100分の5（保険業を営む会社にあっては100分の10）を超える取得となる場合も例外的に許されているが（私的独占の禁止及び公正取引の確保に関する法律11条1項）、速やかに処分することが要求されている（同法同条2項）。

なお、会社法は株式会社による自己の株式取得について同法155条以下に詳細な規定を置いている（「本章第3節1」参照）。

(3) 競　　売

　担保株式も質権であるから、競売を実行することができるのはいうまでもないが、その例はほとんどない。競売の申立てにあたっては民事執行法190条に従う。なお、振替社債等に関する強制執行（民事執行規則150条の2以下）参照。

第 3 節

特殊な株式

1 自己株式の取得

　従来日本の商法は、自己株式の取得を原則として禁止してきた。それは、①会社債権者保護、②株主間の公平の確保、③不公正な株式取引の禁止、④会社支配権をめぐる不公正な取引の禁止といった政策的な観点にあった（神田秀樹『会社法〔第 4 版〕』72頁）。そして、自己株式の取得を認める例外的な場合は、(i)株式消却のためにするとき、(ii)合併・他の会社の営業全部の譲受によるとき、(iii)会社の権利の実行にあたりその目的を達するため必要なとき、(iv)株主の買取請求に応じて株式の買取をするときであった。平成 6 年と平成 9 年の商法改正は、これらの例外に新しく、(v)取締役・使用人に譲渡・交付するための取得、(vi)株式の利益消却のための買受け、(vii)株式譲渡制限のある会社で譲渡請求があった場合に会社が買受人となる場合、(viii)株式譲渡制限のある会社で株主が死亡した場合に会社と相続人との合意に基づく買受け、を加えた。このような自己株式を取得する場合でも、㋑取得の目的、㋺取得の手続、㋩取得の方法、㋥取得の財源、㋭取得できる自己株式の数量、㋬自己株式の保有期間、を制限していた。平成13年 6 月法律第79号の商法改正は、会社が自己株式を期間制限なくその金庫に入れておく「金庫株」を認め、㋑㋭㋬を撤廃して㋺㋩㋥だけの規制とし、保有する自己株式を処分する場合は、原則として新株発行の手続に準じることとした。

　会社法は、自己株式を取得する手続について、①株主総会の決議は定時株主総会だけでなく臨時株主総会の決議によることも可能とし、株式を取得できる期間を 1 年以内で自由に定めることができる（会社法156条）としたほ

第 7 章　有価証券担保　　*183*

か、②市場または公開買付け以外による自己株式を取得する場合の手続の整備を図り（同法158条以下）、③株式譲渡制限会社における相続人からの取得を容易にした（同法162条）。

2 譲渡制限のある株式

(1) 株式の譲渡制限

　従来、定款をもって株式の譲渡につき取締役会の承認を要する旨を定めることができ（旧商法204条）、譲渡制限の旨は発行会社の定款に定められるとともに（同法348条）、株券への記載事項とされていた（同法225条）。

　会社法では、①すべての株式に譲渡制限を設けるのを前提とした従来と異なり、株式の種類ごとに譲渡制限を設定でき（会社法138条）、②譲渡による取得を承認する機関は、取締役会が設置されている会社は取締役会、それ以外の会社は株主総会としたうえで、定款の定めにより他の機関を承認機関とすることを可能とし（同法139条）、③定款の定めにより、譲渡制限を設けたうえで一定の場合には承認をしたものとみなすこととする（同法107条2項1号ロ）ことや、譲渡による取得が承認されなかった場合の先買権者をあらかじめ指定しておく（同法140条4項）ことができることとしている。

(2) 譲渡制限株式の担保取得

　従来、制限の対象は譲渡に限られるから、質入れは、それが登録質であっても取締役会の承認を要しないとされていた。また、株式を譲渡担保に提供することは、会社法127条にいう株式の譲渡に当たるが、取締役または株主総会の承認を得ないでなされた株式の譲渡は、会社に対する関係では効力を生じないものの、譲渡当事者間においては有効である（最二小判昭48・6・15金融法務事情691号30頁）。従来は、いずれの場合においても担保権設定時に担保権者は、あらかじめ株主である担保権設定者から将来担保権設定者の

代理人として株式譲渡請求手続をするに必要な委任状を徴取していた。しかし、平成2年の商法改正で、譲渡承認請求は譲渡がなされた後に譲受人からこれを行うことができることが明文化（旧商法204条ノ5）されたので、委任状は必要ではなくなった。

会社法では、譲渡制限株式の譲渡の承認手続が簡素化され、特に定款の定めにより、株主総会や取締役会以外を承認機関とすることができるようになったため（会社法139条）、たとえば代表取締役を承認機関とすることができることとなった。

3 不所持株式

(1) 株券の不発行

前述したように、会社法では、株式会社にあっては株券を発行しないのを原則とし（「本章第2節1(2)」参照）、定款に株券を発行する旨の定めのある株式会社のみが株券を発行できる（会社法214条）。株式譲渡制限会社は、株券発行の定款の定めがあっても、株主からの請求がある時までは株券を発行しないことができる（同法215条4項）。

(2) 振替決済制度の株式

昭和59年施行の「株券等の保管及び振替に関する法律」によって、株主は自己の所有する株式の株券を取引のある銀行や証券会社等（以下「参加者」という）に預託し、以後は株式の売買等に基づく株券の受渡しは、株券の授受を要せず、参加者と保管振替機関の帳簿上の口座間の振替決済により行うことが認められるようになった。これを振替決済制度という。証券取引所に上場されている株券の数量の急増と、株券の現物の授受による危険と煩瑣を合理化することを目的とした制度である。

保管振替機関（以下「機関」という）は参加者に対して預り証を発行する

とともに、機関の参加者名義の口座簿に株式の内容を記帳し、かつ株式の発行会社に対してその株券の名義を機関名義に変更する手続をとる。

株式の発行会社は機関からの実質株主名簿により株式の配当や新株の割当てなどをするとともに、この株主が当該株式を第三者に譲渡したときは、参加者にある売主の口座から買主の口座に振り替え、参加者が異なるときは、機関にある参加者の口座間で振替記帳をすることにより決済することになっている。振替の記載について、株券の交付の効力を認め、かつ顧客口座への記載によって株券の占有の効力を認めている（株券等の保管及び振替に関する法律27条）。

この制度によって、当該株式を担保の目的とする場合には、株主から顧客名簿のある参加者に対して担保権設定を届け出ることによって、担保権者の口座に振り替えられることになる。なお、担保権が譲渡担保によったときは、この場合の振替は通常の譲渡の方法になるが、いずれの場合にもこの振替記帳によって株券の引渡し、第三者対抗要件を満たすことになる。

担保権の実行は、実質株主の協力があれば任意売買の方法によっても可能だが、最終的には民事執行規則の「振替社債等に関する強制執行」の手続（民事執行規則150条の2以下）に従って、金融機関は担保権実行の申立てをすることになる（民事執行法190条）。

さらに、平成21年1月5日、「社債、株式等の振替に関する法律（平成13年6月27日法律第75号）」の改正施行により、上場会社の株券をすべて廃止し、株券電子化が完全実施されることになった（「本章第2節1(3)」参照）。

また、この制度は登録社債においても同様に扱われている（「本章第4節1(2)ｅ」参照）。

第4節 各種の債券担保

1 公社債担保

(1) 公社債の意義と分類

　公社債とは、国、地方公共団体、会社などが長期・多額の資金を調達するために発行する有価証券で、広く不特定多数の人から借入れをするものである。公社債担保は、担保価値も安定しており、公社債市場での換金も容易であることから、金融機関の担保として適当である。

　公社債はまず発行者別に、国の発行する国債、地方公共団体の発行する地方債、事業会社の発行する事業債、金融機関の発行する金融債に分類され、前2者を公債、後2者を社債という。

　次に、債券に債権者の氏名が記載されているかどうかで記名債と無記名債に、債券が発行されているかどうかで現物債と登録債とに分けられる。

　以下、国債と社債を担保にとる方法を無記名現物債、記名現物債、登録債について、説明していく。なお、地方債については会社法上の社債とは異なるものの、「国債ニ関スル法律（明治39年法律第34号）」のような特別法がなく、担保取得に際しては一般社債に準じて取り扱う。

(2) 公社債担保の設定手続

a　無記名現物国債

　国債は無記名式で発行されるのが原則である（国債ニ関スル法律2条1項）。無記名現物国債は無記名債権であるから動産とみなされ（民法86条3項）、担保権の設定には、当事者間の担保権設定契約と債券の交付を受ける

ことを要する。

つまり、担保には譲渡担保権と質権とがあり、譲渡担保権では債券の引渡しが対抗要件であり（同法178条）、質権では債券の引渡しによって質権の効力が生じ（同法344条）、その継続占有が第三者対抗要件となる（同法352条）。担保差入証は株式担保の際に使用する差入証を流用しており（書式21参照）、譲渡担保権か質権かどちらであるか決めていないし、また決める必要もない。税債権との優劣も株式担保におけるのと同様であり、担保権の設定が法定納期限等以前であれば税債権に優先し（国税徴収法15条）、担保差入証に確定日付も不要である。

b　記名現物国債

記名式国債は、遺族国庫債券、引揚者国庫債券等、特別法による国債であって、これらは株式会社日本政策金融公庫などを除いては担保にとることを禁じられている。

c　登録国債

国債は、登録をする場合は債券を発行しない（国債ニ関スル法律2条2項）。

国債は日本銀行が登録機関となり、国債登録簿に国債が登録される。国債に関する権利の移転・設定は、国債登録簿に登録されないと、国その他の第三者には対抗できない（同法3条）。

担保権設定のさい徴取するものは、株式担保用を適宜修正した担保差入証と登録請求書である。譲渡担保は名義変更の登録、質権は質権設定の登録が必要である。税債権との優劣は、法定納期限等の前後によって定まるのは株式担保と同じである（国税徴収法15条）。

登録国債を現物債に変更して担保にとれば、登録をしなくてもすむのはいうまでもない。

d　社　債

会社法により、社債についても株式と同様に社債券の不発行制度が設けら

れた（会社法676条6号）。社債券を発行しない場合は、譲渡は合意によって成立し、社債原簿に記載・記録しなければ発行会社や第三者に対抗できない（同法688条1項）。質入れについても同じく合意によって成立し、発行会社や第三者への対抗要件は社債原簿への記載・記録である（同法693条1項）。

これに対し、社債券を発行する場合は、譲渡の取扱いが記名社債と無記名社債で異なる。記名社債の場合は、譲渡は社債券の交付によって成立し（同法687条）、対抗要件については会社に対しては社債原簿への記載・記録であり（同法688条2項）、第三者に対しては社債券の占有である。無記名社債については、譲渡の成立、発行会社・第三者への対抗要件とも社債券の交付である（同法687条、689条）。質入れについては、記名社債・無記名社債とも社債券の交付によって成立し（同法692条）、社債券の継続占有が発行会社・第三者への対抗要件となる（同法693条2項）。

e　登録社債

当事者間の担保権設定契約のほか、第三者対抗要件として登録が必要である（社債、株式等の振替に関する法律73条、74条）。社債登録済証が従前の不動産登記における権利証と同様な機能を有しており、登録に必要な書類となるから、これの提出を受けておかなければならない。

社債の登録機関は、2013年12月10日現在、株式会社証券保管振替機構と日本銀行である。なお、「本章第3節3(2)」参照。

(3) 公社債担保の管理と実行

公社債担保の管理上注意すべき点は、現物債における利子の取立て・受領と償還金の受領である。

割引債は債券取得時に利息が割り引かれるから、利子の取立て・受領は起こらないが、利付債では個々の利払期ごとに利子が支払われるので、担保権者は利払期ごとに利札を切り離し、取立てを行う。受領した利子にも担保権の効力は及んでいるので（民法89条2項）、直接融資債権の返済に充当しても

よいし、融資先に返戻してもよい。

　管理上注意すべき点の第2は、債券の償還期日に償還金を受け取ることである。特に、社債では繰上げ償還の制度があるから、無記名現物債を担保にとっている場合は、償還公告に注意しておく必要がある。受領した償還金には担保権の効力が及ぶから、融資債権の返済に充当するのを原則とするが、融資先に返戻してもよい。

　社債の管理は、債券を所持している担保権者である金融機関しかなしえない。そこで、有価証券担保差入証の約定3条2項で（書式21の約定参照）、担保有価証券に係る償還公告、提出公告等については設定者が注意するものとし、これらの公告があった場合には直ちに金融機関に通知すること、この通知がなかったために金融機関が担保有価証券の取立てその他の権利の行使または保全の手続をとらなかった場合、それによる損害は設定者が負担することを特約している。

　担保権の実行は任意処分によるのが一般である。登録債の場合には、質権を登録したままでは任意処分できないため、質権を抹消して行う必要があるので、あらかじめ担保提供者から質権抹消に必要な書類を徴取し保管しておくか、登録債を現物債に変更するのに必要な書類を徴取しておく。担保提供者がこれらの手続に協力せず、任意処分が不可能なときは、競売により換価し回収せざるをえない。

2　信託受益証券担保

　信託受益証券には、貸付信託によって生じた収益の配分を受け取る権利（受益権）を表章した貸付信託受益証券、証券投資信託によって生じた収益の配分を受け取る権利（受益権）を表章した証券投資信託受益証券などがある。発行者が信託銀行等であるため、信用度が高く、価値も安定しており、担保として適当である。

信託受益証券には、無記名式と記名式とがある。

　無記名式の受益証券は、受益権の譲渡・行使は証券をもってなすことを要し（貸付信託法8条1項）、有価証券性を有するので、担保取得の方法は無記名現物社債に準じて取り扱うことになる。

　これに対して、記名式の受益証券は指名債権証書となるので、他行預金の担保取得の手続に準じて処理することになる。担保差入証を徴取し、受益証券の交付を受け、発行者に対して担保権者・担保提供者連署で質権の設定を通知し、その承認を求め、かつ、承認書に確定日付を徴して第三者対抗要件を具備する。譲渡担保権は名義変更の手続を要するが、その例は少ない。なお、受益証券の交付を受けるのは質権の効力要件だからではなく、担保権の実行を容易にするためである。

　記名式の受益証券の担保取得はこのように煩雑であるが、受益者はいつでも記名式を無記名式に変更することができるので（同法同条3項）、無記名式に変更させたうえで担保にとるのが簡明である。

第8章

営業用動産担保

　本章では、工場の機械・器具や店舗のショーケースなど、債務者が営業に供している動産についての担保権の設定、管理、実行について解説するが、要は譲渡担保権の理解を深める点にある。具体的には、機械・器具について工場抵当法ではなく譲渡担保権を利用せざるをえない理由は何か、営業用動産であるため債務者（譲渡担保権設定者）のもとに置いたうえ担保にとらざるをえないが、そのためにどのような法技術がとられているか、たとえば占有改定などについて正確な知識を得るよう努めなければならない。
　また、債務者（譲渡担保権設定者）が会社更生手続等の法的整理手続に入った場合の対応について考察することも、営業用動産担保ひいては譲渡担保権の理解を深めるうえで役立つであろう。
　最後に、平成16年12月1日公布された「動産及び債権の譲渡の対抗要件に関する民法の特例等に関する法律」（平成16年法律第148号）により、動産譲渡登記制度が導入され、平成17年10月施行された。この点の理解も欠かせない。

第1節

営業用動産担保の取得

1 営業用動産を担保にとる場合

　機械・器具や店舗のショーケースなど、債務者が営業に供している動産は担保物件としてはあまり適したものとはいえない。債権や有価証券と違って、価格がはっきりしないうえに、不動産とも違って消耗品であるため減価が激しいうえ、債務者の手元において利用を認めながら担保とするので、管理が困難だからである。

　担保に徴する例として次の場合がある。

　第1は、歯科医や理髪店施設などある程度まとまった物件で、その購入資金に融資がなされた場合である。金融取引では、融資対象物件を担保にとる傾向があるが、それは心理的に担保として提供させやすいことのほかに、取得価格がわかっており、しかも融資金を分割返済とすることにより、担保物件が減価しても、担保価値を被担保債権と見合わせることができるからである。

　第2は、工場の土地または建物に抵当権の設定を受ける際に、そこに備え付けてある機械・器具を同時に担保に徴する場合である。本来、工場抵当法2条によって、工場の土地・建物に設定された抵当権は備付けの機械・器具に及ぶが、土地・建物の所有者と機械・器具の所有者が異なるときは、抵当権の効力は建物・器具に及ばないので、機械・器具だけを別に担保にとる必要が生じるからである。

　第3は、債権保全の必要上、他に適当な物件がないため、次善の策として担保にとる場合である。多くの場合、債務者の信用が悪化したために、担保

強化、回収の一環として担保権の設定が行われる。

このように、営業用動産の担保が利用されるのは、金融取引においてはやや特殊な場合である。なお以下、単に動産担保という。

2　動産担保取得の方法

(1)　質権と譲渡担保

動産を担保にとる方法には質と譲渡担保がある。質は質物を債権者に引き渡さなければならず（民法344条）、しかも、質権設定者が質物を代理占有することが禁じられているので（同法345条）、物件を債務者の手元において利用させながら、担保として取得することはできない。そこで質にかわって、譲渡担保が利用されている。

譲渡担保は、担保の目的で物件の所有権を債権者に譲渡するもので、債権が弁済されれば所有権を債務者（設定者）に返戻し、弁済がないときは債権者の手でこれを処分して回収に充てるのである。質権のように債権者に現実に引き渡す必要もなく、通常の所有権移転の方法をとる。

譲渡担保権設定契約を結んで占有改定（同法183条）により引渡しを受ければ、そのまま債務者の手元に目的物を留保して利用させながら、担保とすることができる。

(2)　工場抵当との関係

工場抵当法2条は、工場の敷地・建物に抵当権を設定したときは、抵当権の効力は工場に備え付けられた機械・器具および工場の用に供する物にも及ぶという。抵当権は抵当不動産に付加して一体となっている物にしか及ばないが（民法370条）、工場抵当法2条は抵当権の効力を拡張して、備え付けられた機械・器具や工場の用に供する物にまで及ぼしている。

したがって、工場本体に抵当権を設定し、機械・器具の目録をつくって登

記しておけば、機械・器具に抵当権が及んでいることを、第三者にも対抗できる（工場抵当法3条）。

ところで、工場の本体に設定した抵当権が機械・器具に及ぶためには、抵当権の目的となる工場の土地または建物と機械・器具の所有者とが同一人でなければならず、たとえば、工場の建物が社長個人の所有で、機械・器具は会社の財産であるときは、抵当権は機械・器具に及ばない。したがって、その場合には機械・器具を別に譲渡担保として担保にとらなければならない。

もっとも、この点最高裁昭和37年5月10日第一小法廷判決（金融法務事情309号3頁）は、建物が代表取締役個人の所有で、なかの機械・器具が会社の所有である事案につき、建物に設定した抵当権の効力は機械・器具に及ぶとしているが、その理由については特に示されておらず、しかもその後に出た法務省民事局長回答（昭和37年10月4日付民事甲第2804号）は、このような場合、機械・器具目録の登記は受け付けられないとしている。したがって、土地・建物と機械・器具の所有者が異なるときは、登記を受け付けてもらえない以上、別個に担保にとらざるをえない。

3 譲渡担保設定契約

(1) 契約の方式

契約書の形式は後掲の書式（書式22）のように差入形式とするのが普通であるが、確定日付は占有改定による物件の引渡しの時点を明らかにするために、とっておく必要がある。

譲渡担保の実行にあたり債務者が目的物件を引き渡さない場合を考慮して、契約のなかに「債権者は譲渡担保権を放棄し、債務者所有の物件として、いつでも強制執行することができる」という条項を設けることがある。つまり、債務者が引渡しに応じない場合、動産の引渡請求としては公正証書に基づいて強制執行することができないので、金銭債権の請求として差押え

するもので、このような条項を設けた場合は、強制執行ができるように確定金額の債務についての「強制執行認諾約款のある公正証書」としておかなければ意味はない。したがって、この場合は根担保では意味がないのである。

【書式22】 譲渡担保契約証書

譲渡担保契約証書

平成　年　月　日

株式会社○○銀行御中

住　所
債務者兼担保差入人　　　　　㊞

　債務者は、貴行と別に締結した銀行取引約定書の各条項を承認のうえ、貴行と次のとおり譲渡担保契約を締結いたします。
第1条　私が貴行に対し現在および将来負担するいっさいの債務の担保として、私の所有する末尾表示の物件（以下「譲渡物件」という）を貴行に譲渡し、占有の改定によりその引渡しをいたしました。
②　この譲渡は外部ばかりでなく、当事者間においても完全にその所有権を移転したものであることを確認いたします。
第2条　前条の譲渡物件については先取特権その他貴行に害を及ぼすおそれのある権利および契約はいっさい存在いたしません。
第3条　譲渡物件は私が貴行から無償で借用し、貴行の所有物であることを示す表示を付して貴行のために代理占有し、その用法に従って使用収益し、善良なる管理者の注意をもってこれを管理いたします。
第4条　前条の使用貸借契約は何時解除せられても異議なく、貴行の御請求あるときは、直ちに貴行または貴行の指図人に譲渡物件を引き渡します。
第5条　前条による引渡費用および譲渡物件の維持・管理費、公租公課その他使用に関し生じるいっさいの費用は私が負担いたします。
第6条　私が貴行に対する債務の全部を弁済するまで、譲渡物件をもってする事業の運営に関し、新たに土地・建物・機械・器具その他工場の用に供する物件を取得したときは、貴行の御請求あり次第追加担保として差し入れます。
第7条　譲渡物件が原因のいかんを問わず変更・滅失・毀損しまたはその価格が減少したときは、直ちに貴行に通知し、貴行の御請求により増担保または代り担保を差し入れ、あるいは債務の全部または一部を弁済いたします。

第8条　譲渡物件については、貴行の書面による御承諾なくしては、第三者に引き渡し、他人の使用を許諾し、または現状を変更するなど、貴行に損害を及ぼすおそれのあるいっさいの行為をいたしません。

第9条　譲渡物件については、貴行の承認された保険会社と貴行御指定の金額をもって、貴行を被保険者とする損害保険契約を締結し、本契約の終了まで継続いたします。

②　前項の保険契約については、貴行に保険証券を提供し、貴行が保険金を直接受領するのに必要ないっさいの手続をいたします。

③　第1項の保険契約の継続・更改・変更・保険目的物件の罹災の場合などに関する処置についてはすべて貴行の指示に従います。

④　貴行が権利保全のため私にかわって保険料を支払い、保険契約を締結するか、または債権保全のために必要な保険契約を締結したときは、貴行の支払った保険料その他の費用は私の負担とし、その費用に日歩5銭の割合による損害金を付して支払います。

第10条　私が本契約に違背した場合には第1条の債務について期限の利益を失い、直ちに貴行に対し弁済いたします。

第11条　第1条の債務の弁済期が到来したとき、または前条あるいは銀行取引約定書第5条の規定によって期限の利益を失ったときは、貴行は直ちに譲渡物件を処分できます。

②　前項の処分は貴行が適当と認める時期・価格・方法をもってして異議ありません。

第12条　譲渡物件の処分による取得金、または保険金・補償金その他の代り金を貴行が受領したときは、処分費用その他の経費を控除のうえ、期限のいかんにかかわらず、私の貴行に対するいずれの債務の弁済に充当されても異議ありません。

②　前項の場合貴行の受領した金員に残余を生じたときは私に返戻下さい。債務の完済に至らないときは直ちに不足額をお支払します。

第13条　債権保全上必要と認められるときは、貴行は譲渡物件およびそれに関連する帳簿類について調査しあるいは報告を求めることができます。

②　前項の場合には貴行に対し調査に必要な便益を提供するものとし、貴行の要した費用を負担いたします。

第14条　債務者は、貴行から請求があればいつでも公証人に委嘱して第1条の債務についての承認および強制執行の認諾ある公正証書の作成に必要な手続をとります。

物件の表示（略）

(2) 契約の内容

契約の内容は、書式22としてその一例を掲げたが、債務の担保のために譲渡担保として差し入れることと、占有の改定により引渡しを行ったことが、基本的な内容であり、これに伴って、担保物件の利用、保管などの条項が加わる。

(3) 対抗要件の1

動産の譲渡担保は、動産の所有権移転行為であるから、対抗要件は引渡しであり（民法178条）、通常占有改定（同法183条）が利用される。

占有改定は、債務者がそれまで自分のものとして占有していた譲渡担保物件を今後新しい所有者である金融機関のためにその代理人として占有する意思表示をすることである。この意思表示は前掲譲渡担保契約証書1条で行われており、これに確定日付をとっておけば、引渡しの時点を明らかにすることができる。

占有改定による引渡しによって、金融機関は所有権の取得を第三者に対抗できることになる。最高裁昭和30年6月2日第一小法廷判決（民集9巻7号855頁）は、債務者が動産を売渡担保に供し引き続きこれを占有する場合においては、債権者は、契約の成立と同時に、占有改定によりその物の占有権を取得し、その所有権取得をもって第三者に対抗することができる、という。占有改定は第三者が知るとは限らないから、第三者がこれを債務者の所有物であると信じて譲渡を受ければ即時取得（同法192条）によりその所有権を取得する。つまり、対抗要件を備えても、別の法律関係によって権利を失うことがあり、したがって目的物件には金融機関の所有物である旨の表示をして、即時取得を防ぐ方法を講じておかなければならない。前掲譲渡担保契約証書3条に、このような表示をする義務を定めているのはそのためである。

(4) 対抗要件の2――動産譲渡登記制度

平成16年11月25日「債権譲渡の対抗要件に関する民法の特例等に関する法律」が改正され「動産及び債権の譲渡の対抗要件に関する民法の特例等に関する法律」が国会で成立し、同年12月1日公布、平成17年10月1日施行された。この法律（以下「動産・債権譲渡特例法」という）は、新たに動産の譲渡につき登記制度を導入し、登記をすることで第三者対抗要件を具備することとしており、動産担保実務に与える影響は大きい。その概略は次のとおりである。

a 動産譲渡登記制度の導入

法人が動産（当該動産につき貨物引換証、預証券および質入証券、倉荷証券または船荷証券が作成されているものを除く。以下同じ）を譲渡した場合において、当該動産の譲渡につき動産譲渡登記ファイルに譲渡の登記がされたときは、当該動産について、民法178条の引渡しがあったものとみなされる（動産・債権譲渡特例法3条1項）。したがって、同一の動産に動産譲渡登記が競合した場合の譲受人相互間の優劣は登記の時間的先後によって、動産譲渡登記と民法178条の引渡しとが競合した場合の優劣は登記がされた時と引渡しがされた時の先後によって決まることになる。そして動産譲渡登記には、「登記の年月日」（同法7条2項8号）に加えて「登記の時刻」も記録される（動産・債権譲渡登記規則16条1項4号）。

なお、先に占有改定（民法183条）による譲渡がなされた動産に、その後に譲渡の登記をすると、登記をした譲受人が先行の譲受人に優先するという「登記優先ルール」は採用されなかった。

b 代理占有者と動産譲渡登記の譲受人との調整

代理人によって占有されている動産につき動産譲渡登記がされ、その譲受人として登記されている者が当該代理人に対して当該動産の引渡しを請求した場合において、当該代理人が本人に対して当該請求につき異議があれば相当の期間内にこれを述べるべき旨を遅滞なく催告し、本人がその期間内に異

議を述べなかったときは、当該代理人は、その譲受人として登記されている者に当該動産を引き渡し、それによって本人に損害が生じても、その賠償の責任を負わない（動産・債権譲渡特例法3条2項）。動産譲渡登記は動産の譲渡の事実を公示するにすぎず、その所有権の帰属についてまで明らかにするものではないが、登記ファイルに当該動産の譲受人として記録され登記事項証明書が発行されることから、誤解を生じないよう代理占有者に対抗手段を与えたのである。

c 登記申請と登記情報の開示

登記申請や登記情報の開示の方法等に関して次の規定が置かれている。①登記所と指定法務局に関する規定（動産・債権譲渡特例法5条）、②登記官に関する規定（同法6条）、③動産登記に関する規定（同法7条）、④延長登記に関する規定（同法9条）、⑤抹消登記に関する規定（同法10条）、⑥登記事項概要証明書等の交付に関する規定（同法11条）、⑦登記事項概要ファイルへの記録等に関する規定（同法12条）、および、⑧概要記録事項証明書の交付に関する規定（同法13条）、がそれである。

第 2 節

譲渡担保の効力

　譲渡担保は法律の規定に基づく制度ではなく、もっぱら判例と学説の集積によっているが、判例の多くは不動産に関するもので、動産についてはまだ解明されない点が少なくない。

　譲渡担保の効力は、担保権者と設定者の関係、つまり金融機関と担保差入人との関係と、第三者に対する関係の双方について検討する必要がある。前者を譲渡担保の対内的効力といい、後者を譲渡担保の対外的効力と呼んでいる。

1　譲渡担保の対内的効力

(1)　被担保債権

　譲渡担保がいかなる債権を担保するかは、設定契約によって決められる。金融取引では、現在および将来のいっさいの債務を担保するのが一般的である。抵当権のように利息・損害金は最後の2年分に限るとの制限はなく（民法375条）、また被担保債権の限度額を決めなくてもさしつかえないのであり、約定1条（書式22）でも限度額を定めていない（大阪高判昭41・2・15金融法務事情441号11頁）。

(2)　目的物件の範囲

　設定時における従物にも譲渡担保権の効力が及び（民法87条2項）、設定後に付属させた従物にも及ぶ（約定6条）。この点は設定契約で決めることができるが、特約がないときは通常の所有権移転の場合と同様に考えられる。

目的物件が滅失した場合、通常の担保権は物上代位の問題が生じるが、譲渡担保は所有権が移っているので、目的物件の代替物も当然に債権者である金融機関のものとなり、この物に譲渡担保の関係が移る。

　したがって、その代替物が担保の目的物件になると考えられる。たとえば目的物件が火災で滅失毀損した場合、損害保険金は被保険者となっている金融機関に帰属するが、保険金が現実に支払われて金融機関が弁済に充当するまでは、債務者は債務を弁済して、保険金請求権を取り戻す、つまり債務を弁済するから保険金請求権を自分に譲渡せよといえる。

(3) 目的物件の利用関係

　目的物件の利用関係も契約によって定めることができるが、営業用動産の譲渡担保は、債務者に利用を認めるのが普通であり、その法律関係は使用貸借が原則である（約定3条参照）。

(4) 実行方法

　一般には金融機関が適当と認める時期、価格、方法によって処分できるとしている。処分の一方法として、金融機関が確定的に所有権を取得することも可能だが、その場合も公正な価格で評価して清算を行わなければならない。もっとも、営業用動産は金融機関が取得する例はあまりない。また、仮にそのような方法をとるにしても、現実に処分するまでは貸付金勘定を残しておき、処分代金を入手してから返済手続をとるのが適当である。

　なお、代物弁済予約で一部弁済のあった場合、予約の完結権は行使できるが、すでに弁済として受領した金額は返還しなければならないとされている（最二小判昭40・12・3金融法務事情432号7頁）。この点、譲渡担保は、担保権の不可分性から被担保債権が残っていれば担保権が実行できる。そして清算型である以上、処分代金の剰余を債務者に返せばよいので、特に問題はない。ただ、非清算型は目的物件を取り切りになるので、代物弁済予約の場合

に準じ、一部弁済を受けた分は返還する必要がある。

　なおここで、清算型譲渡担保というのは、債務不履行の場合、債権者が目的物件を処分して（債権者が取得するときは正当に評価して）、その処分代金を被担保債権の弁済に充当し、その際、処分代金に剰余が出れば返還し、債権額に不足すればその不足額を別途返済を受けるもので、金融機関の利用している譲渡担保はこの清算型である。これに対して非清算型譲渡担保は、債務不履行の場合、債権者が目的物件を完全に取得し、元利金の清算を要しないもので、いわば流担保契約のついた譲渡担保である。両者を比べると、清算型のほうが担保としての目的にかなっており、合理的であることはいうまでもなく、また非清算型は債権額と担保物件の価格が著しく相違するときは、暴利行為としてその効力を否定されるおそれもある。なお、仮登記担保契約に関する法律（昭和53年法律第78号）が清算型によっているのはいうまでもない。

(5) 当事者の義務

　金融機関は目的物件の所有者となるが、所有権の行使については、担保の目的に必要な範囲に限るから、弁済期前に勝手に処分したり、あるいは使用貸借契約を解除して目的物を取り上げると、債務不履行の責任を負うことになる。この点、前掲の約定4条のように、いつでも使用貸借を解除できると定めていても、解除権の行使は担保として必要な範囲に限られるのは当然である。

　一方、債務者は実質上は自分のものであっても金融機関に担保として譲渡したのだから、善良な管理者の注意義務をもって保管する責めを負い、これを欠いて物件を滅失・毀損したり不当処分をすると、債務不履行の責任を負うほか、金融機関の所有権を侵害したものとして不法行為による損害賠償責任を負う。なお、所有権が債務者と担保権者に分属している見解をとれば、金融機関側の不当処分も、設定者に対する関係で不法行為となる。

2　譲渡担保の対外的効力

(1)　債務者の第三者との関係

a　一般債権者が差し押えた場合

債務者の一般債権者が譲渡担保物件を債務者の財産として差し押えたときは、金融機関は自己の所有物であることを主張して、第三者異議の訴え（民事執行法38条）により差押えを排除することができる（最一小判昭58・2・24金融法務事情1037号42頁）。もっともこの場合、第三者異議の訴えによって強制執行を全面的に排除してしまうのは行き過ぎであり、優先弁済の訴えを認めれば十分であるとの見解もある。

b　債務者から譲り受けた者との関係

債務者が譲渡担保の目的物件を自己のものとして第三者に譲渡した場合、第三者が債務者の所有であると信じ、かつ、そう信じることにつき過失のないときは、その第三者は善意取得によって所有権を即時に取得する（民法192条）。その結果、金融機関の所有権は消滅し、譲渡担保権は失われる。

もっとも、善意取得のためには、目的物件の「引渡し」を受けることが必要であり、しかも、判例は占有改定による引渡しでは善意取得のための引渡しにはならないとしているので（最一小判昭35・2・11民集14巻2号168頁）、目的物件が債務者の手元にある限りは、善意取得はされない。したがって、目的物件が現実に第三者に引き渡される時点で、第三者が善意取得の要件を満たしているかどうかが問題となり、そこで、金融機関としては、目的物件に金融機関の担保物件である旨の表示をさせて、善意取得を防ぐ手段を講じている。

c　破産手続との関係

債務者が破産したときは、金融機関は取戻権（破産法62条）を行使して、目的物件を取り戻すことができる。もっとも、これに対しては、担保としての性質から別除権を認めれば十分であるとの見解もある。

なお、いずれにせよ、金融機関は優先弁済権をもっているので、目的物件で代物弁済を受け清算を行っても、否認の対象とはならない（最二小判昭39・6・26民集18巻5号887頁）。

d 会社更生手続との関係

債務者が会社更生手続に入った場合は、更生担保権として扱うもの、取戻権を認めるもの、譲渡担保権者の選択により取戻権を行使し、あるいは更生担保権として更生手続に参加することもできるとするものなど、多くの見解が対立していた。しかし、最高裁昭和41年4月28日第一小法廷判決（前掲）は、債務者の工場に備え付けてある機械・器具の譲渡担保について、譲渡担保権者は、物件の所有権を主張して、その取戻権を請求することはできず、更生担保権者に準じて更生手続に参加して権利を行使すべきであると判決し、この問題につき一応の結論を出した。したがって、現在では、更生担保権に準じた取扱いを受けることになっている。

e 滞納処分との関係

国税徴収法24条によると、債務者が国税を滞納した場合、
① 納税者の財産に対して滞納処分をしても、徴収金額に不足すると認められる場合であること
② 譲渡担保の設定が法定納期限等の以前になされている場合でないこと
を条件として、譲渡担保の目的物件に対しても滞納処分ができることとなっている。そして、以上の要件を満たす場合に、税務署長は譲渡担保権者に対し徴収しようとする租税の内容を通知し、一定の期間内に納付のないときに、はじめて目的物件に対する滞納処分を行う。これを譲渡担保権者の物的納税責任という。

なお、法定納期限等の以前に設定した譲渡担保権であることは公正証書等によって証明しなければならないが、その証明は確定日付でもよいとされている（国税徴収法24条8項による15条2項・3項の準用）ので、設定契約書に確定日付を徴しておく必要がある。

(2) 第三者による侵害

目的物件が盗難にあった場合、譲渡担保権者である金融機関は所有権に基づく返還請求権を行使して、その返還を求めることができる（最三小判昭57・9・28金融法務事情1027号59頁）。また、債務者も占有権に基づいて占有回収の訴え（民法200条）により引渡しを求めることができる。

目的物件が第三者の不法行為によって滅失・毀損したときは、金融機関と債務者の双方が損害賠償を請求できる。その場合、金融機関の請求は被担保債権の額を限度とし、目的物件の価格と債権額の差額は、債務者の損害として債務者が別個に請求することになる。また、債務者は全額について賠償を請求し、受領した損害賠償のなかから被担保債権を弁済することになる。

3 譲渡担保権の実行

被担保債権が延滞したときは、債務者に対し譲渡担保権実行の通知をして、目的物件の引渡しを求めることになる。債務者が引渡しに応じないときは、直ちに処分禁止の仮処分を行い処分を防止するとともに、引渡請求の訴訟を提起する。また大きな機械などは金融機関に運んでこれないので、工場に置いたまま適当な処分先を捜して、売却処分することになろう。

営業用動産の譲渡担保は、実行にあたり債務者側の協力が必要であり、ここに担保としての弱点がある。もっとも、会社更生手続に入った場合は、会社再建のために必要なものである以上、処分の心配もなく、更生担保権として有利な扱いを受けられる利点もある。

処分の方法には制限はなく、適当な買主を捜して売買契約を締結し、その代金から処分費用を差し引いた残額を被担保債権の弁済に充当する。剰余があれば返還し、不足があれば債務者に計算書を送って残額の返済を請求する。また、第二会社ができる場合には、目的物件を第二会社に賃貸してその賃料を弁済に充当することも考えられよう。

第 9 章

商品担保

　本章は商品担保として、①特定商品担保、②集合動産担保、③倉荷証券担保、および、④保護預り金地金担保について取り上げる。
　重要なのは①と②である。①の商品担保は、債務者（譲渡担保権設定者）が担保物件を第三者に処分することが前提となっており、この点で処分を禁じている営業用動産担保と大きく相違する。そのための法技術としてのＴ／Ｒ（trust receipt）を理解する必要がある。②は、集合動産の譲渡担保権に関する解説で、ABLの活用などによる今後の進展が注目される。「第4章第7節3」参照。

第1節

特定商品担保

1 担保となる商品の種類

　担保の目的となる商品には、原材料、半製品、製品、仕入商品など、多様なものがある。これらを担保取得の観点からみると、①債務者自身の手持商品、②倉庫業者に寄託中の商品、③運送中の商品の3つの形態がある。

　このうち、②③は証券に化体しており、証券を担保にとるのに対して、①は商品を直接担保にとらなければならない。そして、商品を債務者の手元においてその処分を認めるには、譲渡担保が適している。その場合、特定の商品を担保にとるのが特定物の譲渡担保、在庫商品いっさいを担保にとるのが集合物の譲渡担保である。集合物の譲渡担保については「本章第2節」参照。

2 特定商品の譲渡担保

(1) 担保取得の方法

　特定商品を担保に徴するには、目的物件を特定して、担保の目的で所有権を移転する旨を契約し、引渡しも占有改定によるので（民法183条）、この点では営業用動産と変わりはない。

　商品担保は債務者が商品を第三者に売却処分することが前提となっており、この点が処分を禁じている営業用動産と異なる。そして処分を認めるのがT／Rである。

(2) 目的物件の処分

T／Rとは、外国為替取引で利用されている方式で、譲渡担保にとった目的物件を債務者に対して処分をすることを認めて貸し渡すことであり、貸渡しに際し債務者から徴取する保管証のことをT／R（trust receipt）といい、ひいてはこの制度自体もT／Rと呼んでいる。

この制度は、輸入手形債務の担保となっている輸入荷物を輸入者が金融機関から貸渡しを受けて処分し、その代金で輸入手形債務を決済する形で利用され、輸入取引ではきわめて一般化している。T／Rは輸入取引だけに限らず国内融資についても利用が可能である。

T／Rの法律構成についてはわが国では次の2通りが考えられる。1つは譲渡担保と代理と寄託の結合した関係であるとし、もう1つは譲渡担保と間接代理（商法551条以下）の結合した関係であるとする。つまり、特定商品の譲渡担保では、金融機関は目的物件の処分権を債務者に認めなければならないが、その方法として、前者は金融機関が債務者に対し物件を寄託し、金融機関の代理人として処分することを認めるのに対し、後者は金融機関が譲渡担保として取得した物件を債務者に自己のものとして処分する権限を認めるのである。前者を代理説、そして後者を間接代理説というが、両者の違いは次の点に現れる。

第1は、売主の責任は誰が負うかということである。代理説は金融機関が売主となって責任を負うのに対し、間接代理説は買主に対する関係では金融機関は表面に出ず、債務者が売主としての責任を負うことになる。

第2は、代金債権が誰のものになるかということである。代理説では、売主は金融機関であるから金融機関が代金債権の債権者となるのに対し、間接代理説では、買主との関係で代金債権を取得するのは債務者である。

第3は、目的物件がT／Rの契約に違反して処分された場合の第三者との関係である。代理説によれば、第三者は債務者の無権限を知っていれば権利を取得できないのに対し、間接代理説によれば、第三者は常に権利を取得で

きることになる。

　金融機関が表面に出ない点では間接代理のほうが実情に合っているが、債権保全の点では代理説のほうが優れている。もっとも、上記第2の代金債権の帰属につき、最高裁昭和43年7月11日第一小法廷判決（金融法務事情522号29頁）は、問屋が委託の実行として行った売買により権利を取得したのち、これを委託者に移転しない間に破産したときは、委託者はその権利につき取戻権を行使できるとしており、これは近時の通説ともいえる。

　したがって、同様の考え方からすれば、金融機関は債務者の一般債権者に対する関係では、代金債権が自分のものであることを主張できることになり、代金債権の帰属の点では、両説に違いはない。

　ただ、輸入取引の場合と違って、国内融資で特定商品を担保にとるのは、融資先の信用状態に問題のある場合もあり、そのことを考えると、国内融資の場合には代理方式をとり、金融機関の同意のもとに処分させるようにしたほうが安全といえよう。この場合の処分権の与え方は契約によって自由に定められるから、具体的な場合に応じ、最も実情に適した方法を選ぶのはいうまでもない。

第 2 節

集合動産担保

1　集合動産の特定方法

　債務者の手持ちしている在庫商品などを一括して担保にとるためには、まず目的物件を特定する必要がある（最一小判昭54・2・15金融法務事情894号40頁）。譲渡担保契約は、物権契約として目的物件の所有権を移転するからである。その特定方法としては、次のような手段が考えられる。

① 債務者の手持在庫商品のいっさいを担保とする場合……この場合は、債務者に自由に処分させ、一定時期ごとに残高の報告をさせるのが一般的である。

② 債務者が特定の倉庫や工場など一定の場所に保管している商品や原材料などを担保とする場合（最三小判昭62・11・10金融法務事情1186号5頁）……倉庫や工場の入口に担保商品である旨の表示を行う。そして目的物件を処分する場合には、債務者が自由に出し入れして残高だけを報告する方式と、出し入れのつど債権者の承認を得る方式とがある。

③ 債務者の倉庫を債権者が借りた形式をとり、そのなかに目的物件を保管し、出入庫はそのつど債権者に依頼して行う場合……目的物件の占有は債権者にある。

④ 債務者の倉庫において倉庫業者に保管してもらう場合……これを出保管と呼んでいる。この場合は、出入庫の管理は倉庫業者が行うことになる。

　なお、原材料を担保にとり、これが加工によって変形していく場合には、原材料を譲渡担保に徴して、これの委託加工の形式をとる方法と、全工程を通じての仕掛品いっさいを集合体として譲渡担保に徴する方法とが考えられ

る。しかし、いずれにしても鉄鋼、綿花、パルプ、小麦、印刷用紙などのように加工という観念の成立するものでなければならず、燃料や化学的処理のための製品などについては加工という観念で目的物件として同一性を認めるのは無理であるとされている。また、譲渡担保は物として特定されていなければならず、製品全体の何分の1を担保とするような特定の仕方は許されない。

　したがって、原材料の半額相当分の融資をしたから全体の2分の1につき譲渡担保とすることはできず、2分の1の部分を量的に特定して譲渡担保としなければならない。もっとも、2つの金融機関が半額ずつ融資をした場合、2つの金融機関が共同で全体につき譲渡担保とし、内部的に持分2分の1と定めることはさしつかえない。全体を共同で譲り受けることになるからである。

2　担保権の設定手続

　集合体に譲渡担保権を設定するには、本節1で述べた方法のいずれかで目的物件を特定して、担保の目的で所有権を移転する契約を締結する。その対抗要件は引渡しであり（民法178条）、そのためには全体を1個の物として占有改定を行うのであって（同法183条）、その限りでは特定商品の譲渡担保と変わらない。ただ、目的物件の特定方法が困難で、客観的に特定できるように、なるべく場所的に独立した部分を明示して特定する必要がある。対抗要件として、動産譲渡登記の制度が導入されているのは営業用動産におけるのと同様である。

　なお、設定契約中には、将来集合物に加えた動産については、その際、金融機関に所有権を譲渡するものとし、占有改定によって引渡しを行う旨の条項を設けるのが通例であるが、理論的には個々の構成物の出し入れは集合物の利用とみるべきであるとされている。

3 集合物譲渡担保の効力

　集合物譲渡担保において、これを個々の構成物の譲渡担保の集合とみれば、個々の動産についての解除条件付譲渡担保契約と停止条件付譲渡担保契約の集まったものということになる。

　しかし、集合物を1つの物と考えれば、構成物を処分すれば集合物から離れ、構成物を加えれば集合物に属するために、集合物としての拘束に服することになるので、譲渡担保の目的物件から構成物が出入りしても、1つの譲渡担保権が当初の設定時に成立したと考えてよいことになる。

　そして、このことを認めた判決（大阪地判昭30・12・6下民集6巻2559頁、東京高判昭47・3・29金融法務事情662号30頁ほか）もあり、国税徴収法基本通達24条関係の30も「集合物が譲渡担保財産である場合において、その担保権設定後その集合物に財産を加えたときにおける法第24条第8項の規定の適用に当たっては、その加えられた財産が集合物として同一性がある限り、当初の譲渡担保権設定のための譲渡の時期をもって、その財産の譲渡担保財産となった時として取り扱う」としている。

　集合物が1個の物として認められる以上、対内的効力、対外的効力は一般の譲渡担保と本質的には変わらない。ただ、担保権の実行方法、目的集合物件の内容が著しく増減した場合の措置など特殊な問題があるので、これらの点につき設定契約で細かく決めておく必要がある。

　そして、平成22年12月最高裁は、構成部品の変動する集合動産を目的とする集合物譲渡担保権の効力は、譲渡担保の目的である集合動産を構成するに至った動産が滅失した場合にその損害を塡補するために譲渡担保権設定者に支払われる損害保険金に係る請求権に及ぶ（前掲最一小決平22・12・2）という。

第 3 節

倉荷証券担保

1 倉荷証券

　倉庫会社が保管中の商品について発行する倉庫証券には、商法上、倉荷証券のみを発行する単券制（商法627条）と、預り証券および質入証券を発行する複券制（同法598条）とがあるが、実際には複券制はまったく利用されておらず、倉荷証券のみが利用されている。しかも、倉荷証券自体の発行額も総入庫額の数％にすぎず、倉荷証券の利用度もそれほど高くはない。したがって、金融機関が倉荷証券を担保にとって融資を行う例もそれほど多くはなく、特殊の取引先に対する融資に限られているようである。

　倉荷証券には法定記載事項として次の事項が記載されていることが必要である（同法627条2項、599条）。

① 受寄物の種類、品質、数量および荷造の種類、個数、記号
② 寄託者の氏名または商号
③ 保管場所
④ 保管料
⑤ 保管期間
⑥ 受寄物に対する保険契約の内容
⑦ 証券の作成地および作成年月日

　このうち⑥の保険は、倉荷証券を発行する場合においては、倉庫業法14条によって必ず付保しなければならないことになっており、この保険金額をもって物件の価格とみてさしつかえない。

　倉荷証券は有価証券であるが、手形などとは違って有因証券である。そこ

で実際には、荷物を預かっていないのに倉荷証券を発行した場合、これを空券と呼んでいるが、この空券の効力がどうなるかについて問題がある。近時の判例・通説は空券も有効であり、倉庫業者は荷物を引き渡すことができない以上、債務不履行の責任を負うとしている。また、荷主が包装物の内容を偽って倉荷証券の発行を受け、これを担保に金融機関から借入れをした場合について、大審院昭和11年2月12日判決（民集15巻357頁）は、倉庫業者は過失の有無に関係なく、証券面に書かれた荷物を引き渡す義務を負うとしている。

そこで、倉庫業者は自衛のために、内容を点検できない荷物については証券面に内容不検査の表示をしている。そしてこのような記載は、倉荷証券の取得者に対して対抗できると考えられるので、要件外の記載にも注意する必要がある。

2 倉荷証券の担保取得

倉荷証券が発行されている場合には、倉入荷物の処分は倉荷証券によって行わなければならない。質権を設定するにせよ、譲渡担保の目的とするにせよ、倉荷証券の担保差入れを受ければ、倉入荷物の担保差入れを受けたことになる。

担保取得の手続は、担保差入証を徴し、倉荷証券の裏書交付を受ければよく、特に質権設定としない限り、倉荷証券を譲渡した以上、譲渡担保権を設定したものと考えられる。その場合、対抗要件としては倉荷証券の交付であり、滞納処分との関係においても、有価証券担保と同様、確定日付は不要と考えられる。なお、倉荷証券が作成されている動産は動産譲渡登記をすることができない（動産・債権譲渡特例法3条1項）。

倉荷証券の担保取得にあたっては、次の点に注意する。

第1に、倉荷証券の記載事項に注意し、法定記載事項が欠けていないか調

査する。もっとも、倉荷証券は手形と違って、法定記載事項が欠けていても絶対に無効とは限らないが、そのような証券は問題を残すので、担保としては不適当である。

　第2に、発行会社と荷主に注意する。倉荷証券の信用度は発行会社によって決まり、また包装物の場合、荷物が間違いないかどうかは荷主の信用によって左右される。そこで、これら関係者の信用度を考慮したうえ担保掛目を決める。

　第3に、倉荷証券面の特約事項に注意する。前述のように、包装物についての内容不検査の特約があったり、保管料について所持人払いとする旨の特約がある場合などがあるからである。

　第4に、裏書について倉庫会社に届け出てある署名がなされているかどうかを確認する。その点、法律上は荷主の署名であればよいのであるが（商法519条）、倉庫会社によっては、倉庫会社に届け出てある署名による裏書がないと、出庫に応じないところがある。したがって、あらかじめ裏書の署名が届出のものかどうかを確認しておく必要がある。

　なお、担保取得の際、金融機関によっては倉庫会社に通知をしているところがあるようだが、倉庫会社は、このような通知には拘束されない。

3　倉荷証券担保の効力

　倉荷証券を譲渡担保に徴した場合には、金融機関は倉入荷物の権利を取得する。そして、荷物の現物は倉庫会社が保管しているので、債務者の債権者が差し押えるような問題も生ぜず、また倉荷証券自体は金融機関が保管している以上、債務者が荷物を任意処分することができないので、担保としての効果は大きい。

　また担保権を実行する場合には、ある程度まとまった商品であるから、適当な買主を見つけやすく、その者に倉荷証券を裏書譲渡すればよいので、実

行手続も簡単である。なお、倉荷証券の裏書には担保的効力がない（商法519条は手形法15条を準用していない）ので、無担保裏書の必要はない。

4 一部出庫

　倉荷証券を担保にとった場合に、債務者からの申出によって、倉入荷物の一部出庫に応じることがある。一部出庫の場合には、倉荷証券を倉庫業者にそのつど呈示して、内渡しの記載を受けるのが原則である（商法628条）が、それでは不便なため、金融機関と倉庫業者との間であらかじめ一部出庫契約を取り交わしておいて、倉荷証券の呈示を省略し、金融機関から倉庫業者に宛てた一部出庫請求書によって一部出庫を行っている。

　債務者から一部出庫の依頼があったときは、金融機関は倉荷証券の内渡し欄にその旨を記入するとともに、一部出庫請求書を作成して債務者に渡し、債務者はこれを倉庫業者へ持参して一部出庫を受ける。内渡しを繰り返して全部出庫したときは、倉荷証券は金融機関から倉庫業者に直接返還し、金融機関は倉庫業者から一部出庫請求書を返してもらう。そして債務者からは担保品受取証を返還してもらう。

　一部内渡し後、担保解除をするときは、金融機関は倉庫業者に対し倉荷証券を呈示して、内渡し欄に倉庫業者の証印をもらったうえ証券を債務者に返却する。この手続を怠ると、金融機関は倉庫業者に対し損害賠償責任を負わされることになるので注意を要する。

5 代理保管・出保管

(1) 代理保管

　代理保管とは、倉庫業者が保管している荷物を、倉荷証券を用いないで担保に徴する方法であって、金融機関が債務者から担保に徴している商品を倉

庫業者が金融機関のかわりに代理占有する形をとるものである（民法181条）。債務者の倉庫に入っている商品を倉庫ごと倉庫業者が保管する出保管の場合に多く利用される（出保管については後掲「本節5(2)」）。代理保管は、出入庫が頻繁で倉荷証券が利用できない場合に行われるから、契約で出入庫についての特約を定め、たとえば最低残高を決めて、これに不足しない限り出入庫は自由とするという方式をとることもある。一種の集合物譲渡担保となるが、特定方法が明確なので比較的安全な方法である。

(2) 出保管

　出保管は、いわば出張保管であって、荷物を荷主の倉庫に置いたまま倉庫業者が保管することである。こうすることによって、債務者の手元に商品を置いたまま倉荷証券を発行できるのである。たとえば、遠洋航海でとれた魚を母船の船倉で出保管にすれば、直ちに倉荷証券が発行でき、これによって金融を得ることができることになる。出保管で倉荷証券を発行しないときに担保にとるには、「本節5(1)」の代理保管となる。

6　運送証券担保

　運送中の商品を化体する証券としては、陸上運送の場合の貨物引換証と海上運送の場合の船荷証券とがある。貨物引換証は運送人が運送品を受け取ったことを証し、船荷証券は船長またはこれにかわる者が船積みしたことを証する証券で、これと引き換えに運送品を引き渡す義務を負担した有価証券である。

　運送証券は独立して担保として利用されることは少なく、ほとんどの場合、荷為替手形割引の担保とされるので、ここでは説明を省略する。

　なお、航空貨物運送状は航空会社の発行する運送荷物の受取証で、貨物引換証や船荷証券のような有価証券ではないが、荷物受取人を金融機関とする

ことにより担保として利用できるので、荷為替手形の付属書類として貨物引換証や船荷証券と同様に利用されている。

なお、貨物引換証、船荷証券が作成されている動産は動産譲渡登記をすることができない（動産・債権譲渡特例法3条1項）。

第4節

保護預り金地金担保

　顧客の資産選択の多様化、特に個人顧客のニーズの多様化に対応して、昭和57年4月1日から、金融機関の店頭で金や国債等の売買が始められた。これは銀行法10条2項に定める「その他の銀行業に付随する業務」に該当するが、それらのうち金地金の担保取得について検討する。

1 制度の概要

　金融機関によってその取扱いに多少の相違がみられるが、一般には次のようである。

(1) 販　　売

　商品としては、①金現物は金融機関が保管することとし、証書または通帳を発行する保護預り方式、②金地金の現物、③金貨の3種がある。単位は最低100gで、100g刻みとし、価格は小売実勢価格である。

(2) 買取り

　金地金は、真贋鑑定後買い取り、証書・通帳は店頭で即日販売される。この売買に際して手数料がかかる。また、毎日、金の売却・買取価格が出る。

(3) 法的性質

　金地金や金貨の販売は問題ないが、金地金の保護預り方式の場合にはその法的性質が問題になる。物を保管し、返還することを目的とするから寄託契

約（民法657条）に相違ない。ただ、受寄者たる金融機関が他の寄託者から受け取った同種・同等の他の物と混合して保管し、そのなかから寄託を受けたと同一量を返還する債務を負う混蔵寄託である。

2 担保の取得

　金地金、金貨の担保取得は、典型的な動産質あるいは動産譲渡担保である。担保差入証を徴することによって担保権設定契約を結び、現物の引渡しを受けることによって要物性を満たし（民法344条）、対抗要件を備える。

　金地金を混蔵寄託方式によって保護預りとしている場合には、取引先は、寄託金融機関に対して寄託物の返還請求権と、金融機関の金庫内に保管されている金塊の共有持分権とを有する。したがって、その担保取得には、寄託金融機関に対する寄託物の返還請求権に質権（または譲渡担保権）を設定する方法と、金地金の共有持分権に質権（または譲渡担保権）を設定する方法とがある。

　いずれの場合も、担保権設定契約において質権を設定するか譲渡担保にとるか、および、担保の目的物を寄託物の返還請求権とするか共有持分権とするかを明確にしておくことである。

　寄託物の返還請求権に質権を設定する場合には、法律的には債権質に該当し、しかも預金約款と同じように「保護預り規定」によって譲渡・質入れが禁止されているので、取引先との間で担保権設定契約を締結する際、対抗要件として金融機関所定の方式により寄託金融機関の承諾をとり、確定日付を徴することが必要である。また、寄託物の共有持分権に質権を設定する場合には、金地金は動産となるので、担保権設定契約にあたって目的物の引渡しと継続占有（第三者対抗要件）が必要である。ただ、この場合には、目的物の占有は寄託金融機関にあるので、担保権者と取引先との連名により寄託金融機関に「代理占有承諾書」の調印を依頼する必要がある。

第2編

担保評価

第1章

債権担保評価

　本章では、まず第1節で債権担保評価の概論として債権担保全般に共通する特性などを説明する。第1編で概観したとおり、債権担保には預金担保や入居保証金をはじめとする特殊な債権担保もあるが、第2節では特に売掛金担保に着目してその評価手法を紹介する。金融取引において担保の目的となる代金債権の代表的なものは売掛債権であり、平成17年10月からは法改正された債権譲渡登記制度により債務者を特定しない将来債権の登記も可能になった。また平成20年12月には「電子記録債権法」が施行、既存の売掛債権とは異なる新たな類型の金銭債権が誕生し、簡便な手続によって担保設定が可能となっている。このような法改正を背景として、貸出の担保としての売掛債権の有効性は見直されている。従来、「添え担保」的な位置づけであった売掛債権を貸出の担保として積極的に活用していくための手法を紹介する。

第 1 節

債権担保と評価

　わが国において、貸出で最も一般的に活用されている担保は不動産である。不動産の評価においてはその手法が確立されており、国家資格として不動産鑑定士がある。また、公示地価や基準地価といった地価のデータが整備されているだけでなく、取引事例に基づく売買事例の入手も容易である。評価においても、原価法、取引事例比較法、収益還元法などの手法が確立されており、金融機関はこれらの手法を参考として評価手法を構築し、担保掛目の設定や担保ポジションの反映に活用している。

　一方、債権も、貸出の担保となりうるが、その種類は多種多様である。債権の評価については、不動産鑑定士のような国家資格はなく、その評価手法については流動化における格付や取引信用保険など、一部の領域で確立されているものの、一般的な貸出においては、十分に確立されているとは言いがたい。

　本節では、そのような債権担保の活用状況にかんがみ、債権担保における評価の特徴と留意点について説明する。なお、貸出の担保として活用できるのは金銭債権であり、本節でいう債権とは、特に説明のない限り、金銭債権を指すものとする。

1　担保評価の観点からみた債権の特徴

　債権は一般的に、その債権の当事者である債権者と債務者の氏名ないし名称、その発生時期、発生原因、種類および内容、金額によって表示し特定される。これは、担保評価を行ううえで重要な債権固有の特徴である。その特

徴のうち、特に担保評価に影響を与えるポイントについて説明する。

(1) 金額の確定性

担保評価を行う場合には、対象がどのような担保物であろうと、その担保物からいくら回収できるかを見積もることが必要である。その際、不動産であれば公示地価や基準地価、あるいは市場での取引事例などを確認する。商品在庫などであれば仕入価格や簿価などを確認する。ただし、不動産、商品在庫などの動産とも、担保による回収金額が確定しているわけではなく、一般的には、公正市場価格がベースになる。

一方、債権の場合は代金債権であれ、その他の特殊債権であれ、その大半は金額が確定している。たとえば、売掛債権であれば売買契約書などに金額が明記されており、電子記録債権であれば記録機関の記録原簿に金額が記録されている。また保険、入居保証金、診療報酬債権などの債権についても証券や契約書面上に金額が明記されている。

これらの金額、すなわち債権額は、債務不履行などの事由や商取引上の問題（たとえば、返品や不良品の発生）がなければ基本的に債務者から支払われる金額であり、担保評価にあたって有効な情報となる点が、不動産や在庫などの動産とは異なる。

(2) 期限の特定性

基本的に債権にはそれが支払われる期限あるいは有効である期間が定められている。売掛債権であれば、売買契約書などに支払期日が記載され、電子記録債権であれば記録機関の記録原簿に支払期日が記録される。同様に、定期性預金には期日が、また保険には保険期間が存在する。

このように、債権には時間的「長さ」がある。したがって、債権の担保評価においては債権の期限あるいは期間の確認が重要となる。

(3) 第三債務者リスクの存在

　債権とは、債権者が債務者に対して金銭の支払などを要求する権利であり、その担保としての価値は、債務者が約束した支払義務をきちんと果たすかどうかによって影響を受ける。一方、不動産の場合、担保としての価値は基本的にその不動産の処分価値、間接的には利用価値によって決まる。

　したがって、債権の担保評価においてはいわゆる第三債務者の支払能力など債務を履行する能力を判断することがきわめて重要となる。また、預金、保険、入居保証金など契約上の債務者が1人（あるいは1社）である場合と比べ、売掛債権のように、一度に複数の売掛先に対する債権を担保とする場合、担保評価はよりむずかしくなる。さらに、債務者不特定の将来債権も担保とする場合には、債務者自体の入替りも考慮する必要がある。

(4) 形態・種類の多様性

　法律上、債権は物権と並ぶ主要な財産権の1つである。債権は債権者が債務者に対して金銭の支払や物件の引渡しなどを求める権利であり、第1編で説明したとおり、その形態や種類は多様である。預金、売掛債権などの代金債権、火災保険などの保険金請求権、入居保証金の返還請求権などの特殊な債権など、いずれの債権にも固有の特性がある。担保評価においては、債権の形態や種類によって異なる特性をよく理解することが必要である。

(5) 個別債権と集合債権

　売掛債権など証券化されていない債権、すなわち指名債権を担保取得する場合、債権譲渡担保の設定が一般的である。債権譲渡担保には、1つもしくは数個のすでに発生した債権、すなわち個別債権を担保の目的とする場合と、複数の第三債務者に対して発生と消滅を繰り返す債権の集合体、すなわち集合債権を包括的に担保の目的にする場合がある。

　個別債権の担保評価は、受取手形の割引などでも使われる伝統的な評価手

法等により比較的容易に実施できる。一方、集合債権については複数の第三債務者が対象となり、入替りも発生するだけでなく、時には多様かつ膨大な数の債権を対象とする場合もあり、担保評価に工夫が求められる。

(6) 既発生債権と将来債権

上述のように、集合債権を包括的に担保の目的とする場合、既発生債権だけでなく、将来発生する将来債権も含めて複数の債権を債権譲渡担保としてとることになる。

既発生債権は、債権譲渡契約締結時に債権の金額等が確定しているため、担保評価は比較的容易であるが、そうではない将来債権の担保評価には工夫が必要となる。

なお、将来債権の譲渡については、平成17年10月から、債務者を特定しない将来債権の譲渡についても登記が認められている。

また、電子記録債権については、記録を効力要件としているため、将来債権をあらかじめ譲渡および譲渡担保することはできない。

2 債権の担保適性

前項で説明したように、債権はその形態や種類によって担保評価の際に考慮すべきポイントが異なる。したがって、債権担保評価の手法を標準化することは容易ではないが、ここでは第2節で述べる売掛金の担保評価の導入として、債権の担保適性について説明する。

(1) 担保適性

不動産や商品在庫などの動産と異なり、債権は実体を知覚することができないものである。そのため、債権を担保とする場合、その債権の存在を確認できることが大前提となる。確認方法としては、売掛金では売買基本契約書

などを確認する方法、監査法人などへ委託して売掛先（第三債務者）に書面を送って確認する方法、売掛先から受領した注文書や発注書を確認する方法などがある。なお電子記録債権の場合は記録機関の記録原簿で債権の存在が可視化されるため、安全な債権といわれる理由の1つとなっている。

さらに、売掛先が企業に対して期限に約束した支払義務をきちんと果たすかが重要である。売掛金は、企業が売掛先に製品やサービスを提供した時点（納品）に発生して、製品やサービスの代金が支払われた時点（決済）または返品等を受け入れた時点に消滅する。売掛先との正常な取引から発生し、期日に予定どおり資金化される債権については担保適性があるといえる。

また、対象とする債権が実際に担保として利用可能であることも重要である。たとえば、譲渡禁止特約付きの債権、あるいは法律上譲渡が禁止されている債権（たとえば、賃金・給料や退職金、労働災害において補償を受ける権利など）は担保適性があるとはいえない。

(2) 法律上のリスク

担保として取得する債権の権利関係を把握することは、担保評価の前提となる。債権が譲渡（譲渡担保も含む）された場合、当該債権はその同一性を失うことなく、新債権者に移転する。そのため、当該債権の債権者が旧（原）債権者から新債権者にかわったとしても、当該債権の債務者（第三債務者）が主張することができる事由はそのまま新債権者に対しても主張することが可能となる。たとえば、同時履行の抗弁、相殺の抗弁、あるいはすでに債務免除を受けているとか、すでに弁済しているといった債権が消滅している旨の抗弁（主張）などである。こうした当該債権の債務者（第三債務者）が旧（原）債権者に対して主張（対抗）しうる事由の有無、内容を把握、検証することは適切な担保評価を行うにあたって必要不可欠である。なお、当該債権の債務者（第三債務者）が債権譲渡について異議なき承諾を行ったときは、旧（原）債権者に対して主張（対抗）しうる事由があったとしても、新債権

者に対してそれらを主張することはできない（民法468条1項）。しかし、新債権者が旧（原）債権者に対して主張（抗弁）しうる事由があることについて悪意である場合には、第三債務者は異議なき承諾をした場合であっても、これを主張することができる。これに対し、電子記録債権は人的抗弁が完全に切断されており、このような人的抗弁リスクが存在しないという点において譲渡における安全性が高いといえる。

新債権者が、当該債権の債務者（第三債務者）に対して「自分が債権者である」旨を主張する場合の「対抗要件」は、債権譲渡の事実について旧（原）債権者から第三債務者への通知、もしくは第三債務者の承諾があれば足りるが（民法467条1項）、同様のことを第三者（たとえば二重譲受人）に主張する場合には単なる通知等では足りず、確定日付のある証書によらなければならないこととなる（民法467条2項）。なお、これら民法上の対抗要件の特例として、法人がする金銭債権の譲渡については登記をすることによって対抗要件を具備することができる旨を定めているのが、債権譲渡特例法である。

これに対して、電子記録債権法においては譲渡記録のみを対抗要件としたことで、上記のような煩雑かつリスクを伴う手続が排除されているが、債権の発生前には譲渡を行うことができない。すなわち、将来債権の譲渡という考え方はない。

第2節

売掛金担保の担保評価

　第1編における説明のとおり、金融取引において担保の目的となる代表的な代金債権は、売買に基づく売掛金と建設工事請負契約に基づく請負代金債権である。

　本節では、代金債権のなかでも特に売掛金に着目してその評価手法を説明する。債権譲渡登記制度では債務者を特定しない将来債権の登記も可能としており、主要な代金債権である売掛金は貸出の担保としての活用が広がっている。

1　売掛金の特徴

　通常、物品やサービスの提供に対する代金は、期日に現金あるいは受取手形により回収される。売手（債権者）が期日に買手（債務者）から代金回収する権利が売掛金である。法的には物品やサービスの提供を原因契約として発生した金銭債権であり、債権者が債務者に対して一定の行為を請求することを内容とする指名債権である。

　金融機関は、従来より割引や貸出の担保として受取手形を活用してきたが、それに比べると売掛金の活用はまだ少ない。その理由は、売掛金は受取手形と比較して実在性の確認がむずかしく、担保適性において見劣りするからである。一方で、平成25年度の財務省「法人企業統計年報」（図表1）によると、法人における売掛金の総資産に占める割合は12.9％と、土地の約12.7％よりも高く、企業の重要な資産として担保活用の余地は大きい。

　売掛金は企業の保有する流動性の高い事業資産であり、換価性に優れてい

【図表１】　平成25年度法人企業統計年報（資産の部抜粋）　　　（単位：億円）

区　分	流　動　資　産						
	現金・預金	受取手形	売掛金	有価証券	棚卸資産	その他	計
平成15年度	1,290,603	320,929	1,745,837	114,758	960,802	938,037	5,370,966
平成16年度	1,370,709	332,582	1,851,567	156,103	994,871	941,779	5,647,611
平成17年度	1,403,814	310,009	2,010,085	135,477	1,074,992	1,021,195	5,955,573
平成18年度	1,471,060	336,924	2,091,064	156,848	1,125,779	1,062,138	6,243,813
平成19年度	1,353,663	295,900	2,159,107	191,687	1,226,268	1,061,644	6,288,270
平成20年度	1,431,001	285,052	1,802,180	244,084	1,154,063	1,239,181	6,155,561
平成21年度	1,574,506	227,773	1,825,073	205,456	1,125,501	1,358,964	6,317,273
平成22年度	1,649,539	239,753	1,821,680	218,225	1,018,990	1,316,300	6,264,487
平成23年度	1,629,002	239,544	1,922,325	225,787	1,051,344	1,304,382	6,372,383
平成24年度	1,683,240	230,060	1,895,597	217,347	1,049,767	1,287,280	6,363,291
平成25年度	1,744,416	215,333	1,977,286	263,229	1,064,875	1,404,585	6,669,724

区　分	固　定　資　産							繰延資産	総資産
	土地	建設仮勘定	その他の有形固定資産	無形固定資産	投資有価証券	その他	計		
平成15年度	1,652,164	148,019	2,764,504	173,989	1,191,241	981,536	6,911,453	24,537	12,306,956
平成16年度	1,636,184	178,327	2,844,158	184,468	1,372,184	966,682	7,182,003	25,684	12,855,298
平成17年度	1,643,142	172,934	2,835,666	174,996	1,638,072	984,336	7,449,144	30,848	13,435,565
平成18年度	1,635,875	191,812	2,820,708	180,048	1,796,695	1,003,905	7,629,043	29,618	13,902,474
平成19年度	1,590,061	182,179	2,767,004	184,149	1,504,124	998,184	7,225,700	24,020	13,537,990
平成20年度	1,773,420	191,814	2,610,483	187,334	1,928,666	1,154,278	7,845,996	26,073	14,027,629
平成21年度	1,831,086	179,728	2,580,207	227,263	2,019,592	1,195,306	8,033,181	22,699	14,373,153
平成22年度	1,870,150	168,873	2,594,558	179,815	2,118,200	1,243,869	8,175,466	20,384	14,460,336
平成23年度	1,860,899	178,413	2,548,775	205,520	2,242,326	1,277,261	8,313,193	21,004	14,706,580
平成24年度	1,747,615	156,110	2,377,364	186,756	2,361,957	1,145,230	7,975,032	33,109	14,371,432
平成25年度	1,936,716	155,862	2,458,957	199,361	2,582,202	1,246,488	8,579,586	24,081	15,273,391

るが、その担保活用においては、以下にあげる特徴を理解したうえで取り組む必要がある。

(1) 売掛金の特徴
① 債務者のリスクに左右される

　売掛金は、債務者（借り手）が提供する商品またはサービスの品質に瑕疵や虚偽などがあったりすると、回収に懸念が生じる可能性がある。その意味で、当該商取引における債務の履行能力が重要であり、さらには債務者の清廉さ、道徳的気質、誠実さなどにも左右される。

② 第三債務者の信用力によってその価値が左右される

　第三債務者（売掛先）の経営状態によって回収不能の危険性が変動するリスク債権である。

③ 債権譲渡禁止の特約がなされている場合がある

　債権は原則として譲渡できるが、売掛金の場合、売掛先の知らないうちに譲渡されると、売掛先に複数の企業（いわゆる二重譲渡）や想定外の者から反社会的な取立請求がなされる可能性があり、それらのリスクを回避するために取引契約書に債権譲渡禁止特約が付されていることが多い。当該特約のある売掛金を担保にとる場合は、売掛先の承認が必要となる。

④ 債権額と期日が定められている

　売掛金には「代金は○月○日までに○○○円を指定口座にお振り込みください」という請求書などの一般的な表現にみられるように、債権額や期日が定められている。

⑤ 不安定な債権である

　双務契約から発生する債権であるため、債権に同時履行、相殺等各種の抗弁権が付着していることが多く、その意味で不安定な債権である。

⑥ 実在性の確認がむずかしい

　売掛金は視認することができないものであるため、その実在については、どのような商取引によって生じたか、何を売ったか等を契約書・発注書などにより確認することが必要である。

(2) 売掛金の管理回収

売掛金は、金額が確定していることが大きな特徴である。

この金額、すなわち債権額は、債務不履行などの事由や商取引上の問題（たとえば返品や不良品の発生）がなければ基本的に債務者から支払われる金額であり、担保評価の入口ではきわめて有効な情報となる。

また、売掛金は、支払期日により当該債権がいつまでに支払われるかが定められている。

このように売掛金には金額の「大きさ」と時間的な「長さ」があり、支払期日までの間、債権者は当該債権の回収リスクを負うことになる。したがって、売掛金を担保活用する場合には、債権者が当該債権をしっかりと管理回収できる体制にあることが重要となる。

(3) 譲渡禁止特約の存在

譲渡禁止特約（民法466条2項）は、債権の譲渡を禁止する旨の債権者・債務者間の合意である。日本の商慣行では、取引契約書のなかに債権の譲渡禁止特約を入れるケースがきわめて多い。これは、売買代金の支払債務者が事務の煩雑化や過誤払いの危険を避け、相殺の利益を確保するなどの目的で付されるものである。AがBとの譲渡禁止特約のある債権をCに譲渡したときは、このAからCへの債権譲渡は基本的には効力を生じない。この特約の存在がわが国における売掛金の担保活用を著しく阻害する要因となっている。

譲渡禁止特約については、行政側の働きかけにより公共工事や省庁の支払債務に関しては特約が解除されつつある。平成25年2月25日には、金融庁監督局長より日本経済団体連合会および各地方公共団体に向けて売掛金担保融資の利用促進に向けた協力要請がなされ、金融機関への担保提供を目的とする債権譲渡について中小企業等から相談があった際は、譲渡禁止特約の解除に向けて可能な限り柔軟に対応するよう要請している。しかしながら、いまのところ大きな効果が現れていないのが実情である。

さらに、民法改正作業（平成21年11月から、法制審議会民法（債権関係）部会において、民法のうち債権関係の規定の見直しについての調査審議が実施され、平成27年2月に改正に関する要綱案が公表された）においても、譲渡禁止特約のあり方は大きな争点となっている。改正法の成立・施行にはまだ時間がかかる見込みであるが、売掛金の担保活用の促進を後押しする法改正がなされることが望まれる。

2　売掛金の担保評価手法

(1)　個別評価とポートフォリオ評価

　売掛金の担保評価にあたっては、対象となる売掛金を構成する個別債権（通常複数）の信用リスクが個々に評価できるかどうかによって、アプローチの方法が異なってくる。売掛金の回収可能性を個別に評価し、それらの積上げによって対象となる売掛金全体の信用リスクを評価する方法（ここでは「個別評価方式」と呼ぶ）は、受取手形の割引などでも使われる伝統的な手法であるが、比較的きめ細かい評価を行うことが可能となる。

　一方、対象となる売掛金を構成する個別の債権が少額かつ多数の場合、それらの債権をプール化し、あたかも1個の債権とみなして評価する方法（ここでは「ポートフォリオ評価方式」と呼ぶ）によれば、個別債権の信用リスクではなく対象となる売掛金全体の回収可能性を統計的に評価することができる。

　売掛金の担保評価に係るこのような2つの方法について整理すると、図表2のようになる。

　実際の担保評価においては、売掛金を構成する個別債権のほとんどが信用情報の入手がむずかしい中小企業向けであるケースや、個別債権の数がポートフォリオ評価を行うのに十分でないケースもありうる。このような場合、金融機関による社内格付、もしくは企業信用調査会社の評点を使って売掛先

【図表2】 個別評価方式とポートフォリオ評価方式の比較

評価手法	個別評価方式	ポートフォリオ評価方式
特性	・一般に、売掛先の信用状態、支払能力などに関して、多面的な調査・分析を実施する必要性がある場合に適している。 ・売掛先数が比較的少ない場合に有効である。	・債権流動化などと同様の考え方に基づく方法であり、統計学的アプローチが可能な場合に適している。 ・個別債権が多数かつ適度に分散している場合に有効である。
評価に利用される主な信用情報	・各種公開情報（特に、売掛先が上場会社である場合） ・格付機関による信用格付（売掛先が債券発行者である場合） ・金融機関による社内格付（売掛先が評価者（金融機関）の取引先である場合） ・企業財務情報（財務諸表等） ・企業信用調査会社（帝国データバンク、東京商工リサーチ等）が提供する企業信用情報 ・当該売掛先に関する業界情報	・評価の際に利用される主な信用情報は、基本的に個別評価方式の場合と同様であるが、多数の売掛先を対象とするため、1社当りの調査・分析は個別評価方式に比べて簡易な手続により実施される。
留意点等	・多面的な調査・分析を行うがゆえに、対象とする売掛先の数が問題となる。評価に求められる調査の範囲と分析の深度にもよるが、通常、この方法を採用する場合、多くの時間と労力を要する。したがって、実際に調査・分析を行う売掛先の数が、実務上およびコスト上の観点から合理的な範囲であるか見極める必要がある。	・債権プールについては、大数の法則が適用可能な程度の個別債権の数が必要であり、かつ過去数年分にわたる回収実績データなどを把握できることが望ましい。 ・債権プールを構成する個別債権に関して、業種の分散などにより相互の信用リスクの相関を抑えることで、プール全体の信用リスクを抑制することができる。

各社の信用リスクを層別し、簡易なポートフォリオ評価を実施する方法や、個別評価とポートフォリオ評価を組み合わせて実施する方法などが考えられる。

(2) 担保適格な売掛金

　売掛金は、通常企業が売掛先に製品やサービスを提供した時点（納品）に発生して、売掛先が製品やサービスの代金を企業に支払った時点（決済）で消滅する。売掛金は、発生した時点では原則として担保適格である。しかし、支払期日が経過しても回収がなされない場合、当該期日からどのくらいの日数を許容して担保適格とするかの判断が必要となる。

　売掛金担保の取扱いが一般的に行われている米国では、小切手の郵送により支払うのが一般的であるため、支払期日経過後の数日間は郵送期間とみなされ、実務上支払が猶予されることが多い。

　わが国では、基本的に支払期日に振込もしくは購入先に手形等で直接支払う場合が多いという商慣習をふまえたうえで、売掛金を担保適格あるいは不適格とする独自の許容基準を設ける必要がある。

　次のような債権については、一般的に担保として不適格であると位置づけられているが、その判定基準は、各々の金融機関の判断において決定すべきものである。

① 債権発生日または支払期日から一定期間を経過した債権
　　請求書の作成日または支払期日から一定の期間を経過したもの。
　　たとえば米国では、請求書の作成日から90日超、あるいは支払期日から60日超は担保不適格とされている。
② 支払遅延が著しい売掛先への債権
　　具体的にリスクが顕在化している債権で、最終的に回収不能に陥る懸念があるもの。
③ グループ企業に対する債権

実質的に同じグループに属する企業間の取引は、債権債務関係が複雑であることや、政策的な理由で行われることも想定されることから、担保対象としないケースが多い。
④　反対債権をもつ売掛先への債権
　同一企業との間に売掛金と買掛金が同時に存在する場合、相殺リスクが発生するため担保としての適格性が相対的に低くなる。
⑤　海外の取引先に対する債権
　政情が不安定な国、取引慣行や法規制が日本とは異なる国の企業に対する債権は、回収リスクが高い。

　さらには、回収時にコスト倒れとなる可能性の高い小額債権や期間のごく短い債権をどのように扱うかなどについて、債権ごとのデフォルト率や回収率といった経験値と担保評価に関する考え方に基づき、独自の判定基準を策定することも必要となる。

(3)　ダイリューション

　通常の商取引において、値引きや返品、回収不能に伴う償却、請求金額の相違などの要因により、当初の売掛金額に対して100%の回収が行われないケースがある。
　このようなケースにおける当初の売掛金額と実際の回収額との乖離を「ダイリューション（Dilution）」という(注)。ダイリューションには以下のような種類がある。

返品……いったん売り上げた商品の返品によるもの。
売上割戻し……大量購入に対する報奨（リベート）として売手から買手に還元されるもの。販売管理費項目の販売促進費に相当するもの。
売上値引……販売した商品について破損、汚れ、数量不足、品目相違等の理由により売上代金から値引きを行うもの。

第1章　債権担保評価

売上割引……期日前決済による値引き。売買契約において、買手が期日より早めに支払えば割引を受けられることをあらかじめ認めているケースがあり、たとえば本来の支払期日が請求書発行日から60日後であるのに対して、30日以内に支払を行えば3％の割引を与えるという条件が設定されている場合などがある。

償却……回収不能に伴う不良債権の償却。

その他特殊な値引き……買手が売手のために販売促進の広告宣伝を行った場合などに、その費用の一部を売手に請求することがある。その場合、売掛金の減額（＝相殺）という形で処理されることがある。

このような要因によりダイリューションは発生するが、当初の売掛金額に対してダイリューションが発生する（あるいは発生した）比率を「ダイリューションレート」(Dilution Rate) という。

たとえば、当初の売掛金100に対して実際の回収が95であれば、5のダイリューションが発生したことになり、この場合、ダイリューションレートは、ダイリューション発生額5÷当初の売掛金額100＝5％ということになる。

ダイリューションレートは、季節的要因によって変動する場合があるため、年間の売上高およびダイリューションレートの推移も把握すべきである。たとえば、年間の特定月に恒例のセール期間を設けている場合には、当該月の売上げが例月を大幅に上回ることが予想される。その一方、セール期間終了後には商品の返品率が増加することも予想される。このような傾向はダイリューションレートに反映されるので、その推移を分析すれば、季節あるいは月単位で前貸し率（アドバンスレート）を変動させるといった、きめ細かい対応を図ることも可能となる。

また、ダイリューションレートは、売掛金の起因するビジネスの性質によっても異なってくる。たとえば、物品販売とサービス提供では、商慣習や売掛金の平均的なサイズ・分散度合いなどが異なり、これらの要因がダイ

リューションレートの違いにつながる可能性がある。同じ物品販売でも、所属する業界が異なる場合、同様の相違がありうる。また、成熟産業ではダイリューションレートが比較的安定する傾向があるのに対し、新興産業などの場合、経常的なビジネスの基盤が確立されていないため、ダイリューションレートが変動しやすい。

> （注）　証券用語のDilutionは「（株式などの）希薄化」と訳され、実質的な価値（たとえば1株当りの価値）の減少を意味することが多いが、売掛金のDilutionとは若干ニュアンスが異なるため、ここではあえて訳語を使用せずカタカナ表記とした。

(4) 前貸し率の設定

貸出の実務においては、担保適格な売掛金額に一定の掛目を乗じて実際に貸出可能な金額（上限額）を算出する。この掛目のことを「前貸し率」（アドバンスレート）といい、算出した金額のことを「貸出基準額」（ボローイングベース）という。この掛目は、一般的に販売先の信用リスク（＝販売先倒産時の予想損失額（Expected Loss））に対応する部分、先述したダイリューションに対応する部分、さらには借り手が破綻した場合の売掛金担保の回収時に必要なコスト部分等を織り込んだ数値になる。

このアドバンスレートの算出方法については特に定められた制度上のルールはなく、各金融機関の判断で決定していくことになるが、その際、以下のようなものが参考となる。

① 米国の事例

米国の金融機関では、100％からダイリューションレートの2倍を控除した割合を基本的なアドバンスレートとする方法や、一定の計算式により

【図表3】　ダイリューションレートとアドバンスレートとの関係

ダイリューションレート	0〜3％	4〜6％	7〜9％	10〜12％	13〜15％
アドバンスレート	90％	85％	80％	75％	70％

理論値を算出するような例がみられる。後者の設定方法においては、図表3のマトリクス例のように、ダイリューションレートとアドバンスレートの相関があらかじめ定められている。

② マクロ経済の動向

経済動向を加味し、好況下では高めのアドバンスレートとする一方、経済全体や販売先の業種、借り手の所在地の地方経済が不況下にあるような場合には低めのアドバンスレートに調整する。

③ 販売先の信用力と分散状況

担保対象となる売掛金の債務者（＝販売先）の全体的な信用力や集中率を分析してアドバンスレートを決定する。分析方法は、先述のとおり、個別評価方式とポートフォリオ評価方式が代表的である。

④ 一般担保化要件の充足

自己査定における売掛金担保の取扱いについて、一般担保としての認定を受け、引当負担軽減のメリットを享受することを目指す場合、金融検査マニュアル上の一般担保の条件を充足するよう、アドバンスレートの決定方法について配慮する必要がある。

3 売掛金の担保評価の具体的事例

売掛金担保を利用した基本的な取組みでは、借り手より提出される資料をもとに毎月のボローイングベースを計算し、その金額と極度額のいずれか低いほうの範囲で貸出を実行する。

ここでは、どのように売掛金を評価して貸出の引当てとなる担保金額、すなわちボローイングベースを算出するのかを2つの事例によって説明する。

(1) 通常の評価事例

まず、売掛金の総額から担保不適格な売掛金を控除する。本事例の場合、

譲渡禁止特約付き、60日以上延滞、関係会社宛、海外宛の売掛金を担保不適格な売掛金とする。これら担保不適格な売掛金の合計額を売掛金総額から控除した、担保適格な売掛金の金額をボローイングベースの計算根拠として利用する。

アドバンスレートの算出にあたっては、通常は前述した個別評価方式またはポートフォリオ評価方式を用いて基本アドバンスレートを求める。さらに同社のダイリューションレートを控除して最終的なアドバンスレートとする。

A社の平成27年4月30日現在の売掛金	（単位：百万円）
帳簿上の売掛金総額	1,664
担保不適格な売掛金	
債権譲渡特約付き	48
支払期日から60日経過	152
親子間取引（子会社向け売上げ）	52
輸出（海外企業向け売上げ）	131
担保不適格な売掛金　合計	383
担保適格な売掛金　合計	1,281
基本アドバンスレート	81%
ダイリューションレート	1%
アドバンスレート	80%
ボローイングベース	1,025

なお、実質的な担保掛目をみる場合、ボローイングベースの売掛金残高（帳簿上）に対する比率を算出するが、これを「実効前貸し率」（エフェクティブアドバンスレート）という。本事例では、実効前貸し率は、1,025÷簿価1,664×100＝61.6％となる。

(2) キャッシュフローに基づく評価事例

帳簿上の売掛金を担保とする場合、当該売掛金が実際に存在することを、

売掛先から受領した注文書や発注書などで確認するのが一般的であるが、実務的にそうした対応が困難なケースもある。そのような場合などにおける別のアプローチとしては、キャッシュフロー、すなわち当社の売掛金の回収実績に信用力の根拠を求める方法がある。

この方法では、通常3カ月程度の入金履歴（入金口座の通帳や当座の勘定照合表等）を基にして、現時点で存在するであろう売掛金の銘柄（売掛先）と金額を推定する。その金額を売掛金総額とし、そこから担保不適格な売掛金の合計額を控除してボローイングベースの計算根拠となる担保適格な売掛金の金額を求める。

アドバンスレートの算出には、ポートフォリオ評価方式を用いることが一般的であるが、これはキャッシュフローに基づく評価が、通常、一定以上の売掛先数があり、かつ金額ベースで適度に分散した売掛金を対象に運用されることと関連する。

上記の特徴からキャッシュフローに基づく評価は、たとえば信用調査会社の評点がない個人事業主や小規模事業者等であっても評価対象とすることができる。

また、入金実績をベースにしているため、請求金額と実際の入金額との乖離度合いを示すダイリューションレートを考慮する必要がないという利点もある。

```
      A社の平成27年4月の推定売掛金         （単位：百万円）

        1月の入金実績            1,528 (30社)
        2月の入金実績            1,280 (28社)
        3月の入金実績            1,988 (32社)
        ─────────────────────────────────────
        4月の予測入金額（売掛金）  1,598 (30社)
```

```
            担保不適格な売掛金
                債権譲渡特約付き              48 ( 2社)
                親子間取引（子会社向け売上げ）  52 ( 1社)
                輸出（海外企業向け売上げ）     131 ( 2社)
                担保不適格な売掛金　合計     231 ( 5社)
            担保適格な売掛金　合計         1,367 (25社)
                アドバンスレート               80%
                ボローイングベース            1,093
```

4　モニタリングと再評価

　売掛金の担保評価は、貸出の入口だけでなく、事後も継続的にモニタリングを行うことではじめて実効性を伴う。モニタリングとは、担保として徴求する売掛金について実地調査およびデータ分析により継続的に調査し、借り手の業績・商流・資金流の変動を把握するとともに、売掛金が常に適切に管理され、その担保価値が維持されているかを確認することである。

　ここでは売掛金の一般的なモニタリング手法と、モニタリング結果をふまえて実施する再評価について説明する。

(1)　モニタリングの目的と手法

　モニタリングで最も重要なことは、担保とする売掛金の価値を減ずる諸要因をいかに把握するかということである。言い換えれば、担保不適格な売掛金をいかに的確かつタイムリーに把握し、管理していくかということになる。

　売掛金の一般的な管理手法は以下のとおりである。

① 残高管理（通常は日次）

　　金融機関は、売掛金の発生、回収状況について借り手から毎日報告を受ける。

通常は、個別の売掛金の明細ではなく、残高の動きのみを報告対象とする。

② 期日管理（通常は月次）

売掛金担保の期日管理に使用される情報はエイジング（＝売掛金の「年齢」）と呼ばれ、通常、金融機関は借り手から少なくとも月1回この情報の提出を受ける。一般的には、毎月末における期日ごとの残高が報告される。

エイジング情報に反映される月末残高は上記の日次管理によって把握される残高と一致するはずである。これらが一致しない場合、その原因を借り手に照会することになる。

エイジングの分析は、以下のとおり、請求書の日付もしくは支払期日をベースに行われる。

請求書の日付をベースにする場合、図表4のような管理表を作成し、個々の請求について請求書の日付からの経過日数により振分けを行う。通常、請求書の日付から90日を経過した売掛金（図表中「90日超」の部分）は担保不適格とみなされる。

一方、支払期日をベースにする場合は、請求書の支払期日が到来前である売掛金残高を把握し、支払期日を過ぎても入金にならない売掛金について、期日経過後1～30日、31～60日、61～90日、90日超のように振分けを行う。通常、支払期日から60日を経過した売掛金は担保不適格とみなされる。

【図表4】 事例：借り手A社の担保売掛金のエイジング（請求書日付ベース）

（単位：百万円）

日　　付	残高合計	0～30日	31～60日	61～90日	90日超
平成27年7月31日	356	267	31	19	39
8月31日	322	248	25	12	37
9月30日	388	293	39	16	40

【図表5】 事例：借り手Ａ社の売掛先別期日管理表　　　　　（単位：百万円）

売掛先名	残　高	比　率	0～30日	31～60日	61～90日	90日超
Ｐ社	29	7.6%	17	9	2	1
Ｑ社	20	5.2%	11	7	1	1
Ｒ社	14	3.6%	10	3	1	0
その他計	321	83.6%	159	89	46	27
合計	384	100%	197	108	50	29

③　売掛先別管理

　金融機関は、借り手から報告される売掛金の情報をもとに、借り手の売掛先ごとの集中度やその信用状態をチェックする。担保とする売掛金全体に占める特定の売掛先の比率を把握することを集中度（コンセントレーション）のチェックといい、この比率が高まれば特定の売掛先の信用状態が売掛金全体の信用力に及ぼす影響度が高まる。

　通常、集中度が5％以上の売掛先（図表5の例ではＰ社とＱ社）を注視し、必要に応じて信用状態をチェックする。また、図表5のような管理表を作成して売掛金残高の上位5社から10社程度のエイジング状況を検証する。

④　時系列管理

　図表6に示すように、担保とする売掛金の残高を毎年ある一時点で把握して、売掛金回転期間が長期化していないか、ダイリューションレートが

【図表6】 事例：借り手Ａ社の売掛金分析

（単位：百万円）

日　付	平成25年6月	26年6月	27年6月	平　均
売上高	354	372	366	364
売掛金回転期間	32日	33日	32日	32.3日
ダイリューション	6.7	7.8	6.6	7.0
ダイリューションレート	1.9%	2.1%	1.8%	1.9%

第1章　債権担保評価　　249

上昇していないか等をチェックする。

(2) 実地調査（フィールドイグザミネーション）

　金融機関が実際に借り手に赴き、担保とする売掛金の実態について実地で確認すると同時に、売掛金全般に係る情報を入手、分析する作業を実地調査（フィールドイグザミネーション）という。フィールドイグザミネーションにおける主な調査事項は以下のとおりである。

- 担保となる売掛金の存在確認のため、請求書や発注書を調査。
- 売掛先との契約内容および取引条件に変化がないことを契約書等で確認。
- 将来債権の譲渡登記を行っている場合には、その発生原因に係るような大きな事業変化が生じていないことを確認。
- 前回調査以降、新たに加わった売掛先の会社情報を入手し、その取引内容を契約書等で確認。
- 債権訂正がある場合、その内容が、直ちに金融機関へ連絡されていることを確認。
- 出荷、代金請求、金融機関への売掛金譲渡等が手続どおり行われていることを確認。

　なお、フィールドイグザミネーションでは借り手の帳簿等だけではなく、それを管理するシステムの有効性や稼働状況についてもチェックを要する。金融機関にとって、借り手がシステムを使って売掛金の情報を正確に把握できる体制にあることは必須だからである。

(3) データモニタリング

　金融機関が継続的にモニタリングを行うためには、借り手から売掛金に関する資料を定期的に提出してもらい、その内容を分析していく必要がある。この作業をデータモニタリングという。データモニタリングで利用する定例

（月次）提出資料には以下のようなものがある。
- 売掛金残高明細表
- 売掛金延滞明細表
- 買掛金残高明細表
- 前受金残高明細表
- 借入金残高推移表
- 試算表
- 租税・公課に係る領収書写し

このような資料を利用し、以下のようなポイントについて内容を精査する。
- 売掛先の内容に大きな変化はないか（新規売掛先、シェアの急増減、売掛先の信用状況変化等）。
- 売掛金の延滞が発生していないか。
- 売掛先との取引条件に変化はないか（回収サイト、回収方法等）。
- 買掛先の内容に大きな変化はないか（新規買掛先、相殺の有無等）。
- 金融機関取引に大きな変化はないか（担保の二重設定等）。
- 試算表の数字に矛盾はないか。
- 売上げに比して数字に矛盾はないか。
- 租税公課に係る支払が定期的になされているか。

なお、借り手から受領する資料は、借り手の経営の根幹に係る重要な情報であるため金融機関はその取扱いと管理に十分留意しなければならない。

資料の授受方法としては、書留郵便（保険付き）や、借り手との間で結んだ専用回線による電子メール等が考えられる。また、取組実績を積み上げるなかで、受領した資料を速やかに分析するための担保管理システムの導入も検討の課題となる。売掛金は日々変動するいわば生ものであるため、情報をできる限り速やかに入手し、かつ正確に分析する体制を構築することが肝要である。

(4) 再評価

　日々変動する売掛金を担保として適切に管理していくうえで、その内容の変動に応じて評価の洗替えを実施していくことは必要不可欠な作業である。定期的に担保とする債権内容の見直しを行い、ボローイングベースを再計算することを再評価という。

　再評価の際には、モニタリングで得た情報をもとに、必要に応じて貸出の入口で決定したアドバンスレートの見直しも行う。特に、主要売掛先の信用状況やダイリューションレートが大きく変動した場合などはアドバンスレートの見直しを早急にする必要がある。

第2章

動産担保評価

本章では、第1節で動産全般に共通する特徴や特性などを説明する。動産には大きく分けて、販売目的の在庫（商品、製品、仕掛品、原料等）と保有目的の機械（機械、装置、設備、車両・運搬具、工具・器具・備品等）がある。第2節では在庫を取り上げ、担保（集合動産担保）を取得する際の評価やモニタリングに関する手法や具体事例を説明する。第3節では機械を取り上げ、担保（個別動産担保）を取得する際の評価やモニタリングに関する手法や具体事例を説明する。

第 1 節

動産の特徴

　動産を担保に取得する際には、その対象物がいかなるものであるか、流通性はどうか、担保管理は可能か、モニタリングをどのように行うのか、等を把握していなければ、担保取得の適否を判断することはできない。
　本節では、動産の特徴と担保適性について説明する。

1 担保評価の観点からみた動産の特徴

(1) 種類の多様性

　動産には多くの種類がある。総務省の「日本標準商品分類（平成2年6月改定）」では、大分類10、中分類97、小分類678、細分類3,634、細々分類11,400（さらに細かい分類もあり）の種類分けがなされている。これによると、たとえば、背広服の分類は次のようになる。

大分類……生活・文化用品
中分類……衣服（履物および身の回り品を除く）
小分類……織物製外衣
細分類……成人男子用・少年用織物製外衣
細々分類……背広服

　一方、こうしたさまざまな動産の担保特性を理解するためには、種類や用途等に応じた分類を行うことが必要である。分類方法としては、種類別（在庫、機械設備）、目的別（販売目的、使用目的）、製造区分別（原料、仕掛品、半製品、製品、商品）、用途別（製品、副資材）、等がある。

(2) 在庫（集合動産）と機械（個別動産）

在庫とは、製品・商品、原材料、仕掛品・半製品、副資材等が対象であり、決算書上では流動資産に計上されるものである。

一般的に、製品・商品は完成品として販売可能なモノを指し、原材料は製造するための素材等であり販売を目的としないモノ、仕掛品・半製品は製造・加工途中のモノ、副資材はパッケージや包装紙等の製品を包装するためのモノを指す。

業種や企業が異なれば同じモノでも原料となったり、製品になったりすることがある。たとえば、ネジ部品製造企業が保有するネジ（完成品）は製品であるが、ネジを購入する工業製品組立企業ではそのネジが原料となる。このため、在庫を単に原料、製品の区分で判断するのではなく、当該企業の業種、商流、業務内容から在庫の位置づけを理解すべきである。また、上の2つの企業ではネジの帳簿価格が異なる。つまり、ネジ部品製造企業のネジの帳簿価格は下代価格であり、工業製品組立企業が仕入れるネジは上代価格となる。

次に、機械とは使用を目的とする機械、装置（プラント）、車両・運搬具、設備、工具・器具・備品等が対象であり、決算書上では固定資産に計上されるものである。

一般的に、機械は事業の用に供するモノであり単体で機能する金属工作機械、印刷機械、医療機械等を指し、装置（プラント）は複数の機械装置を組み合わせた大型装置をいう。車両・運搬具は自動車その他の陸上運搬具を、設備は建物に付随するエレベーターや空調設備等を、工具・器具・備品は事業の用に直接供しないパソコン、プリンター、書類保管キャビネット等を指す。

(3) 価格の多様性

価格には、流通価格（価値）と処分価格（価値）の2つがある。動産の流

通価格には、金属素材品や再販維持制度の対象品等の一部の例外品を除き、不動産鑑定における基準となる価格（路線価、公示地価、基準地価、固定資産税評価額）のような指標がない。そうした指標がない動産を大別すると、オープンなマーケットで取引されるモノとクローズドなマーケットで取引されるモノに分かれ、その比率は前者が約3割、後者が約7割といわれている。オープンなマーケットでは売買事例が公表されることにより第三者でもおおよその取引価格を確認できるが、クローズドなマーケットでは売手企業と買手企業が相対で取引するため第三者はその取引価格を容易に確認することはできない。

　また、取引時の数量によって流通価格が変動する。たとえば、1個の売買価格が500円でも、1,000個の売買では1個当り400円になることはよくある。このため価格の基準を一律に定めることはむずかしく「一物多価」と云われるゆえんである。

　次に、動産の処分価格は、通常の営業（販売）範囲ではない売買を前提とした価格である。たとえば、小売店が閉店するためのセール、企業が事業破綻し保有する在庫や機械を処分する場合等の取引価格を指す。このような取引において指標となる価格情報はなく個別性が高いが、事業破綻のケースでは業界によりおおよその処分率（たとえば通常時の上代価格の●●％程度）の目安がある。また、同じ商品であっても、実際の流通価格や処分価格が異なることもよくあるので注意が必要である。

2　動産の担保適性

(1)　担保適性

　日常的に売買取引される動産でも、担保としての活用を前提にした場合、担保権者はその担保適性を認識したうえで担保取得を検討することが重要である。担保取得時の確認が不十分であると、担保取得した動産を処分できな

いばかりか、有償で廃棄せざるをえないこともありえるので注意が必要である。

(2) 法律上のリスク

動産を担保取得する場合、譲渡担保権を利用する。動産担保の法律上のリスクを排除するためには、①譲渡担保権と競合する可能性のある権利について確認し、譲渡担保権を適切に設定すること、②譲渡担保権設定後に想定されるリスクを認識し、譲渡担保権を継続的に管理すること、の2つが必要となる。

a 譲渡担保権と競合する可能性のある権利の存在

譲渡担保権を適切に設定するためには、まずは、対抗要件を具備する必要がある。方法としては、動産譲渡登記を行う、もしくは当事者間にて占有改定（もしくは指図による占有移転）を行うことになる。動産譲渡登記は、平成17年に「動産及び債権の譲渡の対抗要件に関する民法の特例等に関する法律」の施行により、これまで債権のみ対象であった譲渡登記制度に、新たに動産が加わったことが可能となった。

次に、譲渡担保権の対象範囲を特定する必要がある。在庫への譲渡担保権の設定は、種類や量が変化する在庫全体を「集合物」としてとらえ担保権を設定する考え方に拠っている。このため、譲渡担保権を設定する際は対象となる集合物を特定する必要があり、それは「在庫の種類」「在庫の所在場所」「在庫の量的範囲」の3点によって定められる。

さらに、以下にあげる競合する可能性のある権利の存在を認識し、対応策を講じる必要がある。

多重譲渡……借り手が複数の金融機関やその他企業に対し譲渡担保権を設定した場合、担保権者同士の優劣は、対抗要件具備の先後で決まる。したがって、動産譲渡登記による対抗要件具備を行っていた場合でも、その登記に先立ち第三者が占有改定による対抗要件を具備していた場合は、登

は占有改定に劣後することとなる。登記と異なり、占有改定は外部から認識することがむずかしいため、担保権設定時には先行する担保権の有無につき十分に調査をする必要がある。

即時取得……譲渡担保権は、借り手が在庫や機械の占有を移さずとも設定できる担保権である。借り手のもとに担保権設定後も引き続き在庫や機械があることから、設定者（借り手）により第三者へ在庫・機械が売却されることも生じうる。この場合、第三者が善意・無過失等民法192条に定める要件を満たせば、当該第三者は所有権を取得することができる。これを即時取得という。その結果、即時取得された在庫・機械については譲渡担保権が及ばなくなる。このような第三者の即時取得を防ぐため、機械では所有権を明示するシールを貼付して明認が行われるケースがある。

商事留置権……商人間においてその双方のために商行為となる行為によって生じた債権が弁済期にあるときに、債権者が、その債権の弁済を受けるまで、その債務者との間における商行為によって自己の占有に属した債務者の所有する物または有価証券を留置することができる。担保取得された在庫が、倉庫業者の倉庫内に保管されている場合、倉庫業者（債権者）が保管料の支払を受けていない場合、保管料の支払を受けるまでは、保管している在庫につき担保権者に対して留置権を主張することができる。この場合には、担保権者は、目的物の引渡しを受けるために、保管料を倉庫業者へ支払わ（第三者弁済）ざるをえない。したがって、担保権者は、倉庫業者に対する保管料の未払いがないかを確認する必要がある。

所有権留保……所有権留保とは、売買代金債権を担保するために、売買代金債権の完済まで、売買の目的物の所有権を買主に移転せず、売主に留保する特約をいう。この特約があると、借り手が仕入れた在庫のうち、代金債権が完済されていない在庫は所有権が留保されていることとなり、当該在庫には譲渡担保権を設定することができない。したがって、担保権者は、仕入れに関する契約書等を調査し、所有権留保の有無を確認する必要があ

る。

税金……国税徴収法24条により、国税の法定納期限後に譲渡担保権を取得した場合、譲渡担保権者である金融機関に物的納税責任が発生する場合がある。国税の法定納期限後に金融機関が在庫や機械に譲渡担保権を設定した際、借り手の責任財産だけでは滞納額に不足となる場合には、譲渡担保の対象物である在庫や機械の換価代金から国税を納めることが必要となる。したがって、担保権者は、納税の有無を確認する必要がある。

b　譲渡担保権設定後に想定されるリスク

譲渡担保権の対象となる在庫は日々変化するため、設定後に想定されるリスクを認識し、譲渡担保権を継続的に管理する必要がある。確認すべき事項としては以下がある。

場所の変更……在庫（集合動産）に対して譲渡担保権を設定する場合、在庫の保管場所を特定して担保権の範囲を定めることから、特定された保管場所以外には担保権は及ばない。たとえば、借り手の商流の変化等の理由により在庫保管場所の変更が行われた場合、新たな保管場所にある在庫には自動的には担保権が及ばない。したがって、担保権者は借り手から在庫の保管場所を確認できる資料を継続的に徴求して保管場所に変更がないかを確認する必要がある。新たな保管場所にある在庫を担保に徴求する場合は、借り手と新たな担保契約を締結することが必要になる。

種類の変更……同様に、在庫の種類を特定して担保権の範囲を定めることから、特定された種類以外の在庫には担保権は及ばない。担保権設定後、借り手の業態等の変化により新たな種類の在庫が発生する可能性があるが、それらの在庫にも自動的には担保権は及ばない。新たな種類の在庫を担保に徴求する場合は、借り手と新たな担保契約を締結することが必要になる。

混合保管……設定時に特定された在庫の保管場所において、第三者の所有物が混在すると、保全や処分時に対象動産の特定が困難となる可能性があ

る。したがって、担保権者は対象となる在庫がきちんと分別して保管されているかを確認する必要がある。

適法性の確保……その他、動産の所有、取得、処分、その他の権利行使において行政機関の許認可等が必要な場合や、第三者の知的財産権の実施権・使用権が必要な場合には、適法性確保のためそれらを維持する必要がある。また、担保権実行時において、担保権者が担保物である動産を処分（売買）する際に支障となる業法の有無も確認しておく必要がある。たとえば、酒税法や薬事法の対象動産を販売する際には免許等が必要であり、行政機関が流通過程に一定の規制を設けている場合がある。規制対象の範囲が不明確な場合もあるので、所管する行政機関や弁護士に事前に確認をとる必要がある。

第 2 節
在庫の担保評価

1 在庫の特徴

(1) 在庫の種類
　一般的に在庫とは、企業が保有している棚卸資産のうち、販売することを目的とした製品、商品、ならびに製品を製造するための原材料、仕掛品、半製品、のことをいう。在庫には、衣・食・住に関連するもののほか、多くの種類がある。

(2) 取引の形態
　在庫の取引形態を大別すると、市場を介したオープンなマーケットでの取引と当事者同士が相対で行うクローズドなマーケットでの取引に分けられる。市場の種類には、金属市場、木材市場、穀物市場、海産物市場等があり、そこでの売買取引は市場関係者への委託により行われる。各市場では入札会や競売りが開催され、基本的には売買成立金額が公表されるため、第三者がそこでの取引価格を確認することは容易である。また、数量の制限がないため大量のモノを売買するのに適している。
　一方、市場を介さない場合は、あくまで当事者間の取引となり、第三者が取引の内容や価格等を確認することはできない。このため、取引価格に関する情報を入手するためには、業界関係者等からの情報収集が必要となる。

(3) 2次マーケットの存在
　2次マーケットとは、企業が通常の営業活動の範囲外で在庫を売買する際

の相手方となる関係者、業界、取引市場等を指す。通常の営業活動の範囲外とは、たとえば、余剰品や滞留品を仕入価格より低額で処分したり、破産会社の在庫（倒産品）を一括で処分したりするケースが該当する。具体的な売買の相手方としては、副業的に余剰品や倒産品等を購入している一部の専門商社や卸業者のほか、余剰品や倒産品等を中心に売買している現金問屋、管材企業等と呼ばれる企業などがある。総じて、専門商社等が相手方となる場合は対象業種や商品が限定される一方、取引金額は比較的高額となるのに対し、現金問屋等が相手方となる場合は幅広い種類の在庫が対象となる一方、取引金額は比較的低額となる傾向にある。なお、専門商社等の場合、こうした取引は副業的な側面が強いため、取引の相手方として想定する専門商社等とは日頃からの情報交換と接点づくりが必要となる。

2 在庫の担保評価の基本事項

(1) 評価目的

担保評価の主な目的は担保対象物件の価値を把握することである。担保価値には清算価値と経済価値があり、清算価値は借り手の事業破綻を前提に担保物件である在庫を第三者へ処分する際の価値をいい、経済価値は借り手の事業継続を前提に在庫の原価や収益性を分析して算定する価値をいう。したがって、経済価値の評価では在庫を処分することは想定していない。

また、在庫の用途や特性を理解することも担保評価の重要な目的といえる。在庫の用途、借り手の商流（事業の内容、販売先・仕入先、業務プロセス等）を把握したうえで、在庫の構成や稼働状況を分析することにより、その優位性や問題点、季節性等の在庫の特徴を理解することができる。これにより、在庫だけではなく借り手の事業全体の特徴を理解することにもつながる。

さらに、在庫内容の変動を想定しておくことも担保評価の目的に含まれ

る。担保管理においては日々変化する在庫を一時点でとらえるだけでなく、その将来にわたる動きを想定しておくことが重要となる。そのためのチェックポイントをあらかじめ決めておけば、その後継続的に実施するモニタリングを確実かつ効率的に進めることができる。

なお、担保権に関する確認は評価目的とは切り離して考えるべきである。そもそも担保権は貸し手（担保権者）が借り手と合意（契約）した条件に基づき設定するもので、その対象範囲の特定、設定条件の確定、対抗要件の確認は貸し手の責任で行われなければならない。したがって、評価会社等の当事者ではない者が、担保権の確認者とはなりえない。

(2) 担保適格な在庫

① 担保不適格な在庫

担保とする在庫は、貸し手（担保権者）が担保に取得し管理するのに適したものでなければならない。その観点から次のような性質の在庫はそもそも担保としては不適格である。

・在庫の保有や販売が法律で禁止されている

　例：麻薬、銃、偽ブランド品、盗品等

・公序良俗に反する

　例：危険ドラッグ、アダルトDVD等

・譲渡担保権の設定がむずかしい

　例：海外保管の商品、販売用の中古自動車等

・処分が不可能である

　例：賞味期限を経過した商品、ライセンス契約で第三者販売が禁止されている商品

② 在庫の担保適性

在庫の担保適性を判断するポイントとしては次の３つがあげられる。

・「処分性」

まずは、担保対象の在庫が実際に処分可能かどうかという点である。在庫の種類によっては2次マーケットが存在しない場合や、在庫の規模（数量・金額）が大きいため2次マーケットでは処分できない場合などがある。また、在庫を処分する際に必要となる販売資格や免許等の問題から処分が制約される場合などもある。

・「換価価値」

　次に、担保対象の在庫を処分する際の価値の大小という点である。2次マーケットが存在する場合でも、在庫の種類によって処分価値は大きく変わる。たとえば、ブランド時計・バッグや金属原料等の処分価値は高いが、雑貨品や衣料品等の処分価値は低い。また、製品・商品や原材料の処分価値は高く、仕掛品・半製品は低い。

・「担保管理」

　最後に、担保対象の在庫が、担保取得後、実際に管理できるかという点である。ここでは担保対象物件が明確に特定できることや借り手から提供される情報が正確であることがポイントになる。たとえば、同じ保管場所を借り手と第三者が共同で使用しており、それぞれの在庫の区分が不明確な場合や在庫情報と現物と合わない場合などは、担保管理上のリスクがある。

担保適性の高い在庫と低い在庫の特徴と代表例を以下に示す。

〈担保適性の高い在庫〉

　・汎用性が高い

　　例：貴金属の地金

　・回転率が高い

　　例：売れ筋の商品

　・ブランド価値が高い

　　例：人気のあるブランド時計、ブランドバッグ等

・取引市場がある

例：金属素材品、金・プラチナ品等の宝飾品

〈担保適性の低い在庫〉

・販売に免許が必要である

例：医薬品

・すぐに腐敗する

例：青果、鮮魚、惣菜

・担保管理が困難である

例：販売用の中古自動車

・仕掛品等

例：製造業における仕掛品・半製品、下請企業へ加工委託している原材料

・担保管理に課題がある

例：同一の保管場所で借り手と第三者の在庫が混在、在庫の情報やデータが不正確

(3) 評価方法

在庫の評価方法には次の3種類がある。

① 売買比較アプローチ算定法

「清算価値」を算定するための方法。対象品もしくはその近似品の売買事例データや情報を集約し、同データの比較や分析を行い、処分シナリオを想定して、評価金額を算定する。算定する評価金額は処分金額（清算価値）であるため、貸出で活用される担保の価値を把握することに適しており、一般的な在庫や機械の担保評価で利用される。

② 費用アプローチ算定法

「経済価値（継続価値）」を算定するための方法。主に機械や装置（プラント）を対象に、個別に設定した経済耐用年数期間に使用収益することを

前提とし、対象動産と同等の資産価値を有する動産を再調達する価格（再調達価格）を算定する。

算定する評価金額は経済価値であるため、ゴーイング・コンサーンを基に価値を把握することに適しており、セール・アンド・リースバック案件の組成時や事業や工場売買時の機械等の評価として利用されている。動産担保を活用する一般的な ABL で用いられるケースは少ない。

③ 収入アプローチ算定法

「経済価値（継続価値）」を算定するためのもう1つの方法。主に機械、装置（プラント）、およびレンタル用機器・資材を対象に、対象動産が生み出す製品やサービスの価値を分析して、評価金額を算定する。在庫評価の1手法ではあるが、売上げ、原価、収益等をベースにするため、事業評価にもつながる側面をもつ。実際に利用されるケースは少ない。

(4) 評価金額

在庫の評価金額としては次の3種類がある。

① 公正市場価格（Fair Market Value、略称 FMV）

借り手の事業継続を前提に、一般的な営業の範囲において対象在庫が売買される価格。

市場や企業間の相対での取引価格を基に算定する。通常は、帳簿価格（仕入価格）に利益を上乗せして販売するため帳簿価格より高くなる。ただし、保有在庫が長期滞留や売上不振により帳簿価格以上で販売できない場合、あるいは保有在庫の流通価格が仕入価格を下回っている場合等は、帳簿価格より低くなることもある。そうしたケースでは、棚卸資産に含み損が発生している可能性もあるので、詳しく調査する必要がある。なお、製造業における仕掛品・半製品は一般的に流通しないものであるため公正市場価格の算定はむずかしい。

② 通常処分価格（Orderly Liquidation Value、略称 OLV）

借り手の事業破綻（事業停止）を前提に、対象在庫を処分する価格。できるだけ高い価格で処分するため、相応のコストと時間をかける前提で処分シナリオを策定し、そのシナリオに基づき処分価格を算定する。たとえば、卸売企業のケースでは、全在庫のうち回転率が高い（人気のある売れ筋の）在庫を集約して、消費者向けの催事、閉店セールや業者向けの入札会で販売し、売れ残った商品は一括して処分する、等の処分シナリオを策定する。

なお、在庫を処分する際には一定の費用が発生するため、その費用項目を洗い出し、各項目の金額を見積もっておく必要がある。処分にあたり発生する可能性のある費用項目は、次のとおりである。

在庫の保管費用……賃借倉庫にて在庫を保管している場合、保全・処分に必要な期間を想定し、当該期間の保管費用を見積もる。

在庫の移送費用……処分に際し在庫を移送することを想定する場合、その移送費用を見積もる。

実地棚卸費用……処分時の数量確認において、多量の在庫をすべて検証するため第三者に実地棚卸を委託する必要がある場合など、その費用を見積もる。

保管場所の警備費用……保管場所の管理体制に問題があり、有事の際に在庫の紛失、流失のリスクがある場合、警備会社へ依頼するための警備費用を見積もる。

処分委託料……在庫処分を第三者に委託することを想定する場合、その委託料を見積もる。委託料は売買金額（成約金額）に手数料率を乗じる方法で算定するケースが多い。

破産管財人への手数料……借り手が破産し管財人と協働して在庫を処分することが想定される場合、その費用を見積もる。

個々の案件において上記のすべての費用が発生するわけではないが、費用の見積りは取得できるように準備をしておくべきである。

③ 強制処分価格（Forced Liquidation Value、略称 FLV）

　借り手の事業破綻（停止）を前提に、対象在庫を処分する価格。手間と時間をかけずに一括して処分する前提でシナリオを策定し、そのシナリオに基づいた処分価格を算定する。たとえば、借り手が事業破綻した際に、保管場所を早期に引き渡さなければならない場合、あるいは在庫の価値や商品鮮度が急速に下がることが想定される場合などは、本シナリオでの処分の可能性が高くなる。強制処分価格はオークション・バリュー（Auction Value）、またはディストレスト・バリュー（Distressed Value）とも呼ばれ、通常処分価格より20～30％程度低くなるといわれている。また、処分費用の見積りも通常処分価格を採用する場合と同様に必要となる。

　上述のとおり、評価金額には3つの種類があるが、個々の案件においては、貸し手の目的や在庫の特性から、当該評価金額のうちの1種類のみを算定する場合もあれば、異なる処分シナリオを想定しながら複数を算定する場合もある。

3 在庫の担保評価手法

(1) 商流の把握

　借り手の商流を把握するためには、取り扱う商品の特性を知ることが第一歩となる。まずは、取扱商品がどのようなモノなのか、どのように使われるか、どのような業界あるいは企業へ販売されるのか、等を把握する。あわせて、その業界の商習慣や動向等を調査する。調査する際は、新聞、書籍、インターネット等の情報を利用する。また、同じ商品を取り扱う同業者への側面調査も有効である。

　借り手からは在庫明細、売掛明細、買掛明細、試算表等を徴求して、集計や分析を行う。さらに、借り手へのインタビューや在庫保管現場での実地調査を行うことで、実際の商流を把握することが可能となる。

(2) 担保情報の信頼性の確認

在庫の担保評価では、在庫1種類あるいは1個ごとに実施することはなく、借り手から入手した在庫明細を基にその用途や特性から在庫を分類し、その分類ごとに価値を算定する。

この際に重要となるのが、借り手から提出を受ける資料やデータの正確性である。決算資料のように第三者により検証される資料と異なり、在庫に関する資料やデータは各企業が独自の方法により管理しており、また第三者が検証することを前提としていないため、その正確性は企業によりばらつきがある。

実際に調査してみると、企業の各部署により在庫資料の形式が異なる、資料の入力定義が異なる、重要項目が空欄になっている、在庫の入出庫情報がリアルタイムで反映されていない、人為的なミスにより販売済みの在庫がそのまま在庫データに計上されている、といったことがよく見受けられる。このため、借り手から提出を受けた資料を鵜呑みにすることなく各データ項目を慎重に確認するとともに、商流等に照らして当該資料が実態を反映しているものであるかを検証する必要がある。資料が実態を反映していないケースでは、担保評価を進める前に貸出の是非を含めて検討すべきである。

具体的な在庫資料のチェックポイントは次のとおりである。

・決算書や試算表と在庫資料のデータ、情報が合致しているか。
・在庫資料の形式が統一されているか。
・データ入力項目の定義が統一されているか。
・データ入力がきちんと実施されているか。
・資料が定期的に更新されているか。

(3) 実在性と保管状況の調査

在庫の実在性や保管状況のレベルを確認するには、保管場所において在庫資料にある在庫の数量を実際に確認することが有効である。実地棚卸により

在庫の全量を検証することが理想ではあるが、作業の手間が膨大となるうえ借り手の理解や協力を得るのも容易ではないため現実的ではない。このため、調査時に徴求する在庫資料から一部の在庫をサンプルとして抽出し、その実在を確認する方法が一般的にとられている。廃棄した商品が在庫資料に計上されていることや在庫資料に記載がない商品が現場で確認されることも稀ではないので、在庫数量の確認は慎重に行う必要がある。

あわせて、在庫の保管状況を確認しておくことも有効である。在庫の保管状況の良し悪しは評価金額に影響を及ぼす。たとえば、同じ種類の在庫を取り扱う2つの会社があり、A社は清潔な倉庫のなかで在庫を整然と保管しているのに対し、B社は不衛生な倉庫のなかで在庫を雑然とした状態で保管しているとする。この場合、両社の保有する在庫は同じ種類であるにもかかわらず、B社の在庫を処分する際は売却先から売買金額の値引き要請を受ける可能性が高いため、A社の在庫より評価金額を下げざるをえない。

また、上述の内容とも関連するが、在庫の保管に関する業務運営が適切になされているかを確認しておくことも重要である。倉庫や工場の現場では5S(整理、整頓、清掃、清潔、習慣化)が適切な業務運営の指標になるといわれている。5Sがきちんとできていない場合には、貸し手(担保権者)として借り手にその改善を促し、ひいては借り手の業務改善へつなげていくべきである。

(4) 稼働状況の把握

在庫を担保評価するうえで、在庫の稼働状況の把握は不可欠である。よく稼働している在庫、すなわち回転期間の短い在庫は、需要と供給のバランスがとれているといえる。こうした在庫は、担保処分の際にも売買が容易である。一方、回転期間の長い在庫は、なんらかの理由で需要にマッチしていないと考えられ、保管期間の長期化とともに品質が劣化している場合は、相応の値引きをしないと売却できない可能性がある。

具体的な調査方法としては、在庫ごとの売上げと数量を比較する。ただし、中小企業では在庫ごとの売上げを把握することができない場合もある。その際は、在庫資料中の入庫日データを基に、同日を起点とする保管期間（あるいは在庫期間）を算定する。仮に当該データがない場合には在庫名欄や備考欄に記載された入庫時期に関する情報を利用する、もしくは以前に受領した資料と照合して動きのない在庫を確認する等により稼働状況を把握する。

(5)　市場・流通価格の調査

　在庫には、鉄・非鉄金属といった金属類、米・小麦・大豆といった穀物類のようにオープンなマーケットで売買取引が行われているものと、マーケットが存在せずに相対で売買取引が行われているものがある。また、企業の保有する棚卸資産は、製造・加工等の工程により原材料、仕掛品・半製品、製品等に区分されるが、そのなかで仕掛品・半製品は売買取引の対象にはならない。このため、在庫を評価する際には、評価対象物件について売買価格等の客観的なデータが入手可能な場合と困難な場合によって、その評価の手法は異なる。

　オープンなマーケットでの売買価格に関する情報が入手できる場合には、その価格情報を借り手の保有する在庫の簿価と比較することで、担保評価を行うことが可能である。そうした価格情報のソースとしては、経済紙や業界紙に掲載される商品情報、業界団体がインターネットで公表する取引情報などがある。

　オープンなマーケットでの売買価格に関する情報が取得できない場合や、仕掛品・半製品のようにそのままでは売買価格との比較ができない場合は、直近の類似品の売買事例や同業他社の取引状況などを基に、現在の実勢価格を推定して評価を行う。

(6) 処分シナリオの策定

　在庫の評価金額を算定するにあたっては、担保権を実行した際の対象物件の保全と処分に関するシナリオを策定する必要がある。シナリオ策定において具体的な処分方法を検討する際は、担保物件の特性、現状の保管状況、売却候補先のイメージ、業法による制約の可能性等をふまえておく必要がある。

　実際の処分の場面では、次の点がポイントとなる。すなわち、

① だれが

② いつ（どのタイミングで）

③ どこで

④ だれに

⑤ どのくらいの量を

⑥ どのようにして

処分を実施するかである。

　策定したシナリオが現実的であるほど、評価金額は実際の処分金額に近づく。金融機関は、これまで債務不履行を理由に担保取得した在庫を保全・処分したケースが少ないため、実務上の知識、ノウハウを有する外部の専門会社（評価会社や処分会社）と連携し、処分シナリオを策定することが有効である。

(7) 評価金額の算定

　在庫の担保評価では、前述のとおり、その用途や特性から在庫を分類し、その分類ごとに価値を算定する。

　在庫の分類においては、製造・加工段階により原材料、仕掛品・半製品、製品に区分したうえで、さらに原材料や製品については成分や用途によっても区分する。こうした分類を行うのは、担保取得後、モニタリングや再評価においての在庫内容の変化の把握が容易になることに加え、保全・処分のシ

ナリオを具体的にイメージするのにも役立つからである。

次に、最適な処分シナリオを策定し、市場での取引事例や2次マーケットでの指標等を基に換価価値、すなわち評価金額を算定する。評価金額の算定にあたっては、不良品の存在や在庫の稼働状況をよく確認しておく必要がある。

(8) 処分費用の算定

通常、在庫を保全・処分する際には関連費用が発生する可能性が高い。このため、換価価値を算定するには、保全・処分に必要となる費用項目を洗い出し、その金額を見積もっておく必要がある。最終的な回収可能見込額は、評価金額から処分費用を控除した金額となる。

処分費用は、案件ごとに策定する処分シナリオに応じて個別に検討する必要がある。費用項目については、前記②在庫の担保評価の基本事項(4)評価金額に記載のとおりである。そのなかでたとえば、倉庫保管費用については、現在の月間保管料を基に、処分シナリオにおいて想定した処分期間を乗じて算定する。

その他、処分費用として見込むべき費用項目には、次のものがある。
・在庫の移送費用
・実地棚卸費用
・保管場所の警備費用
・処分委託料
・破産管財人への手数料

4 在庫の担保評価の具体事例

在庫の担保評価の具体事例を次の4つのポイントに沿って、以下、説明する。

① 評価対象動産の特定

　評価対象動産の範囲を確認し、所有権のない在庫、包装資材など、評価対象外とすべき不適格な在庫を除外する。

② 在庫の分類

　在庫資料を分析し、用途や特性等から在庫を分類する。

③ 処分シナリオの策定

　分類した在庫ごとに、売却候補先を含めた最適な処分方法を検討し、処分シナリオを策定する。

④ 評価手法に基づく評価

・処分性の低い在庫の特定

　　在庫資料の分析、実地調査結果等をふまえ、賞味期限が迫っている、あるいは国内での2次マーケットがない等の理由から処分性が低い在庫を特定する。

・流通価格等の調査

　　2次マーケットでの流通価格、需給動向、処分時のディスカウント率といった情報を入手し、処分の難易度や処分金額の高低を検討する。あわせて、棚卸資産の帳簿価格の妥当性も検証する。

・評価金額の算定

　　上記③で策定した処分シナリオを基に、2次マーケット等からの情報をふまえ、対象在庫を処分した場合の金額を算定する。さらに、在庫の管理状態等を考慮して、最終的な評価金額を決定する。

(1) 卸売業の評価事例

［A社］

　借り手：米穀卸売業

　対象在庫：米穀類

　棚卸金額：約200百万円

評価金額：約100百万円（棚卸金額対比約50％）
① 評価対象動産の特定
　　在庫資料の分析、実地調査、借り手へのインタビューにて、担保不適格な在庫や在庫の所有権に関する確認等を行った結果、評価対象外とするべき在庫はなかったため、借り手の保有する全在庫を評価対象とした。
② 在庫の分類
　　在庫明細を基に処分シナリオの策定の観点から、対象在庫を次の３項目により分類した。
　・玄米もしくは精米
　・銘柄と産地
　・生産年度
③ 処分シナリオの策定
　　実地調査により、恒常的に玄米での保有量が多く、精米は近隣の販売先からの注文に対応するため少量しか保有していないことを確認。これを受け、玄米は同業の米穀卸売業者や２次マーケット関係者を集めた入札会を開催して一括処分する一方、精米は注文を受けた販売先に売却するというシナリオを策定した。
④ 評価手法に基づく評価
　・処分性の低い在庫の特定
　　　実地調査結果から、処分が困難な在庫はないものと判断した。
　・流通価格等の調査
　　　米穀流通業者や２次マーケット等への調査により、評価時点の銘柄、産地、生産年度別の流通価格、処分時の売買金額等の情報を入手。それによって、借り手の棚卸資産の簿価は一般的な流通価格とほぼ同じ水準であることを確認した。
　・評価金額の算定
　　　策定した処分シナリオを基に、調査した流通価格、処分時の売買金額

等をふまえ、在庫を処分した場合の金額を算定し、さらに、銘柄別の在庫回転期間や在庫管理状態等の情報を加味して、評価金額を決定した。最後に、策定した処分シナリオに基づいて発生する可能性がある処分費用の見積額を試算し、評価金額から控除して最終的な回収可能見込額とした。

(2) 小売業の評価事例

[B社]

　借り手：日用雑貨小売業

　対象在庫：日用雑貨類、食品類

　棚卸金額：約100百万円

　評価方法：売買比較アプローチ算定法

　評価金額：約30百万円（棚卸金額対比30％）

① 評価対象動産の特定

　在庫資料の分析、実地調査、借り手へのインタビューにて、担保不適格な在庫や在庫の所有権の確認等を行った結果、評価対象外とするべき在庫はなかったため、借り手が全店舗および物流センターで保有する在庫のすべてを評価対象とした。

② 在庫の分類

　在庫データを基に、一般の日用雑貨類と食品類に分類した。

③ 処分シナリオの策定

　実地調査の結果、保有している在庫は量や嵩（かさ）が大きいため、主要店舗1カ所に集約して販売することは現実的でないと判断。このため、閉店セールを開催可能な店舗を複数抽出し、各店舗にて一定期間の閉店セールを実施したうえで、さらに閉店セールで売れ残った在庫を一括して2次マーケットで処分するというシナリオを策定した。

④ 評価手法に基づく評価

・処分性の低い在庫の特定

　食料品のうち、生鮮品や賞味期限の短い在庫は処分が困難なことが想定されるため、担保不適格とした。

・流通価格等の調査

　食品関係業界や2次マーケットへの調査により、同業者や類似業種における閉店セール実施時のディスカウント率および消化率、在庫を一括処分した場合の簿価に対するディスカウント率などの情報を入手した。

・評価金額の算定

　策定した処分シナリオを基に、調査した流通価格、処分時の売買金額、閉店セールの期間、その間のディスカウント率および消化率等をふまえ、在庫を処分した場合の金額を算定。さらに、店舗立地、在庫管理状態の情報を加味して、評価金額を決定。最後に、策定した処分シナリオに基づいて発生する可能性がある処分費用の見積額を試算し、評価金額から控除して最終的な回収可能見込額とした。

(3) 製造業の評価事例

［C社］

　借り手：金属部品製造業

　対象在庫：金属部品の原材料、仕掛品、製品

　棚卸金額：約500百万円

　評価方法：売買比較アプローチ算定法

　評価金額：約200百万円（棚卸金額対比40％）

① 評価対象動産の特定

　在庫資料の分析、実地調査、借り手へのインタビューにて、担保不適格な在庫や在庫の所有権の確認等を行った結果、評価対象外とするべき在庫はなかったため、借り手の保有する全在庫を評価対象とした。

② 在庫の分類

在庫データを基に、加工段階（原材料、仕掛品、製品）別に在庫を分類した。

③ 処分シナリオの策定

実地調査の結果、原材料、仕掛品、製品に分けて処分することが合理的と判断し、次の処分シナリオを策定した。まず、製品は特定の販売先向けに製造されたもので、当該販売先以外への処分は困難であるため、通常より大幅にディスカウントすることを前提に当該販売先へ販売する。さらに、原材料は副業的に中古品も扱っている仕入先に販売し、仕掛品および売却できなかった製品、原材料は金属スクラップ業者に売却することとした。

④ 評価手法に基づく評価

・処分性の低い在庫の特定

対象在庫は最終的にすべてスクラップとして処分可能であるため、担保不適格な在庫はないものと判断した。

・流通価格等の調査

同業他社、金属スクラップ業者、2次マーケットへの調査により、処分に際して必要な条件、業界慣習としてのおおよそのディスカウント率、処分時の買取可能価格等の情報を入手。それによって、借り手の棚卸資産のうち、原材料の簿価は一般的な流通価格と比べ大きな乖離がないことを確認した。

・評価金額の算定

策定した処分シナリオを基に、調査した流通価格、処分時の売買金額、製品ごとの在庫回転期間等をふまえ、在庫を処分した場合の金額を算定し、さらに、店舗立地、在庫管理状態等の情報を加味して、評価金額を決定。最後に、策定した処分シナリオに基づいて発生する可能性がある処分費用の見積額を試算し、評価金額から控除して最終的な回収可能見込額とした。

5　モニタリングと再評価

(1) モニタリングの目的と手法

　モニタリングの主な目的は担保の途上管理と借り手の業況変化の確認にある。担保の途上管理については、まず担保権が引き続き有効に機能していることを確認する。集合動産担保では、譲渡担保契約や動産譲渡登記で特定した保管場所に保管された在庫が担保対象となるが、継続的にモニタリングを実施していなければ、取得したはずの担保在庫が気づかぬうちに担保対象から外れていたということも起こりうる。たとえば、借り手がビジネス上の理由から保管場所を変更することはよくあるが、その場合に担保権者が必要な対応をとらなければ新たな保管場所は担保対象の範囲外となる。また、保管場所に変わりはなくとも、借り手が新たに仕入れた在庫がこれまで担保設定していた在庫と異なる種類である場合、必要な対応をとらなければ新種の在庫は担保対象の範囲外となる。こうした事態を避けるため、貸し手は借り手から定期的に在庫資料などの情報提供を受け、担保範囲の検証を行い、担保範囲から外れた在庫を確認した際は、借り手と交渉のうえ、当該在庫が担保範囲に含まれるよう新たに担保設定する必要がある。また、担保権の対抗要件（担保権の二重設定、所有権留保在庫の存在等）の確認もあわせて行うことが必要である。さらに、担保価値の変動を定期的に把握することも重要である。在庫の価値は、マーケットの環境、商品の流行性や季節性、カントリーリスク等により随時変動するので、一定のサイクルで担保価値の洗替えを行う必要がある。洗替えを実施する場合、対象品の価値の指標となるデータソースを特定し、そのデータを定期的にチェックする方法や、評価会社へ再評価を委託する方法等がある。

　次に、借り手の業況変化の確認については、事業資産である在庫の変化を以下の3つのステップにより継続的に分析することが有効である。

ステップ1……実地調査において借り手の商流や在庫の特性を把握する。

ここでは借り手の業況変化を把握するのに適した在庫の分類方法や分析方法等を用いる。

ステップ２……実地調査時と同じ分類方法や分析方法等を用いて在庫の変動を継続的に確認する。

　在庫の全体量の増減、構成割合の変化、品目の変化、在庫回転期間（率）の変化、稼働率が低い在庫の推移、前年同月との比較等を確認することで業況変化のサインを事前に察知することができる。

ステップ３……察知したサインに関して借り手にフィードバックする。

　察知したサインが業況悪化の兆候を示すものである場合、貸し手は借り手に対してそのフィードバックを速やかに行い、早期の対策を促す必要がある。特に中小企業の場合、自社の業況を的確かつタイムリーに把握することがむずかしいため、金融機関からのこうしたフィードバックが経営上きわめて有用となる。さらに、貸し手・借り手間で良い話、悪い話を含めて情報共有や相談を行う機会にもなるので、両者間の関係強化にもつながる。

　上記をふまえ、モニタリングを有効に機能させるためには、貸し手の組織的かつ着実な取組み姿勢と借り手の情報開示等における積極的な協力姿勢が必要である。

(2)　**実地調査（フィールドイグザミネーション）**

　モニタリング時の実地調査には、定期調査と緊急調査とがある。定期調査は、融資契約や譲渡担保契約書においてあらかじめ定めた時期に行う。その目的は、前回調査時からの在庫内容と商流の変化を確認することにある。緊急調査は、借り手の業況の急激な悪化等によりコベナンツ事項に抵触した際や緊急事態が発生した際に実施する。その際は定期調査での確認項目に加え、保全や処分を想定した調査を実施する必要がある。保全や処分を想定した調査では、たとえば、在庫の全量確認、処分時に必要となるエビデンス資

料の徴求、賃貸倉庫への保管料支払証明等の確認などを実施する。

(3) データモニタリング

データモニタリングとは、借り手から定期的に徴求する在庫資料を基に、その内容を集計・分析して、在庫の変化を確認することである。実施頻度としては、原則、月次が好ましい。

データモニタリングの実施にあたっては、担保の途上管理の面から、在庫保管場所の変更の有無、在庫種類の変更の有無を確認する。本来担保対象であるべき在庫が変更に伴い対保対象外となっていた場合、担保を新たに設定するなどの対応を検討する必要がある。

データモニタリングの具体的な手順は次のとおりである。
① 実地調査により在庫内容を分類する方法を定める。
② 定期的に徴求する在庫資料を分類し、それを基に借り手の業況変化を読み取る。
③ 業況変化の理由を推測する。
④ 借り手に上記理由を確認することにより真の要因を特定する。

在庫は分類して分析することが重要となる。在庫の全体量（帳簿価格の合計額）の増減を対前月比や対前年同月比で確認するだけでは、借り手の業況変化を把握することはむずかしい。分類した種類ごとに在庫の推移を分析することにより、構成割合の変化、品目の変化、在庫回転期間（率）の変化、稼働率が低い在庫の推移、等がわかる。たとえば、在庫の構成割合が大きく変化した場合は、注力する販売商品が変わった可能性が示唆されるが、その理由としては在庫自体の問題、販売先や仕入先の事情、ビジネスモデルの変更等が考えられる。こうした推測を基に、借り手へのを確認を行うことにより、業況変化の真の要因やビジネスの方向性を把握することができる。ここでポイントになるのが在庫をどのように分類するかである。分類方法は実地調査にて商流を確認したうえで決めることが重要であり、それによって業況

変化を的確に察知することが可能となる。

(4) 再 評 価

再評価の目的は、評価金額の洗替えにある。評価金額の洗替えは、通常、貸出の更改時期に行われる。その際、実地調査も実施のうえ、再評価を行うことが一般的である。

データモニタリングを月次で行っていれば、在庫内容、商流、季節性等の推移を把握できているため、再評価における分析の精度は高くなる。

第3節

機械の評価

1 機械の特徴

(1) 機械の種類

　ここでは機械のうち、担保活用される可能性が高い機械、装置（プラント）を中心に説明し、それ以外の設備、工具・器具・備品等は説明の対象外とする。

　なお、機械とは単独で事業（製造業の工場等）の用に供するモノを指すのに対し、装置（プラント）とは複数の機械の組合せにより事業の用に供するモノを指す（以下、機械と装置（プラント）をあわせて「機械等」と呼ぶ）。

(2) 保有目的

　本節で説明する機械等は、製造会社が商品を製造したり、食品を加工したり、また工事業者が土木・建設工事を施工したりするために保有するモノであり、機械販売会社や中古ディーラーが販売目的で保有するモノではない。

(3) 取引の形態

　新品の機械等は製造業者、販売代理店、機械販売企業（ディーラー）、機械専門商社などが販売する。中古の機械等は中古機械販売企業（中古ディーラー）、機械専門商社、中古ブローカーなどが取り扱うのが一般的である。機械等の購入価格には、機械本体や装置本体の価格のほか、備品の価格、電気工事費用、設置工事費用等が含まれることが多い。工事費用は本体価格に対して比較的高額であり、たとえば、機械本体が5,000万円、備品が20万円

のケースで工事費用を含む購入価格が7,000万円前後となることも少なくない。

(4) 2次マーケットの存在

中古機械が売買される2次マーケットは、機械の種類等により異なる。

たとえば、金属工作機械、建設機械、土木機械、印刷機械等は、汎用性があり、中古の資産価値が高いため2次マーケットが存在し、流通性が高いため中古品を取り扱う企業も多い。プラスチック製品製造機械、医療機器、半導体製造機械、木工機械等については、一部の機種や型式に限り2次マーケットが存在する。一方で、厨房機器、事務機器はほとんど流通性がなく、2次マーケットも限定的である。

2 機械の担保評価の基本事項

(1) 評価目的

担保評価の主な目的は対象物件の担保価値を把握することであり、前述の在庫担保の場合と共通する。担保価値には大別すると清算価値と経済価値があり、清算価値は借り手の事業破綻を前提に担保物件である機械等を第三者へ処分することを想定して算定する価値をいい、経済価値は借り手の事業継続を前提に機械等の原価や収益性を分析して算定する価値をいう。経済価値の評価では機械等を処分することは想定していない。

機械等は時間の経過により効率や性能が減退するため、担保評価においても資産価値を一時点でとらえるだけではなく、将来にわたって想定しておくことが重要である。流通性のある機械類では2次マーケットがあるため、将来の価値を見積もるための情報入手が可能である。

また、入口の担保評価で、改造の有無、操業の際に必須な工具や金型の具備、使用（稼動）状況といった、資産価値を見極めるためのチェックポイン

トを把握しておくことは有効である。その後のモニタリングにおいても、そうしたチェックポイントを継続的に確認することで、価値の変動を検証することが容易となる。

なお、担保権に関する確認は評価目的とは切り離して考えるべきである。そもそも担保権は貸し手（担保権者）が借り手と合意（契約）した条件に基づき設定するもので、その対象範囲の特定、設定条件の確定、対抗要件の確認は、貸し手の責任で行われなければならない。したがって、評価会社等の当事者ではない者が、担保権の確認者とはなりえない。

(2) 担保適格な機械

① 担保不適格な機械

担保とする機械は、貸し手（担保権者）が担保に取得し管理するのに適したものでなければならない。その観点から次のような性質の機械等はそもそも担保としては不適格である。

・機械等の保有や販売が法律で禁止されている
　例：違法に改造された機械、装置等
・正常に機能しない
　例：故障した機械、装置等
・譲渡担保権の設定がむずかしい
　例：海外保管の機械等

② 機械の担保適性

在庫の場合と同様、機械等についても担保適性を判断するポイントとしては、「処分性」「換価価値」「担保管理」の3つがあげられる。担保適性の高い機械等と低い機械等の特徴と代表例を以下に示す。

〈担保適性が高い機械等〉

・2次マーケットがあり、流通性が高い
　例：金属工作機械、建設機械、土木機械、印刷機械等

〈担保適性が低い機械等〉
・2次マーケットがなく、流通性が低い
　例：厨房機器、事務機器等
・汎用性がない
　例：改造された機械、用途が限定された機械等

(3) **評価方法**

機械等の評価方法には次の3種類がある。
① 売買比較アプローチ算定法
　「清算価値」を算定するための方法。
　「第2節②(3)」を参照。
② 費用アプローチ算定法
　「経済価値（継続価値）」を算定するための方法。
　「第2節②(3)」を参照。
③ 収入アプローチ算定法
　「経済価値（継続価値）」を算定するための方法。
　「第2節②(3)」を参照。

　通常の貸出の担保として機械等を活用する場合には、担保価値を把握するために売買比較アプローチ算定法が一般的に用いられる。一方、セール・アンド・リースバック等では費用アプローチ算定法が、また事業譲渡時のデューデリジェンス等では収入アプローチ算定法が用いられることが多い。

(4) **評価金額**

　貸出のための担保評価で用いられる売買比較アプローチ算定法では、次の3つの評価金額を算定する。
① 公正市場価格（Fair Market Value、略称FMV）

借り手の事業継続を前提に、対象機械等が一般的な方法で売買される価格（上代価格）。

2次マーケットの取引情報等を基に算定する。

② 通常処分価格（Orderly Liquidation Value、略称 OLV）

借り手の事業破綻（事業停止）を前提に、対象機械等を処分する価格。できる限り高い価格で処分するため、相応のコストと時間をかける前提で処分シナリオを策定し、そのシナリオに基づき処分価格を算定する。たとえば、担保とした機械等の台数が少なければ、複数の買取希望者の提案から最適なものを選定し、販売する処分シナリオを策定する。一方、機械等の台数が多ければ、中古機械等を扱う業者への入札会を開催して、一括で販売する処分シナリオを策定する。

なお、機械等を処分する際には一定の費用が発生するため、その費用項目を洗い出し、各項目の金額を見積もっておく必要がある。処分にあたり負担が発生する可能性のある費用項目は、次のとおりである。

機械等の保管費用……賃貸の工場や加工場にて機械等を保管している場合、保全・処分のために必要な期間を想定し、当該期間の保管費用を見積もる。

機械等の移送費用……処分に際し機械等を移送することを想定する場合、その移送費用を見積もる。

保管場所の警備費用……保全時に保管場所の管理体制に問題があり、機械等が持ち出しされるリスクがある場合、警備の必要期間を想定のうえ、警備会社へ委託するための警備費用を見積もる。

処分委託料……機械等の処分を第三者に委託することを想定する場合、その委託料を見積もる。委託料には、売買金額（成約金額）に手数料率を乗じて算定する方式などがある。

破産管財人への手数料……借り手が破産し管財人と協働して機械等を処分することが想定される場合、その費用を見積もる。

個々の案件において上記のすべての費用が発生するわけではないが、費用の見積りは取得できるよう準備をしておくべきである。

③ 強制処分価格（Forced Liquidation Value、略称 FLV）

借り手の事業破綻（停止）を前提に、対象機械等を処分する価格。手間と時間をかけずに一括して処分する前提でシナリオを策定し、そのシナリオに基づいた処分価格を算定する。たとえば、借り手が事業破綻した際に、保管場所を早期に引き渡さなければならない場合などは、本シナリオでの処分の可能性が高くなる。強制処分価格は、オークション・バリュー（Auction Value）、またはディストレスト・バリュー（Distressed Value）とも呼ばれ、通常処分価格より20～30％程度低くなるといわれている。また、処分費用の見積りは、通常処分価格を採用する場合と同様に必要である。

3 機械の担保評価手法

(1) 実在性と保管状況の調査

① 対象物件の特定

機械の担保評価では、まず対象となる物件を特定する必要があるため、機械の名称、型式、製造会社名、製造時期、製造番号（機械番号）、設置場所等の情報を収集する。そのための基礎資料としては、借り手が管理している保有機械一覧表や財務諸表の固定資産台帳等がある。ただし、固定資産台帳から得られる情報は名称、取得年月、取得金額、残存簿価等にとどまることが多いため、それ以外の必要情報については取得当時の売買契約書、見積書、仕様書等によって補完することが求められる。また、実地調査においては上記資料により特定された対象機械の実在性を確認することになるので、そのために必要な情報も事前に入手しておく必要がある。

② 保管状況の確認

対象機械の実在確認と稼働状況を実地調査により確認する。老朽化や故障により稼働不能な機械の存在が確認された場合には、担保の入替え等も検討する必要がある。

　次に、対象機械が単体で機能していることを確認する。機械は必ずしも単体で稼働しているとは限らず、複数の機械を組み合わせて1つの機能を発揮する装置（プラント）になっていることがよくある。仮に、担保対象の機械に、担保対象外の機械が付着している場合、借り手の事業破綻時に対象機械の保全や処分を行う際に、機械の所有権をめぐりトラブルとなるリスクがある。このようなケースでは、担保取得した一部の機械も担保としては不適格となりうるため、担保対象外の機械についても追加的に担保取得することを検討すべきである。

　さらに、処分時における機械の搬出に支障となる事項がないかを確認しておくことも重要である。これは、価値のある機械でも搬出や移動に多額の費用が発生する場合は、処分金額が大きく低下する可能性があるためである。この点を確認するにあたっては、工場の平面図や機械配置図等が参考になる。

③　改造等の確認

　機械の購入価格は、新品であっても一律ではなく、仕様、付属品、改造の有無などにより大きく異なる。汎用的な仕様の機械に高価な付属品を装着した場合等は、機械本体の価値を上げる効果がある一方、特定の使用者に合わせ独自の改造（カスタマイズ）を行った機械は専用性が高く、別の使用者への転用ができないため、価値が大幅に下がることがある。したがって、購入時点の売買契約書や仕様書を徴求し、改造や付属品の有無を確認しておくことが必要である。

④　使用状況の確認

　機械は、その使用状況やメンテナンス状況によって将来価値が大きく変動する。したがって、目視にて対象機械の損傷や摩耗等をチェックすると

ともに、メンテナンスに関する資料から使用状況を確認することが必要である。

その際の主な確認事項は、次のとおりである。
・平均使用時間／日
・使用材料
・保管状態（屋内・屋外）
・メンテナンス実施実績

(2) 市場・流通価格の調査

対象機械の2次マーケットがあるかを確認する。取引市場がある場合は、その取引実績から流通価格の情報を入手する。取引市場がない場合は、類似の機械の売買事例、流通量、業界における評価、今後予想される市場動向、競合する商品の動向などの情報を収集し、評価の判断材料とする。

(3) 処分シナリオの策定

機械の評価金額を算定するにあたっては、借り手の事業破綻を前提に担保対象機械を具体的に処分するシナリオを策定する必要がある。処分方法によっては取引金額が大きく変わるため、シナリオの内容は重要であり、かつ案件ごとに現実的なものでなければならない。

主な処分シナリオは、中古機械を扱う業者などを対象として入札会を開催する方法である。この方法によると、比較的高額での処分が可能となるが、相応の時間とコストがかかる。

また、売却対象先を特定して機械を処分する方法もある。これは機械を保管場所から早期に撤去する必要があるなど、短期間での処分が求められる場合にとられる方法である。

貸し手（担保権者）は、案件内容や状況により複数の処分シナリオを想定し、実際の保全・処分時に備えておく必要がある。

(4) 評価金額の算定

策定した処分シナリオに基づき、2次マーケットの情報を参考にして評価金額を算定する。

複数の機械や装置を対象とする場合は、いくつかの処分シナリオを組み合わせて評価金額を算定するケースもある。たとえば、対象機械20台のうち新工場の12台は経過年数が少なく価値が高いため、入札会を開催して処分する。一方、賃借工場にある残りの8台は価値が低く賃借費用の負担もあることから、対象先を特定して早急に処分するといったシナリオの組合せがありうる。

(5) 処分費用の算定

機械を保全・処分する際には関連費用が発生する可能性が高い。このため、換価価値を算定するには、保全・処分に必要となる費用項目を洗い出し、その金額を見積もっておく必要がある。最終的な回収見込可能額は、評価金額から処分費用を控除した金額となる。

処分費用は、案件ごとに策定する処分シナリオに応じて検討する必要がある。費用項目としては、処分完了まで適切な状態で機械を保管するために必要となる保管場所の賃借費用、処分をサポートする業者に支払う報酬などがあげられる。たとえば、保管場所の賃借費用については、現在の月間費用を基に、処分シナリオにおいて想定した処分期間を乗じて算定する。

その他、処分費用として見込むべき費用項目は、次のとおりである。

・機械の移送費用

・保管場所の警備費用

・処分委託料

・破産管財人への手数料

4　機械の担保評価の具体事例

機械の担保活用の場面と評価について、以下の3つの事例により説明する。

(1) 使用を目的とした機械設備の評価事例（その1）

［A社］

　借り手：土木建設業者

　対象機械：ブルドーザー（土木建設機械）　新品1台

　評価方法：売買比較アプローチ算定法

　評価金額：3,800万円（購入金額対比76％）

　借り手が新たに購入する大型ブルドーザーを担保としたケース。ブルドーザー等の土木建設機械には2次マーケットがあり、多数の取引事例もあるため、売買比較アプローチ算定法により評価金額を算定した。

① 対象機械の調査

　　借り手から徴求した対象機械の売買契約書、見積書（販売会社発行）等を基に、メーカー、型式、仕様等について調査。対象物件は土木建設機械のトップメーカーの製造による一般的な型式の機械であり、かつオプションの仕様は特殊なものではないことを確認。また、売買契約書には、機械の詳細や付属品は記載がなく一式として表示されていたため、機械の詳細や付属品の記載がある見積書・仕様書も徴求し、付属品や特殊な改造の有無について確認した。

② 市場価格の調査

　　売買契約書や見積書で確認した対象機械の購入金額に関して、業界関係者やマーケットへの調査により入手した価格情報との比較を行い、新品価格としての妥当性を検証した。

③ 実地調査

対象機械の保管場所において、現物を目視でチェックし、売買契約書および見積書の記載内容と相違がないかを、メーカー、型式、製造年月、機械番号、アワーメーター（使用時間メーター）、付属品（オプション）の有無について確認した。

④ 評価金額の算定

対象機械が1台のため、2次マーケットの取引業者数社を対象に相見積りにより処分するというシナリオを策定。そのシナリオに基づき、2次マーケットでの取引情報を参考に、実地調査にて確認した使用環境、使用目的、保管状態、メンテナンス実施実績・計画等を勘案して、評価金額を算定した。

(2) 使用を目的とした機械設備の評価事例（その2）

[B社]

借り手：機械部品製造業者

対象機械：金属工作機械　中古品120台

帳簿価格：4億円（9年定率償却）

評価方法：売買比較アプローチ算定法

評価金額：2億8,000万円（帳簿価格対比70％）

自社工場に保管している金属工作機械120台を担保取得したケース。加工委託先が保管している機械30台は当社の管理外にあるため担保対象外とした。金属工作機械は2次マーケットがあり、多数の売買事例もあるため、売買比較アプローチ算定法により評価金額を算定した。

① 対象機械の調査

固定資産台帳（償却資産台帳）を基に、機械名、型式等を調査し、機械種類別の数量を確認のうえ、当初取得金額を算出。また、この調査により、購入金額の累計は15億円であること、中古機械の購入実績はないことを確認した。

NC旋盤	30台	6.5億円
プレス機	20台	2.5億円
立型マシニングセンター	10台	2.0億円
横型マシニングセンター	10台	2.0億円
切断機	10台	1.0億円
溶接機	10台	0.5億円
その他	30台	0.5億円
合計	120台	15.0億円

② 市場価格の調査

　金属工作機械は2次マーケットがあるため、当該マーケットの関係者より種類別、メーカー別、型式別、年式別に市場価格と関連情報を入手した。

③ 実地調査

　対象機械の台数が多いため、工場内の機械配置図面に基づく実在性の検証を中心に調査を実施。金属工作機械には、標準的な取引価格があるが、実際の取引価格は使用状況によって大きく変動する。また、改造（カスタマイズ）、付属品（オプション）の有無も価格の変動要因となるため、実地調査において数台を抽出し、保管状態、使用環境、メンテナンス実施実績等を確認した。

④ 評価金額の算定

　対象機械の台数が多いため、保管場所において展示会を開催して、取引業者数社を対象に入札により処分するというシナリオを策定。そのシナリオに基づき、2次マーケットでの取引情報を参考に、実地調査にて確認した使用環境、使用目的、保管状態、メンテナンス実施実績・計画等を勘案して、評価金額を算定した。

(3) 販売を目的とした機械の評価事例（参考事例）

本事例は、販売目的の機械を担保対象としたものであり、本来は在庫（集合動産）担保の範疇になるが、機械の特質に関連する事項が含まれるので、参考として取り上げる。

［C社］

　借り手：中古建設機械販売業者

　対象機械：建設機械　中古品30台

　棚卸金額：1億5,000万円　個別法に基づく原価法を採用、ピーク時の2
　　　　　　億円に対してボトム時は1億円

　評価方法：売買比較アプローチ算定法

　評価金額：6,000万円（棚卸金額対比70％）

借り手は、油圧ショベル、ブルドーザー、フォークリフト等の中古機械を国内で仕入れ、ストックした在庫が一定数量に達した時点で海外（主に東南アジア、中東諸国等）へ輸出するビジネスを展開。中古建設機械には2次マーケットがあり、多数の売買事例があるため売買比較アプローチ算定法により評価金額を算定した。

① 対象機械の調査

　　販売目的の機械であるため、在庫明細を徴求して対象機械を特定。また中古機械はメーカー、型式、製造年月、使用時間等により価値が決まるため、在庫明細により該当する各項目の情報を確認した。

② 市場価格の調査

　　建設機械は2次マーケットが整備されているため、当該マーケットの関係者より種類別、メーカー別、型式別、年式別に市場価格と関連情報を入手した。

③ 実地調査

　　実在性の検証を中心に調査を実施。対象在庫のなかから数台を抽出して、使用状況、メンテナンス状況等を確認した。

④　評価金額の算定

　販売目的の機械在庫は常に入れ替わる。したがって、個別に評価金額を算定することは実務的に不可能であるため、集合体として評価を実施。対象機械の台数が多いため、保管場所において展示会を開催し、取引業者数社を対象に入札により処分するというシナリオを策定。そのシナリオに基づき、2次マーケットでの取引情報を参考に、実地調査にて確認した使用状況、メンテナンス状況等を勘案して、評価金額を算定した。

　具体的には、適格担保とする機械を以下の2つのカテゴリーに限定し、売買事例データに基づいて簿価対比の評価率を決定。適格担保の条件に該当しない機械は評価対象外とした。

カテゴリーX：評価率65%
メーカー：Y社、Z社
機械種別：油圧ショベル
製造年：2007年以降

カテゴリーW：評価率50%
メーカー：U社、T社
機械種別：フォークリフト
製造年：2003年以降

5　モニタリングと再評価

(1)　モニタリングの目的と手法

　機械等のモニタリングの主たる目的は担保の途上管理にあり、その作業としては担保権が引き続き有効に機能していることを確認することがメインとなる。機械等の個別動産担保では、担保の範囲は機械の機種、型式、機械番

号により特定されるが、保管場所は特定の要件とはなっていない。したがって、担保対象の機械等は移設（移動）しても継続して担保の対象となる。

具体的な手続としては、実地調査による機械等の実在確認が中心となる。実地調査時には、機械等の追加的な改造の有無、操業に必須な工具や金型の具備を継続的に確認するとともに、使用（稼働）状況等を確認することにより商流や事業の変化を把握することも可能となる。

(2) 実地調査（フィールドイグザミネーション）

モニタリングにおける実地調査には、定期調査と緊急調査がある。各調査の目的と対応は、在庫担保における実地調査（フィールドイグザミネーション）と同じであるが、機械担保における実地調査の特徴として、対象機械の種類により実在確認の方法を変えるケースがある点があげられる。たとえば、対象機械が大型の装置（プラント）であれば他の工場へ移設される機会が少ないため定期的（半年ごとや1年ごと）な確認で特に問題はないが、建設機械のように自走し、稼働（保管）場所が頻繁に変わるものである場合は直近の所在地がわかる資料に基づき、随時、実在確認を行うことも必要となる。こうした点から対象機械の特性に応じたモニタリング方法について借り手と合意し、契約書に記載しておくことも有効な手段である。

(3) 再評価

再評価の目的は、評価金額の洗替えにある。機械等の評価では、現在価値の算定にあわせて将来価値の見積りを行うことが多いため、在庫評価の場合とは異なり、再評価を実施するケースは多くない。ただし、借り手の業況が悪化し事業破綻のリスクが高まった場合など、有事に向けた準備の一環として実施されるケースがある。

〈参考文献〉

- トゥルーバ　グループ　ホールディングス株式会社編『アセット・ベースト・レンディング入門』（金融財政事情研究会、平成17年）
- 旗田　庸著『債権・動産担保実務の手引き』（金融財政事情研究会、平成8年）
- 徳光祝治著『不動産担保評価の手引き』（金融財政事情研究会、平成16年）
- 荒木新五著『新しい保証制度と動産・債権譲渡登記制度』（日本法令、平成17年）
- 三國仁司著『資産・債権流動化の実務必携』（金融財政事情研究会、平成12年）
- 今野勝彦ほか編『債権確保・回収の法律相談』（青林書院、平成7年）
- ジョン・B・カウエットほか著『クレジットリスクマネジメント』（シグマベイスキャピタル、平成14年）
- みずほ信託銀行編『債権流動化の法務と実務』（金融財政事情研究会、平成17年）
- 金融ブックス編『渉外マンのための担保評価に強くなる本』（金融ブックス、平成13年）
- 山本大輔・森智世著『入門知的資産の価値評価』（東洋経済新報社、平成14年）
- 監査法人トーマツ著『Q＆A債権の流動化（仕組みと会計処理）』（清文社、平成10年）
- トゥルーバグループホールディングス株式会社編『アセット・ベースト・レンディングの理論と実務』（金融財政事情研究会、平成20年）
- 粟田口太郎ほか共著『中小企業のための動産・債権担保による資金調達Q＆A』（ぎょうせい、平成19年）
- 日本司法書士会連合会編『動産・債権譲渡登記の実務〈補訂版〉』（金融財政事情研究会、平成22年）

事項索引

アルファベット

FLV（Forced Liquidation Value）
　　　　　　　　　　　　　　268
FMV（Fair Market Value）……… 266
NCD（Negociable Time
　　Certificates of Deposit）…… 43
OLV（Orderly Liquidation Value）
　　　　　　　　　　　　　　266
T／R ………………………………… 210

あ

アドバンスレート ………………… 244

い

異議をとどめた承諾 …………… 32、75
異議をとどめない承諾 ……… 32、74、75
意思確認記録書 …………………… 19
意匠権 …………………………… 138
一部出庫 ………………………… 219
一部保険 …………………………… 86
一括支払システム ………………… 65
一括手形 …………………………… 65
一括手形システム ………………… 65

う

請負代金担保 ……………………… 68
受取人 …………………………… 151
内割 ……………………………… 148
売掛代金担保 ……………………… 68
運送証券担保 …………………… 220

え

営業用動産担保 ………………… 193
エイジング ……………………… 248

お

オークション・バリュー ………… 268
オペレーティングリース ………… 129
温泉権 …………………………… 145

か

外貨預金 …………………………… 45
回収可能見込額 ………………… 273
確定日付 ……………………… 4、22、33、76
火災保険金請求債権 ……………… 84
火災等の損害保険担保 …………… 84
貸出基準額（ボローイングベース）
　　　　　　　　　　　　　　243
貸付信託受益証券 ……………… 190
株式担保 ………………………… 169
　──の管理 …………………… 177
　──の実行 …………………… 180
　──の種類 …………………… 171
　──の設定手続 ……………… 171
株主会員制 ……………………… 108
株主割当て ……………………… 178
貨物引換証 ……………………… 220
為替予約 ……………………… 45、46
間接代理説 ……………………… 211

き

議員報酬債権担保 ……………… 127
機械・器具 ……………………… 195
期限の利益の喪失 ………………… 23
期日指定定期預金 ………………… 42
規定損失金債権 ………………… 129
既発生債権 ……………………… 231
記名現物国債 …………………… 188
記名債 …………………………… 187

客観説	12	ゴルフクラブ会員権担保	108
強制処分価格	268	混蔵寄託	223

さ

金銭の消費寄託契約	7		
金属工作機械	293		
金融債	187	債権質	104
		債権証書	72

く

債権譲渡禁止特約	236
債権譲渡契約書	70

空券	217	債権譲渡登記制度	77、227、234
倉荷証券担保	216	債権取立委任契約	57
繰上げ償還	190	債権の直接取立て	47

債権保全火災保険	94
再リース	129

け

し

継続	175		
継続的給付契約	72	敷金	102
競売	182	敷金返還請求権	102
現金払方式	40	事業債	187
減資	178	自行預金	8
建設協力金	102	自己株式	183
現物債	187	質権設定契約	10
権利落ち	177	質権設定承認請求書	91
権利金	102	質権の不可分性	36
権利質	4	実効前貸し率(エフェクティブ アドバンスレート)	245

こ

実地調査(フィールドイグザミネーション)	280、297

工業所有権	138	実用新案権	138
公債	187	自店預金	8
口座振込方式	40	死亡退職金	124
公社債	187	指名債権	7
公社債担保	187	社員会員制	108
工場抵当	195	社債	187、188
公正市場価格	229、266	集合債権	230
更生担保権	161	集合動産担保	213
公然の質入裏書	154	集合物の譲渡担保	210
国債	187	集中度(コンセントレーション)	249
国税徴収法	154、259	収入アプローチ算定法	266
国税の滞納処分	154		
個別債権	230		
個別評価方式	238		

300 事項索引

重複保険 ……………………… 85
主観説 ………………………… 12
出版権 ………………………… 143
出保管 …………………… 213、219
償還金の受領 ………………… 189
償還公告 ……………………… 190
商業手形担保貸付 …………… 148
商業手形担保約定書 ………… 149
商業手形割引 ………………… 148
証券投資信託受益証券 ……… 190
証拠証券 …………………… 7、166
上場株式 ……………………… 170
商事留置権 ……………… 162、258
承諾 ………………… 21、32、74
承諾書 ………………………… 4
承諾方式譲渡担保 …………… 73
譲渡可能定期預金証書 ……… 43
譲渡自由株式 ………………… 170
譲渡制限株式 …………… 170、184
譲渡性預金 …………………… 43
譲渡担保 ……… 11、104、110、195
　──の効力 …………………… 202
譲渡担保権の実行 …………… 207
譲渡担保設定契約 …………… 196
商標権 ………………………… 138
商品担保 ……………………… 209
将来債権 ………………… 230、231
処分禁止の仮処分 …………… 207
所有権留保 …………………… 258
信託受益証券担保 …………… 190
診療報酬債権担保 …………… 115

せ

清算型譲渡担保 ……………… 204
清算型代物弁済 ……………… 181
生命保険担保 ………………… 98
折衷説 ………………………… 13
善管注意義務 ………………… 156

占有 …………………………… 175
占有改定 ……………………… 199
善良な管理者の注意義務 …… 155

そ

相殺権の濫用 ………………… 25
増資 …………………………… 177
即時取得 ……………………… 258

た

代金債権担保 ………………… 51
　──の設定 …………………… 70
　──の特色 …………………… 52
対抗要件 ………………… 20、257
第三者異議の訴え …………… 205
第三者名義預金 ……………… 8
退職金債権担保 ……………… 122
代物弁済 ……………………… 181
代理受領 ……………………… 56
代理説 ………………………… 211
代理保管 ……………………… 219
ダイリューション …………… 241
ダイリューションレート … 242、245
他行の承諾 …………………… 29
他行預金 ……………………… 7
多重譲渡 ……………………… 257
他店預金 ……………………… 8
単元株式 ……………………… 170
単券制 ………………………… 216
単元未満株式 ………………… 170
団体信用生命保険 …………… 98
担保差入意思 ………………… 17
担保手形の差替え …………… 156
担保手形の取立金 …………… 157
担保手形明細表 ……………… 149
担保適性 ……………………… 231
担保品預り証 ………………… 27
担保保存義務 ………………… 155

事項索引　*301*

ち

地方債 …………………………… 187
中間利払い ……………………… 40
中間利払日 ……………………… 40
著作権 …………………………… 141
賃金 ……………………………… 122
賃金債権担保 …………………… 122

つ

通常処分価格 …………………… 266
通称名義預金 …………………… 8
通知 ………………………… 21、32
通知方式譲渡担保 ……………… 74

て

定期積金 ………………………… 44
定期振替方式 …………………… 40
ディストレスト・バリュー …… 268
抵当権者特約条項 ……………… 93
手形貸付 ………………………… 148
手形担保 ………………………… 147
　　──の管理 ………………… 155
　　──の実行 ………………… 159
手形の点検 ……………………… 151
電子記録債権 …………… 229、231
電子記録債権法 ………………… 227

と

登記事項証明書 ………………… 77
動産譲渡登記制度 ……………… 200
当店預金 ………………………… 8
登録国債 ………………………… 188
登録債 …………………………… 187
登録質 …………………… 168、172
登録社債 ………………………… 189
登録譲渡担保 …………………… 172
特殊債権担保 …………………… 101

特定商品担保 …………………… 210
特定物の譲渡担保 ……………… 210
特許権 …………………………… 138
土木建設機械 …………………… 292
取立委任裏書 …………… 152、154
取戻権 …………………………… 205

な

内容証明郵便 …………………… 22

に

2次マーケット ………………… 274
2年定期預金 …………………… 40
入居保証金 ……………………… 102
任意処分 ………………………… 180

は

売買比較アプローチ算定法 …… 265

ひ

引渡し …………………… 199、214
非上場株式 ……………………… 170
非清算型譲渡担保 ……………… 204
被担保債権 ……………………… 35
費用アプローチ算定法 ………… 265
表見代理 ………………………… 17
　　権限外の行為の── ……… 18
　　代理権授与の表示による── … 18
　　代理権消滅後の── ……… 18
表見預金者 ………………… 14、15

ふ

ファイナンスリース …………… 129
フィードバック ………………… 280
複券制 …………………………… 216
不所持株式 ……………………… 185
普通株式 ………………………… 169
物上代位 ………………………… 89

物的納税責任 …………………… 154、206
船荷証券 ………………………… 220
振替決済制度 …………………… 185
振込依頼書 ……………………… 64
振込指定 ………………………… 63
振出日 …………………………… 151
フルペイアウト方式 …………… 133

へ

別除権 …………………………… 160
別段預金 ………………………… 158

ほ

ポートフォリオ評価方式 ……… 238
保険価額 ………………………… 85
保険金額 ………………………… 85
保険担保 ………………………… 83
保護預り金地金担保 …………… 222
補充権 …………………………… 152
ボローイングベース …………… 245
本人名義預金 …………………… 8

ま

前貸し率（アドバンスレート）…… 243
窓口預担 ………………………… 4

む

無記名現物国債 ………………… 187
無記名債 ………………………… 187
無記名預金 ……………………… 8
無制限説 ………………………… 23

め

免責証券 ………………………… 166

も

モニタリング …………………… 279

ゆ

有価証券 ………………………… 7、166
有価証券担保 …………………… 165、166
　——の特色 …………………… 166
有価証券担保差入証 …………… 173

よ

預金者の認定 …………………… 12
預金担保 ………………………… 3
　——の管理 …………………… 35
　——の実行 …………………… 47
　——の設定 …………………… 7
　——のメリット ……………… 6
預金担保差入証 ………………… 10
預託会員制 ……………………… 108、109
預託金証書 ……………………… 109
預託金返還請求権 ……………… 109

り

リース …………………………… 129
リース債権 ……………………… 129
リース債権担保 ………………… 129
利子の受領 ……………………… 189
利子の取立て …………………… 189
略式質 …………………………… 168、172
略式譲渡担保 …………………… 172
流質契約 ………………………… 181
流動質 …………………………… 39
僚店預金 ………………………… 8

事項索引　303

判例・先例索引（年月日順）

大判明40・3・12 …………………… 89
〃 明43・2・10 …………………… 115
〃 明45・5・8 …………………… 127
〃 大2・7・5 …………………… 89
〃 大3・5・21 …………………… 74
〃 大4・2・9 …………………… 76
〃 大5・6・28 …………………… 89
〃 大5・9・5 …………………… 37
〃 大5・9・27 …………………… 86
〃 大7・12・19 …………………… 127
〃 大7・12・25 …………………… 21
〃 大8・7・8 …………………… 72
〃 大10・10・1 …………………… 152
〃 大10・11・15 …………………… 36
〃 大11・1・24 …………………… 39
〃 大11・6・17 …………………… 21
〃 大12・4・7 …………………… 89
〃 昭2・10・22 …………………… 36
〃 昭6・5・22 …………………… 152
大決昭6・11・21 ……………………… 32、74
大判昭8・9・19 …………………… 116
〃 昭9・6・30 …………………… 127
〃 昭9・7・3 …………………… 152
〃 昭9・7・11 …………………… 33
〃 昭9・9・1 …………………… 54
〃 昭9・12・28 …………………… 74
〃 昭10・1・12 …………………… 22
〃 昭10・2・27 …………………… 127
〃 昭11・2・12 …………………… 217
〃 昭11・2・25 …………………… 8
〃 昭11・3・11 …………………… 54
〃 昭11・7・31 …………………… 22
〃 昭13・3・1 …………………… 24
〃 昭13・5・14 …………………… 55

大判昭15・9・18 …………………… 145
〃 昭15・11・26 …………………… 24
〃 昭16・8・21 …………………… 85
〃 昭18・3・31 …………………… 22
金沢地判昭27・4・14 …………………… 60
最判昭28・5・29 …………………… 41、74
〃 昭30・6・2 …………………… 199
大阪地判昭30・11・25 …………………… 175
〃 昭30・12・6 …………………… 215
広島高松江支判昭31・3・30 …………………… 23
最判昭32・2・22 …………………… 24
金沢地判昭32・4・3 …………………… 39
最判昭32・12・19 …………………… 13
〃 昭34・8・18 …………………… 152
〃 昭35・2・11 …………………… 205
〃 昭37・5・10 …………………… 196
名古屋高判昭37・8・10 …………………… 91
東京高判昭37・9・20 …………………… 158
東京地判昭39・4・30 …………………… 116
最判昭39・6・26 …………………… 206
仙台高判昭39・7・1 …………………… 127
大阪高判昭39・7・3 …………………… 156
〃 昭40・6・22 …………………… 92
最判昭40・10・7 …………………… 38、39
〃 昭40・12・3 …………………… 203
大阪高判昭41・2・15 …………………… 202
最判昭41・4・28 …………………… 161、206
〃 昭41・10・4 …………………… 14
〃 昭41・10・13 …………………… 152
大阪地判昭42・5・30 …………………… 39
最判昭42・10・27 …………………… 75
〃 昭42・12・21 …………………… 16
最判昭43・3・12 …………………… 122
〃 昭43・5・28 …………………… 122

最判昭43・6・20	58、132
〃 昭43・7・11	212
東京高判昭43・9・20	116
最判昭44・3・4	60
〃 昭45・6・24	5、23、27
東京地判昭46・3・23	62
最判昭46・4・9	92
〃 昭46・6・10	151
東京高判昭47・3・29	215
東京地判昭47・5・22	25
最判昭48・2・2	102
〃 昭48・3・27	13、15
〃 昭48・6・15	184
〃 昭48・7・19	32、54、106
〃 昭48・12・20	116
大阪地判昭49・2・15	25
最判昭49・3・7	77
〃 昭49・9・2	102
〃 昭50・7・15	45、46
〃 昭50・7・25	109、112
東京高判昭50・12・15	116
最判昭51・3・4	107
〃 昭52・3・17	55、104
〃 昭52・4・8	33
東京高判昭52・4・14	61
最判昭52・8・9	13
〃 昭53・2・23	127
〃 昭53・5・1	16
〃 昭53・5・25	18
名古屋高判昭53・5・29	160
最判昭53・12・15	116、117、119、120
〃 昭53・12・22	102
〃 昭54・2・15	213
〃 昭55・11・27	125
最判昭57・6・24	109
〃 昭57・9・28	207
最判昭58・2・24	205
〃 昭58・4・14	65
〃 昭59・2・2	90
〃 昭59・2・23	16
福岡高判昭59・6・11	65
最判昭60・7・19	90
〃 昭61・11・20	61
〃 昭62・11・10	213
〃 昭63・10・18	162
大阪地判平6・2・24	162
大阪高判平6・9・16	162
最判平7・4・14	133
〃 平8・7・12	110
〃 平9・2・27	152
東京地判平9・3・12	67
最判平10・2・10	90
東京高判平10・2・19	67
最判平10・3・26	90
〃 平10・7・14	163
〃 平11・1・29	9、39、72、116、119、120、134
〃 平13・11・22	9、40、72、135
〃 平13・11・27	80
東京地判平14・11・20	113
最判平15・4・8	14
〃 平15・6・12	17
〃 平15・12・19	67
〃 平16・2・20	114
〃 平16・6・24	54、106
〃 平16・7・16	80
〃 平20・12・16	130
東京高判平21・9・9	163
東京高決平22・8・7	17
名古屋高金沢支判平22・12・15	163
最判平22・12・2	93、215
〃 平23・12・15	163
〃 平24・3・16	99

判例・先例索引　305

東京高決平24・9・12 ……………… 84
法務省昭37・10・4民甲第2804号
　　民事局長回答 ……………………… 196
大蔵省昭48・6・30蔵銀第2178号
　　銀行局長通達 ……………………… 40

大蔵省昭63・3・11蔵銀第439号
　　銀行局長通達 ……………………… 9
法務省平24・4・27民二第1106号
　　民事局民事第二課長通知 ………… 53

〔法人融資手引シリーズ〕
債権・動産担保実務【第3版】

平成27年9月8日　第1刷発行
（平成8年11月18日　初版発行）
（平成18年1月10日　改訂版発行）

　　　　　編著者　旗　田　　庸
　　　　　　　　　トゥルーバ グループ ホールディングス
　　　　　発行者　小　田　　徹
　　　　　印刷所　三松堂印刷株式会社

〒160-8520　東京都新宿区南元町19
発行所　一般社団法人　金融財政事情研究会
編集部　TEL 03(3355)2251　FAX 03(3357)7416
販売　株式会社きんざい
販売受付　TEL 03(3358)2891　FAX 03(3358)0037
URL http://www.kinzai.jp/

・本書の内容の一部あるいは全部を無断で複写・複製・転訳載すること、および磁気または光記録媒体、コンピュータネットワーク上等へ入力することは、法律で認められた場合を除き、著者および出版社の権利の侵害となります。
・落丁・乱丁本はお取替えいたします。定価はカバーに表示してあります。

ISBN978-4-322-12592-4